VIOIVSKW

W0074612

Von Nigel Blundell ist außerdem erschienen:

Die größten Geheimnisse der Welt (Band 3757)

Roger Boar
Nigel Blundell

Die größten
UFO-Geheimnisse der Welt

Mit zahlreichen authentischen Fotos

Aus dem Englischen von
Aljoscha A. Schwarz, Ronald P. Schweppe
und Katja Vogel

Knaur

Die englische Originalausgabe erschien unter dem Titel
»Worlds Greatest Ufo Mysteries« bei Hamlyn Publishing
Group Ltd., London

Vollständige Taschenbuchausgabe September 1998
Droemersche Verlagsanstalt Th. Knaur Nachf., München
Dieser Titel erschien bereits unter der Bandnummer 77043.

Umschlaggestaltung: Agentur ZERO, München
Umschlagillustration: The Image Bank, München
Druck und Bindung: Ebner Ulm
Printed in Germany
ISBN 3-426-72214-3

2 4 5 3 1

I N H A L T

DEFINITIONEN

Unidentifiziertes Flugobjekt

Jedes in der Luft befindliche Objekt, das sich durch sein Verhalten, seine aerodynamischen Eigenschaften oder ungewöhnliches Aussehen von gegenwärtig bekannten Luftfahrzeugen oder Raketen unterscheidet und das nicht als bekanntes Objekt identifiziert werden kann.

(Artikel 200/2 der US Air Force)

Begegnungen der …

ersten Art: Beobachtung eines UFOs in unmittelbarer Umgebung.

zweiten Art: Ein UFO hat Spuren hinterlassen – zum Beispiel bei Menschen Verbrennungen oder Lähmungen verursacht, Tiere erschreckt, Automotoren, Fernsehapparate oder Radios stillgelegt oder gestört oder Landungsspuren verursacht.

dritten Art: UFOnauten begegnen den Menschen oder werden von ihnen gesehen.

(Nach Dr. Allen Hynek
vom *Centre For UFO Studies*,
Evanston, Illinois)

EINLEITUNG

Ein Präsident der Vereinigten Staaten sah ein UFO und gab daraufhin eine Untersuchung für zwanzig Millionen Dollar in Auftrag, um mehr darüber herauszufinden. Der Weltmeister im Boxen sah eines, als er im Central Park in New York joggte. Das Oberhaupt eines karibischen Inselstaates sah eines und drängte die Vereinten Nationen, dieses Thema aufzugreifen. UN-Generalsekretär U Thant nannte sie einst »das wichtigste Problem der Welt nach dem Vietnam-Krieg«. Dieser Krieg ist seit langem vorüber, doch nichtidentifizierte Flugobjekte werden immer noch gesehen.

Millionen verantwortungsbewußter und vertrauenswürdiger Menschen haben von UFOs berichtet. Fremdartige Raumschiffe versetzten Polizei, Priester, Politiker und Piloten mit unerklärlichen Flugmanövern am Himmel in Erstaunen. Eine wachsende Anzahl von Menschen behauptet, Besatzungsmitglieder dieser eigenartigen leuchtenden Objekte getroffen zu haben. Einige haben bei derartigen Kontakten Verletzungen davongetragen, bei denen selbst die beste medizinische Behandlung versagte. Manche sind sogar nach solch unheimlichen Begegnungen der dritten Art gestorben. Und skeptischen Regierungen und Wissenschaftlern zum Trotz, die behaupten, derartige Dinge existierten nicht, wurden – und werden – UFOs überall auf der Welt beobachtet.

EINS

Jahrzehntelang wurden Leute, die behaupteten, nichtidentifizierte Flugobjekte gesehen zu haben, geringschätzig als leichtgläubige Dummköpfe abgetan. Trotzdem steigt die Anzahl von Meldungen über UFOs weiter an. In jedem Jahr häufen sich die Beweise verläßlicher Zeugen mit bestem Leumund. Und ihre Berichte kommen aus jeder Ecke der Welt …

Das Jahr der UFOs
Tiere geben Warnsignale

Gary Flatter wollte seinen Augen nicht trauen, als er die Bremsen seines Trucks durchtrat. Vor ihm überquerte eine eigenartige Prozession von Tieren die Straße – sieben Kaninchen, ein Waschbär, ein Opossum und einige Katzen. Gleichzeitig bemerkte er ein seltsames Geräusch in hoher Tonlage. Die Tiere waren aus einem nahegelegenen Feld gekommen, und als Flatter einen Blick über die Hecke warf, wurde ihm bald der Grund dafür klar. Zwei Gestalten in silbernen Anzügen starrten ihn an.

Man schrieb den 22. Oktober 1973, und Amerika befand sich mitten in einer Welle der UFO-Entdeckungen. Flatter hatte seinen Freund, den Hilfssheriff Ed Townsend, zur State Road 26 in der Nähe von Hartford City in Indiana begleitet, wo ein Autofahrer zwei fremdartige Kreaturen, die mitten auf dem Highway standen, gemeldet hatte. Als sie eintrafen, war der Highway leer, und der Sheriff beschloß, in die Stadt zurückzufahren. Flatter zog es vor zu bleiben und sah sich um.

Nachdem er einen Scheinwerfer auf die Gestalten gerichtet hatte, erkannte er, daß sie knapp eineinhalb Meter groß waren und eiförmige Köpfe hatten, die anscheinend mit Gasmasken bedeckt waren. Von dem Licht keineswegs beunruhigt, begannen sie ein eigenartiges Schauspiel aufzuführen, indem sie hoch in die Luft sprangen und auf die Erde zurücksanken. Dann erhoben sie sich in die Dunkelheit und hinterließen nur eine rötliche Lichtspur.

Fünf Tage vorher hatte Paul Brown zwei Wesen, auf die Flatters Beschreibung zutraf, gesehen, als er nahe Danielsville in Georgia unterwegs war. Er berichtete der Polizei, daß ein helles Licht mit einem Zischlaut über seinen Wagen huschte und er ein kegelförmiges Flugobjekt etwa hundert Meter vor ihm auf der Straße landen sah. Schleudernd brachte er seinen Wagen zum Stehen, und als die kleinen Wesen das Objekt verließen, griff er rasch nach der Waffe im Handschuhfach und duckte sich hinter die offene Fahrertür, bereit, jede Herausforderung anzunehmen. Sie näherten sich jedoch nicht weiter, kehrten in ihr Raumschiff zurück und hoben ab. Brown behauptete, einige Schüsse auf das verschwindende UFO abgegeben zu haben, die ihr Ziel allerdings verfehlten.

In Goffstown, New Hampshire, hetzte Rex Snow seinen Hund auf zwei mit silbernen Anzügen bekleidete Figuren, die kurz nach Mitternacht am 4. November desselben Jahres in seinem hellerleuchteten Hinterhof herumtollten. Das Tier, ein Deutscher Schäferhund, der aufs Wort gehorchte, stürzte sich auf die Eindringlinge. Doch als er sich ihnen bis auf zehn Meter genähert hatte, unterbrachen sie ihre Sprünge und starrten ihn einfach nur an. Er blieb abrupt stehen, knurrte sie an und schlich dann an seinem überraschten Herrn vorbei ins Haus, wo er sich winselnd und offensichtlich verängstigt niederlegte. Snow sagte später, daß auch ihn ein Gefühl plötzlicher Angst gepackt hatte. Er hatte zwar seine Pistole Kaliber 38 dabei, zitterte jedoch zu sehr, um sie ruhig zu halten.

Eilig folgte er seinem Hund ins Haus und beobachtete die seltsamen Wesen durch das Fenster. Sie schienen zu leuchten, besaßen übergroße, spitze Ohren, dunkle, ovale Augenhöhlen und lange, spitze Nasen. Ihre Köpfe waren mit Kapuzen, ähnlich denen des Ku-Klux-Klan, bedeckt, die Farbe entsprach der ihrer Anzüge.

Es sah so aus, als ob sie Dinge vom Boden aufheben und mit langsamen, bedächtigen Bewegungen in einer silbernen Tasche verstauen würden. Nach einiger Zeit gingen sie in Richtung eines nahegelegenen Waldes davon. Snow rief die Polizei. Bevor sie eintraf, sah er den Wald in einem geheimnisvollen Licht erstrahlen, das sogleich wieder erlosch.

Die Polizei war überzeugt, daß Snow etwas Außergewöhnliches und Beängstigendes gesehen hatte, da er noch kalkweiß im Gesicht war und am ganzen Körper zitterte, als er seine Geschichte erzählte.

Drei Monate vorher, am 30. August, sagten zuverlässige Zeugen aus zweiundzwanzig Städten aus, das fremdartige Raumschiff am Himmel gesehen zu haben. Und am 3. Oktober beobachteten ein Hilfssheriff und vier Parkaufseher ein untertassenförmiges Objekt »groß wie ein Haus«, das über Tupelo in Mississippi, Elvis Presleys Geburtsstadt, schwebte. Ihrer Beschreibung nach hatte es rote, grüne und gelbe Lichter.

Im Verlauf dieses Jahres sammelte Dr. J. Allen Hynek, der in Granston, Illinois, ein UFO-Forschungszentrum gegründet hatte, 1474 authentische Berichte über UFOs. Major-General John Samford, ein ehemaliger Direktor des Nachrichtendienstes im Pentagon, gab zu: »Wir erhielten eine Menge Berichte glaubwürdiger Beobachter über relativ unglaubwürdige Dinge.«

Und Senator Barry Goldwater, ehemals Major-General der Air Force Reserve, sagte: »Ich selbst habe nie ein UFO gesehen, doch wenn mir Piloten der Air Force, der Navy und der zivilen Luftfahrt berichten, es sei etwas in ihrem Blickfeld aufgetaucht, was unmöglich ein Flugzeug sein kann, muß ich ihnen das glauben.«

Eine Meinungsumfrage Ende des Jahres 1973 zeigte, daß fünfzehn Millionen Amerikaner glaubten, schon einmal ein UFO gesehen zu haben – und einundfünfzig Prozent der erwachsenen Bevölkerung der Ansicht waren, daß UFOs wirklich existieren.

Wassergötter aus dem All

Farmer Pat McGuire behauptet, daß sich zweitausend Hektar seiner Ranch in der Nähe von Laramie (Wyoming) aus beifußbewachsener Steppe in fruchtbares Grasland verwandelt haben, nachdem ihm außerirdische Besatzungsmitglieder eines UFOs einen guten Ratschlag erteilt hatten.

McGuire, seine Frau, ihre acht Kinder und ein Ehepaar, das ebenfalls auf seiner Farm lebt, stimmen alle darin überein, daß nichtidentifizierte Flugobjekte unterschiedlichster Form und Größe seit sieben Jahren fast jede Nacht über ihrem Land schweben.

Die erste
fliegende Untertasse

Obwohl man schon seit Jahrhunderten von nichtidentifizierten Flugobjekten am Himmel berichtete, wurden sie das erste Mal am 24. Juni 1947 als fliegende Untertassen bezeichnet. Es geschah an dem Tag, als Kenneth Arnold, ein Vertreter für Feuerungsanlagen und erfahrener Pilot, von der Startbahn des Chehalis Airport im Bundesstaat Washington abhob, um bei der Suche nach einem C-46-Transportflugzeug der Marine zu helfen, das in den Cascade Mountains abgestürzt war.

Als er über der Gegend kreiste und nach Wrackteilen Ausschau hielt, wurde er auf einen Lichtblitz aufmerksam. »Weit links von mir, in nördlicher Richtung, entdeckte ich eine Formation von neun strahlend hellen Objekten, die aus der Nähe des Mount Baker kamen und mit unglaublicher Geschwindigkeit äußerst tief über den Berggipfeln dahinflogen«, sagte er. »Sie hatten kein Leitwerk, und ihr Flugstil hatte keinerlei Ähnlichkeit mit dem irgendeines Flugzeuges, das ich jemals zuvor gesehen habe ... wie eine Untertasse, die man übers Wasser hüpfen läßt.« Am nächsten Morgen übernahm eine Zeitung den Ausdruck »fliegende Untertasse«, und der Geschäftsmann aus Idaho hatte sich seinen Platz in der Geschichte der UFOs gesichert.

»Meistens sind sie ungefähr hundert Meter breit und zwanzig Meter hoch, und ihre Geschwindigkeit scheint unbegrenzt«, erfuhren Reporter von McGuire. »Anfangs fürchteten wir sie, besonders nachdem wir auf der Ranch verstümmelte Rinder entdeckt hatten. Eines Abends im Jahre 1976 sahen mein Schwager und ich ein Raumschiff über einem jungen Kalb schweben. Wir hörten das Vieh eine ganze Weile brüllen, dann, als das UFO wegflog, nahm es das Kalb mit.«

Die Besuche dauerten an, doch die Herden blieben unberührt. McGuire und seine Familie verloren nach und nach ihre Angst. Eines Nachts schließlich kontaktierten die Außerirdischen den Farmer und nahmen ihn mit an Bord des Raumschiffes.

Unter Hypnose, die von Dr. Leo Sprinkle, einem Parapsychologen der Universität von Wyoming durchgeführt und außerdem von einem assistierenden Psychiater beobachtet wurde, rief er sich dieses Erlebnis ins Bewußtsein zurück.

In Trance beschrieb McGuire die Außerirdischen als ungefähr zwei Meter groß, mit großen Augen, dünnen Lippen und unbehaarten Köpfen. Sie hatten ihn angewiesen, in den Hochebenen nahe seiner Ranch einen Brunnen zu bohren.

McGuire zog einige Tage später Geologen und Experten für Brunnenbohrungen zu Rate. Sie erklärten ihm, daß das Land zweitausenddreihundert Meter über dem Meeresspiegel läge und er sich keine Hoffnungen machen dürfe, hier Wasser zu finden. Doch ungeachtet dessen führte er sein Vorhaben aus, auch wenn ihn seine Nachbarn für verrückt erklärten. Er kaufte das Land, bohrte durch die äußere Kruste – und stieß auf eine nur hundertzwanzig Meter tief liegende Wasserader. Schon bald strömten jede Minute etwa dreißigtausend Liter klarsten und reinsten Wassers aus der Wüste.

1980 stellte Dr. Sprinkle fest, nachdem er die von McGuire sowohl im normalen Bewußtseinszustand als auch unter Hypnose aufgestellten Behauptungen studiert hatte: »Ich glaube, daß die Raumschiffe, die über seiner Farm erscheinen, wohlmeinende Botschafter einer außerirdischen Zivilisation sein könnten. Es kann sein, daß Leute wie Pat McGuire dazu auserwählt sind, die Kunde zu verbreiten, daß sie unter uns sind. Und ich glaube, daß wir in den nächsten zehn Jahren möglicherweise vollständigen Kontakt herstellen können.«

Besucher im Bogenschützenverein

Als zwei UFOs plötzlich vor dem Clubhaus des Bogenschützenvereins von Augusta Country in Virginia niedergingen, war das für William Blackburn der Schock seines Lebens.

Blackburn, im nahegelegenen Waynesboro zu Hause, arbeitete gerade allein auf dem Vereinsgelände, als er zwei Flugkörper am Himmel entdeckte. Er beobachtete, wie der kleinere der beiden kreisend immer tiefer kam und schließlich etwa sechs Meter entfernt von ihm landete, während ihm vor Verblüffung der Mund offenstand.

Drei außergewöhnliche Kreaturen stiegen aus; sie waren etwa einen Meter groß und mit glänzenden Anzügen in der Farbe ihres Raumschiffes bekleidet. Einer hatte einen auffallend langen Finger, und alle besaßen stechende Augen, »die einen zu durchdringen schienen«.

Die Außerirdischen kamen ein paar Schritte auf Blackburn zu. Obwohl er eine zweischneidige Axt in den Händen hielt, war er starr vor Angst, nicht fähig, sich zu rühren. »Sie stießen einige unverständliche Laute aus, drehten dann um und kehrten zu ihrem Schiff zurück, das sie durch eine Tür betraten, die mit dem Schiffsrumpf zu verschmelzen schien«, berichtete Blackburn. »Dann erhob sich das Raumschiff in die Luft und verschwand.«

Blackburn erzählte UFO-Forschern, daß er den Vorfall einer Bundesbehörde – er weigerte sich, genauere Angaben zu machen – mitgeteilt hätte, daraufhin genauer befragt worden sei und anschließend gewarnt worden wäre, niemandem gegenüber etwas über sein Erlebnis verlauten zu lassen.

Nicht im Lehrplan enthalten
UFOs schweben über Schulen

Brenda Maria kam einem UFO näher, als ihr lieb war. Es geschah auf dem Gelände der Beverly High-School, Massachusetts.

Am Freitag, den 22. April 1966, um neun Uhr abends stürmte Nancy Modugno, die elf Jahre alte Tochter ihres Nachbarn, zu ihrem Vater, der gerade fernsah, ins Zimmer. Sie behauptete, daß eben ein ovales Ding in der Form eines Rugbyballs an ihrem Schlafzimmerfenster vorbeigeflogen sei, wobei es grüne, blaue, rote und weiße Lichtblitze ausgesandt hätte.

Nancy war schon fast hysterisch, als Brenda zusammen mit einer anderen Nachbarin, Barbara Smith, eintraf. Immer noch waren Lichtblitze zu erkennen, die aus der Richtung der nahegelegenen Schule kamen. Trotzdem schlugen die zwei Frauen und Claire, die Mutter des

Ein Fotograf der Küstenwache von Salem, dem Luftwaffenstütz-
punkt von Massachusetts, entdeckte vom Fotolabor des Stütz-
punktes aus mehrere helle Lichter am Himmel. Er ergriff
eine Kamera und fotografierte seine Entdeckung.

Kindes, vor dorthinzugehen, um das Mädchen zu beruhigen und zu beweisen, daß das, was sie gesehen hatte, ein
gewöhnliches Flugzeug war.
Als sie sich jedoch den Sportplätzen näherten, sahen sie
drei strahlend erleuchtete, ovale, tellerförmige Objekte,
die am Himmel ihre Kreise zogen. Eines von ihnen
schwebte über dem Schulgebäude, die anderen waren
weiter entfernt. Plötzlich begann das nächste der UFOs
auf sie zuzusteuern. Claire und Barbara kehrten sofort um
und ergriffen die Flucht. Anfangs fiel ihnen nicht auf, daß
Brenda nicht bei ihnen war, schließlich jedoch, auf der
Spitze eines Hügels, blickten sie sich um und wurden

Zeugen eines erschreckenden Schauspiels. Brenda schrie und hielt schützend die Hände über den Kopf; das Ding schwebte keine sieben Meter über ihr.

»Alles, was ich in der getrübten Luft erkennen konnte, waren helle Lichter, die langsam über meinem Kopf kreisten«, erinnerte sie sich später. »Ich war sehr, sehr aufgeregt – nicht vor Furcht – eher vor Neugier. Aber ich hatte Angst, daß es mir auf den Kopf fallen könnte.«

Als die UFOs zurück zur Schule schwebten, rannten die drei Frauen nach Hause, um ihre Nachbarn zu alarmieren, von denen einige die Objekte ebenfalls gesehen hatten. Jemand rief die Polizei. Zwei Beamte kamen in einem Streifenwagen und fuhren zum Schulgebäude, während das Hauptquartier die Air Force benachrichtigte.

Die UFOs flogen davon, als sich zwei Flugzeuge und ein Hubschrauber näherten. Die Nachbarn waren sich darin einig, daß die Objekte, die sie zuvor gesehen hatten, keine normalen Flugzeuge gewesen sein konnten, da sich ihre Motorengeräusche und die Beleuchtung erheblich von denen der Aufklärungsflugzeuge unterschieden: Die UFOs hatten nämlich kein Geräusch erzeugt, nicht einmal, als sie direkt über Brenda Marias Kopf schwebten.

Kommunikation mit
Hilfe von Zahlen
Gary Storeys Lichtblitz-Unterhaltung

Der von UFOs begeisterte Gary Storey behauptet, Botschaften mit einem nichtidentifizierten Objekt ausgetauscht zu haben, das am Morgen des 27. Juli 1967 das Haus seines Schwagers in Newton, New Hampshire, überflogen hatte.

Storey hatte ein Teleskop aufgebaut, um den Mond zu beobachten. Auf einmal wurde er auf einen hellen Lichtschein aufmerksam. Er wechselte die Linsen, stellte die Schärfe ein und erkannte Scheinwerfer, die entlang der Seite einer großen Scheibe nacheinander aufleuchteten.

Aus einer Eingebung heraus ließ Storeys Schwager seine Taschenlampe dreimal aufblitzen. Das Objekt flog plötzlich, ohne umzudrehen, rückwärts. Dann blendete es, als Antwort auf die Taschenlampe, dreimal seine Lichter ab. Die zwei Männer, beide ehemalige Radartechniker beim Militär, wollten ihren Augen nicht trauen. Sie ließen die Lampe wieder aufleuchten, erst vier-, dann fünfmal. Jedesmal wiederholte die Scheibe die Zahl, während sie sich vor und zurück bewegte.

Plötzlich hörten sie, wie sich ein Flugzeug näherte. »Das Objekt löschte alle seine Lichter, bis der Jet vorbeigeflogen war«, sagte Storey. »Wir dachten, es sei verschwunden. Dann tauchte es wieder auf; ein ovales weißes Ding, es leuchtete mindestens zehnmal heller als zuvor.«

Die Lichtblitz-Unterhaltung begann von neuem. Das eigentümliche Raumschiff antwortete auf lange und kurze Signale; es wiederholte peinlich genau Anzahl und Dauer jeder der neun oder zehn per Taschenlampe gesandten Botschaften. Schließlich ließ es noch einmal alle seine

Lichter aufleuchten, bevor es hinter einer Baumreihe verschwand.

Eine Reihe von Wissenschaftlern und UFO-Organisationen prüfte die Behauptungen der beiden Männer, doch niemand konnte die Geschehnisse auf herkömmliche Weise erklären. Der Gemeindepfarrer verbürgte sich für Storeys Schwager und dessen Schwester und bestätigte, daß beide gottesfürchtige Leute seien, denen es fernläge, zu lügen oder öffentliches Aufsehen erregen zu wollen. Ihr Erlebnis wurde in die Reihe der Vorfälle eingeordnet, die darauf hinweisen, daß UFOs möglicherweise mit intelligenten Wesen bemannt sind, die versuchen, mit den Menschen Kontakte zu knüpfen.

»Bumerang« stößt auf Fabrik herab
Eine freundliche Inspektion von oben

Arbeiter der Reparaturkolonne im Kupferschmelzwerk Morenci in Arizona behaupten, im Januar 1981 sei ein riesiges Raumschiff auf die Fabrik herabgestoßen. Es machte den Eindruck, als wolle es einen der etwa zweihundert Meter hohen Schornsteine untersuchen, indem es das Innere mit einem Lichtstrahl ausleuchtete.

Die vier Männer, die gerade den anderen Schornstein repariert hatten, sagten aus, daß das UFO wie ein Bumerang geformt und so groß wie vier Fußballfelder gewesen sei. Zusätzlich zu einem hellen Suchscheinwerfer am Boden des Raumschiffs befanden sich auf der Oberseite zwölf rote Lichter.

»Es hielt mitten in der Luft über dem Schornstein inne und leuchtete direkt hinein«, sagte der zwanzigjährige Arbeiter Randel Rogers. Sein Kollege Larry Mortensen fügte hinzu: »Ich habe nie ein Flugzeug auf diese Art schweben sehen. Mir kam es nicht vor, als wolle es uns angreifen. Es tat sicher nichts, um uns zu ängstigen. Wer auch immer sich darin befand, war freundlich.«

Ein drittes Mitglied der Gruppe, Kent Davis, erwähnte, daß, während das UFO den Schornstein erforschte, eines der roten Lichter an der Seite des »Bumerangs« plötzlich mit atemberaubender Geschwindigkeit davongeschossen sei, um gleich darauf wieder zurückzukehren. Das Objekt wendete daraufhin ohne Ankündigung und schoß raketengleich davon.

Auch hundert Mitglieder einer High School Division, die gerade auf dem Fußballfeld der Morenci High School exerzierten, sahen das UFO aus etwa eineinhalb Kilometer Entfernung. Direktor Bruce Smith berichtete: »Ich blickte nach oben und sah all diese Lichter, die V-förmig angeordnet waren. Kein Geräusch war zu hören. Es verharrte einige Minuten, bis es in großer Höhe verschwand.«

Alarm auf der Farm

Am 19. August 1965 stattete eine silberglänzende fliegende Untertasse einer Farm in Cherry Creek, New York, drei Besuche ab. Die vier jungen Angestellten, die beobachteten, wie sie die Wolken grün färbte und beim Absinken eine rot-gelbe Spur hinterließ, waren nicht sonderlich beunruhigt, die Farmtiere jedoch waren offensichtlich verschreckt. Ein Bulle verbog die Eisenstange, an die er gekettet war – und der Milchertrag einer Kuh sank von zweieinhalb Kannen auf knapp eine.

Lichtschein über der Mission
Entdeckungen in Papua

Der anglikanische Priester William Melchior Gill beendete sein Abendessen in seiner Missionsstation Boianai in Papua-Neuguinea und entschloß sich, noch ein wenig durch die Gegend zu streifen. Er sah die Venus hell am Himmel leuchten. Doch was war dieses neue Licht direkt über dem Planeten?

Als er nach oben starrte, bemerkte er noch mehr strahlend erleuchtete Objekte, die sich durch die dichter werdende Wolkendecke auf- und abwärtsbewegten. Im Vorbeigleiten warfen sie einen Lichtschein auf die Wolken. Auf einmal entdeckte er etwas noch Faszinierenderes. An Menschen erinnernde Figuren verließen eines der Objekte und wanderten darauf herum. Erst waren es zwei, dann drei, dann vier. Sie taten irgend etwas auf dem Deck. Lehrer, medizinische Assistenten und Kinder kamen heraus, um das seltsame Treiben, das sich einige hundert Meter über der Erde abspielte, zu betrachten. Insgesamt achtunddreißig Personen beobachteten die Wesen drei Stunden lang, bis die Nacht hereinbrach.

Pater Gill war ein ruhiger, gewissenhafter und methodischer Mann. Er machte sorgfältige Aufzeichnungen über das Geschehen und ließ diese von fünfundzwanzig erwachsenen Zeugen für seinen Bericht signieren. Er datierte diesen auf den 26. Juni 1959.

In der folgenden Nacht tauchten die merkwürdigen Objekte wieder auf. Ein Eingeborenenmädchen machte Pater Gill um 18.02 Uhr darauf aufmerksam, die Sonne ging gerade unter. Noch etwa fünfzehn Minuten reichte das Licht aus, um vier Kreaturen zu beobachten, die sich auf dem Deck einer Art »Mutterschiff« bewegten, während zwei kleinere UFOs in Wartestellung verharrten, eines über ihnen, das andere weiter entfernt hinter ein paar Hügeln.

»Zwei der Figuren verrichteten anscheinend eine Arbeit«, meinte Pater Gill. »Hin und wieder bückten sie sich und hoben die Arme, als ob sie etwas justieren oder befestigen würden.«

Als eine der beiden Figuren nach unten sah, hob der Priester den Arm, um zu winken. Er war erstaunt, daß das Wesen zurückwinkte. Ein anderer Beobachter schwenkte beide Arme über dem Kopf. Die beiden Figuren, die sich noch auf Deck befanden, taten dasselbe. Bald befanden sich alle vier oben auf ihrem Raumschiff und winkten schwungvoll.

Einer der Jungen aus der Mission lief davon, um eine Taschenlampe zu holen, mit der er eine Reihe von Morsezeichen in Richtung des Objektes schickte. Die Figuren winkten zurück, »sie bewegten sich wie Pendel, die hin und her schwingen«. Das UFO näherte sich etwa eine halbe Minute lang, und die Gruppe der Augenzeugen – inzwischen ein Dutzend Menschen – begann, die Besucher mit lauten Rufen zur Landung aufzufordern. Eine Antwort blieb aus. »Nach weiteren zwei bis drei Minuten verloren die Figuren offensichtlich ihr Interesse an uns und verschwanden unter Deck«, berichtete Pater Gill später.

Das UFO schwebte noch etwa eine Stunde über der Mission, doch später am Abend verschlechterte sich die Sicht, da es neblig wurde. Um 22.40 Uhr weckte eine gewaltige Explosion jene in Boianai, die schon zu Bett gegangen waren. Sie stürzten ins Freie, doch am Himmel war nichts zu entdecken.

Pater Gill informierte den australischen Militärattaché

Blinder Alarm im
Unterhaus

Gelächter gab es im britischen Unterhaus, als ein Abgeordneter der konservativen Partei das Ministerium für Luftfahrt über eine »fliegende Untertasse« befragte, die im März 1957 die Bewohner eines Dorfes in Lancashire beunruhigt hatte. Herr J. A. Leavey, der Heywood und Royton vertrat, erkundigte sich, ob dem Minister »Das Ding« bekannt war.

Der stellvertretende Ministerpräsident Charles Orr-Ewing erhob sich von seinem Platz auf der vordersten Bank und wandte sich dem Sprecher zu. »Dieses Objekt entstammt nicht dem Weltraum«, beruhigte er das Unterhaus, »sondern einer Wäscherei in Rochdale ...«

Nachdem der daraufhin entstehende Tumult wieder abgeebbt war, fügte er hinzu: »Es bestand aus zwei kleinen Gasballons, die von der Glühbirne eines Blitzlichts beleuchtet wurden. Ein Mechaniker der Wäscherei hat es entworfen.« Der Mann, der für die in einem Rochdale nahegelegenen Dorf Wardle ausgebrochene Panik verantwortlich war, ist Neil Robinson, fünfunddreißig Jahre alt. Er sagte später: »Ich kaufte die Ballons für fünf Pence das Stück und ließ sie aufsteigen, um Luftströmungen experimentell zu bestimmen. Ich hätte nie gedacht, daß mein kleiner Test einmal im Parlament Beachtung finden würde.«

über seine Beobachtungen, dieser benachrichtigte später die amerikanische Air Force. Der Priester gab zu, zwischenzeitlich vermutet zu haben, daß die Flugobjekte »bloß neue Erfindungen der Amerikaner« seien. Doch die Air Force verfügte über kein Flugzeug, das geräuschlos fliegen konnte oder das imstande war, so tief zu fliegen, daß man Menschen darauf hätte erkennen können. Sie hatte ihre eigene Erklärung – die gesichteten Objekte seien Sterne und Planeten gewesen. Doch noch fünfzehn Jahre später schrieb der Astronom Dr. J. Allen Hynek nach einem Besuch in der Missionsstation: »Ich muß noch einige rätselhafte Sterne und Planeten näher studieren, die bis auf siebenhundert Meter Höhe durch die Wolken niedersinken und sie währenddessen anstrahlen.«

Pater Gill selbst schrieb einem Freund: »Vergangene Nacht konnten wir hier in Boianai etwa vier Stunden lang UFOs beobachten. Es bestehen keinerlei Zweifel, daß sie von irgendeiner Art von Lebewesen gesteuert werden. Manchmal nahm es uns regelrecht den Atem …«

In diesem Juni wurden in Papua fast sechzig UFO-Meldungen registriert – alle unabhängig voneinander. Die lebendigste Beschreibung stammt wohl vom Händler Ernie Evernett. Er hatte ein grünliches Objekt gesehen, das eine weiße Flamme hinter sich herzog. »Es schwebte knapp zweihundert Meter über mir«, berichtete er. »Es dämmerte, nur vier oder fünf Seitenfenster des Objekts waren hell erleuchtet. Sie befanden sich unter einer Art Ring, der um die Mitte des Raumschiffs verlief. Die Silhouette des Objekts ähnelte einem Rugbyball.«

Panik im Dschungel
»Alle Generatoren
standen still ...«

Während langer Jahre des Dschungelkrieges gewöhnten sich kampferprobte amerikanische GIs in Vietnam an unvorhersehbare Situationen. Doch am 19. Juni 1966 bekamen die vierzigtausend Männer des Nha Trang Camps den Schock ihres Lebens – und er kam von oben.

Hunderte befanden sich im Freien, wo sie mit einem neueingetroffenen Projektor Filme ansahen. Plötzlich kam ein helles Licht direkt aus dem Nichts. Sergeant Wayne Dalrymple beschrieb die weiteren Geschehnisse in einem Brief an seine Eltern.

»Zunächst hielten wir es für eine der Leuchtbomben, die hier ständig explodieren, doch dann fanden wir heraus, daß wir uns getäuscht hatten. Seine Geschwindigkeit war einmal extrem langsam, dann wieder extrem schnell. Einige der Kampfflugzeugpiloten meinten, es müsse sich in etwa achttausend Meter Höhe befinden.

Chaos brach aus. Es raste im senkrechten Sturzflug auf uns zu und hielt urplötzlich an, noch ungefähr hundert bis hundertfünfzig Meter über uns. Es erhellte das kleine Tal und die umliegenden Berge, als wäre es mitten am Tag.

Dann schoß es aufwärts – in einem Höllentempo. Es flog senkrecht nach oben und war innerhalb von zwei oder drei Sekunden außer Sicht. Was uns alle erschütterte, war, daß es unsere sämtlichen Generatoren zum Stillstand brachte, vielleicht war es auch nicht seine Schuld, aber jedenfalls fielen sie aus, und alles war dunkel. Auch auf dem Luftwaffenstützpunkt, der eine halbe Meile von hier entfernt ist, fielen die Generatoren aus, und bei zwei

Flugzeugen, die gerade abheben sollten, versagten die Motoren.

Kein Auto, Lastwagen, Flugzeug oder ähnliches funktionierte während der nächsten vier Minuten. Wir haben acht große Bulldozer, die Straßenschneisen durch die Berge schlagen, auch sie hielten an, und ihre Beleuchtung verlosch. Ein ganzes Flugzeug voll hoher Beamter kam am nächsten Nachmittag aus Washington, um Nachforschungen anzustellen.«

Dalrymple untersuchte jeden einzelnen der sechs betroffenen, dieselbetriebenen und unabhängig voneinander arbeitenden Generatoren auf Fehler, er konnte jedoch keine entdecken. Später stellte sich heraus, daß zur selben Zeit auch die Stromversorgung eines Öltankers von Shell, der in Küstennähe vor Anker lag, ohne ersichtlichen Grund zum Stillstand gekommen war.

Bitte, Sir ...

Zwanzig Kinder zwischen sechs und sieben Jahren stürzten in das Büro von Michael Yates, dem Direktor der Wawne-Grundschule in Humberside, und berichteten ihm, ein eigenartiges Ding am Himmel gesehen zu haben. Die Kinder hatten nie zuvor etwas von fliegenden Untertassen gehört, doch sie beschrieben ein klassisches UFO – »wie ein umgedrehter Teller mit einer Ausbuchtung auf der Oberseite«.

Mit der Kamera festgehalten
Japanische Fotografen werden aktiv

UFOs wurden überall im Fernen Osten gesehen, manche hat man sogar fotografiert. Am 10. Oktober 1975 machte Osamu Tsugaane einen Schnappschuß von einer goldfarbenen Form, die wie eine tiefe, umgedrehte Puddingschüssel aussah und sich über dem Luftwaffenstützpunkt in Hya Kuri befand. Am 7. März 1973 entdeckte Akiteru Takao eine silberne Kugel über einem Vorort von Bangkok, Thailand, wo er seine Ferien verbrachte. Er hielt sie mit seiner Kamera fest. Und am 9. Juli desselben Jahres fotografierte der Polizeibeamte Yoshiyuki Matsuda einen Verkehrsunfall, der sich in Nagai City ereignet hatte – und enthüllte gleichzeitig ein rechteckiges schimmerndes Objekt, das am Himmel zu sehen war und sich jeglicher Erklärung entzog.

Hideichi Amano hatte keine Chance, den furchterregenden Außerirdischen abzulichten, dem er am 3. Oktober in der Nähe von Sayama City begegnet war. Amano, ein Funkamateur, war auf einen Hügel in der Nähe der Stadt gefahren, um Botschaften ohne Störungen zu übermitteln. Seinen zwei Jahre alten Sohn ließ er ruhig schlafend auf dem Rücksitz seines Autos zurück. Doch als er zu dem Wagen zurückkehrte, war sein Sohn von einem eigenartigen Licht umgeben, und Schaum stand ihm vor dem Mund.

Er versuchte, das Auto anzulassen, aber nichts rührte

Dieses UFO wurde über den japanischen Iki-Inseln aufgenommen.

sich. Dann fühlte er, wie sich etwas Metallisches gegen seine Stirn preßte. Er drehte sich um und sah eine Kreatur die ein rundes Gesicht, große, spitze Ohren und große, runde blaue Augen, jedoch keinen Hals besaß. Das Ding, das Amano berührte, war eine Art Röhre, die dem Wesen aus dem Mund ragte.

Fünf Minuten lang empfing der Mann fremdartige Botschaften aus dem All, die telepathisch über die Röhre übertragen wurden; später wiederholte er sie unter Hypnose. Dann verschwand der Außerirdische einfach, und alle Geräte, die Amano in Panik angeschaltet hatte – Zündung, Scheinwerfer, Radio – erwachten auf einmal zum Leben.

Das China-Syndrom
Entdeckungen – historisch und modern

Auch chinesische Piloten und Wissenschaftler haben fremdartige Raumschiffe am Himmel gesichtet. Obwohl die Regierung für Vorfälle dieser Art eine Nachrichtensperre verhängt hatte, haben doch Berichte von zwei Entdeckungen in den letzten Jahren den Westen erreicht.

Im Juli 1977 beobachteten der Astronom Zhang Zhousheng und mehrere seiner Kollegen im Observatorium von Yunan, wie ein leuchtendes Objekt von Norden nach Westen über sie hinwegflog. »Das Ding dehnte sich unglaublich weit spiralförmig aus«, berichtete Zhang. »Sogar im Mondschein strahlte es sehr hell in grünlichblauer Farbe, nur sein Zentrum war gelb.«

Zehn Monate später sahen Zhou Quington, ein Pilot der Luftwaffe, und einige andere Piloten vor ihren Baracken

Der Schwarm der Blasenbienen

Drei Pfadfinderinnen aus Malden, Massachusetts, sahen im August 1965 gleich einen ganzen Schwarm von UFOs im hellen Tageslicht, als sie sich in einem Campinglager befanden.

Da sie Sturmwolken am Horizont aufziehen gesehen hatten, eilten sie schnell von ihrer Blockhütte in Derry, New Hampshire, zu einer Quelle, wo sie noch Wasser holen wollten. Dorothy Doone, dreizehn Jahre, entdeckte als erste etwas, das sie für eine Gruppe tieffliegender Flugzeuge hielt, und machte ihre Freundin Patricia Walton, zwölf Jahre, und ihre jüngere Schwester Shirley darauf aufmerksam.

Als die »Jets« näher kamen, schlug ihre Faszination in Furcht um. Insgesamt waren es neun Objekte, doch keines von ihnen besaß Flügel, Propeller oder eine Aufschrift.

»Sie ähnelten großen schwarzen Blasen mit silbernen Enden«, erinnerten sich die Mädchen. »Bevor wir davonrennen konnten, überflogen sie ein Feld direkt neben uns. Es klang wie ein Bienenschwarm. Dann sprang ein großer Funke zwischen den letzten drei Objekten über.«

Die Mädchen bewiesen im Lauf der späteren Befragung durch die Leiterin des Camps – Dorothys Mutter – und einige UFO-Forscher überzeugend, daß es sich bei ihren Entdeckungen nicht um Flugzeuge oder Hubschrauber gehandelt hatte.

im Nordwesten Chinas einen Film an, als plötzlich ein riesiges glühendes Objekt am Himmel vorüberzog.

»Es überflog uns in siebentausend Meter Höhe und verschwand hinter ein paar Häusern«, sagte Zhou. »Es sah so aus, als ob vorn zwei große Suchscheinwerfer und hinten ein helles Rücklicht angebracht gewesen seien. Die Länge der Lichtkegel wechselte beständig, und ein Dunstschleier umgab das Objekt.«

Auch in der chinesischen Geschichte sind erstaunliche Entdeckungen festgehalten. Shen Kua war ein berühmter Wissenschaftler und Gelehrter, der vor neunhundert Jahren in Jangzhou neben dem Fluß Jangtse wohnte. Er beschrieb eine »große Perle«, die aus den Sümpfen in der Nähe der Stadt aufgestiegen war und über einem nahegelegenen See schwebte. Sie bestand aus einer runden, zweiteiligen Schale, die einige Leute im geöffneten Zustand gesehen hatten. Im Inneren befand sich ein helles silbriges Licht von der Größe einer Faust, das jeden blendete, der es ansah. »Alle Bäume warfen Schatten auf die Erde«, schrieb der Wissenschaftler. »Plötzlich verließ uns die Schale im wellenförmigen Flug. Sie schien von Flammen umgeben zu sein.«

Ein Heilmittel gegen Lähmungen

Ein französischer Arzt behauptet, ein Lichtstrahl eines UFOs habe eine Lähmung geheilt, deren erfolgreiche Behandlung menschlichen Wissenschaftlern unmöglich gewesen war. Der Arzt war durch eine Wunde, die ihm 1958 in Algerien zugefügt worden war, teilweise gelähmt, außerdem litt er an einer Beinverletzung, die er sich bei Gartenarbeiten zugezogen hatte.

Am 2. November 1968 wurde er durch das Geschrei seines kleinen Sohnes geweckt, er stand auf und humpelte in die Küche, um ihm ein Glas Wasser zu holen. Durch das Fenster sah er eigentümliche Lichtblitze, daher ging er auf die Terrasse, um den Verursacher ausfindig zu machen. Er sah zwei Objekte, die zu einem verschmolzen, bevor sie sich dem Haus näherten. Ein Lichtstrahl traf ihn, dann verschwand das UFO so plötzlich, wie das Bild auf einem Fernseher, der gerade ausgeschaltet wurde.

Als er losstürzte, um seiner Frau seine Entdeckung mitzuteilen, bemerkte er erstaunt, daß er rannte – seine Wunde, deren Zustand während eines monatelangen Krankenhausaufenthalts unverändert schlecht geblieben war, war schlagartig verheilt.

Der Tod der Lavendelpflanze

Ein französischer Bauer berichtete, daß ihn zwei Kreaturen, die er neben ihrem UFO in seinen Lavendelfeldern gestört hatte, gelähmt hätten.

Am 1. Juli 1965 entdeckte Monsieur M. Masse ein eiförmiges Raumschiff von der Größe eines Autos auf einem seiner Felder in den Basses Alpes. Als er über seinen Weinberg näher heranschlich, sah er zwei Jungen, die sich über Lavendelpflanzen beugten. Er trat aus seinem Versteck hervor, um sie zu tadeln.

Aber er blickte in die überraschten Gesichter zweier Wesen, die nichts ihm Bekannten ähnlich waren. Jeder der beiden kleinen »Männer« hatte einen großen Kopf, längliche Schlitzaugen, aufgeblasene Backen, einen Mund, der einem Schlitz ähnelte und ein langes, hervorspringendes Kinn. Eine der Kreaturen richtete einen Stab auf ihn, was ihn bewegungsunfähig machte. Sie beobachteten ihn eine Weile, dann schickten sie einen Lichtstrahl in ihr Raumschiff. Dessen sechs Beine drehten sich, ein Kolben in der Mitte begann zu stampfen, und es glitt aufwärts, bevor es verschwand.

Es ließ ein schlammiges Loch in der ausgetrockneten Erde zurück, und in wenigen Tagen welkten alle Lavendelpflanzen in der näheren Umgebung und starben schließlich ab. Jahrelang gediehen dort keine neuen Pflanzen.

Ein diplomatischer Zwischenfall

Portugal wurde im August und September 1977 von einer mysteriösen Invasion nichtidentifizierter Flugobjekte heimgesucht. Ein älterer britischer Diplomat gehört zu den vielen Menschen, die sie sahen.

Alles begann damit, daß Dutzende von Einwohnern der Stadt Viano Castello meldeten, ein eigentümliches Raumschiff am Himmel gesehen zu haben. Den Fischern im Hafen von Portimao, denen der Sternenhimmel vertraut war, fiel ein seltsames, intensives Licht auf, wo normalerweise kein Stern zu sehen war. Auch zwölf Feuerwehrleute der Stadt Guarda, die von einem Einsatz zurückkehrten, berichteten von einem mysteriösen leuchtenden Objekt, das am Himmel seine Kreise zog.

Im September wurde der britische Beauftragte für die Algarve, D. M. Armstrong, darauf aufmerksam gemacht. Eine Engländerin aus Alvor rief an, um ihm mitzuteilen, daß sowohl sie als auch ihr Mann ein summendes Geräusch gehört und ein Objekt über ihrem Haus schweben gesehen hätten.

Der Konsul holte sein Fernglas und suchte den Himmel

*Ein UFO in 1200 Meter Höhe, aufgenommen von
Shinichi Takeda aus Fujisawa, Japan.*

über Alvor, das vier Meilen entfernt lag, ab. Deutlich sah
er ein Objekt, das rote, weiße und grüne Lichter aussandte, und er schätzte, daß es sich etwa dreißig Grad über
dem Horizont befand.

Im Januar schrieb Armstrong an Lord Clancarty, einen
Londoner UFO-Begeisterten, der versuchte, eine offizielle
UFO-Forschung in Gang zu bringen.

Er berichtete von seinem ersten Kontakt mit dem UFO
und fügte hinzu: »Seit damals sah ich jede Nacht mindestens eines – manchmal sogar vier – bis Mitte November.
Zu dem Zeitpunkt verschlechterte sich das Wetter, und
der Himmel war die meiste Zeit völlig bedeckt.

Bei einer Gelegenheit beobachtete ich zwei von ihnen

über dem Meer. Beide befanden sich innerhalb meines Blickfeldes, doch eines von beiden bewegte sich plötzlich schnell nach oben. Ich folgte ihm mit den Augen, und überraschenderweise flog das zweite UFO dem ersten wenige Minuten später hinterher.

Jedesmal spielte sich das gleiche ab: rot-grün-weiße Lichter erstrahlten um eine Art kreisförmige Basis. Tagsüber habe ich nichts gesehen, immer nur gegen Abend.«

Der Diplomat fügte hinzu: »Wie Sie sich vielleicht vorstellen können, wurde ich von meinen Bekannten verspottet, doch wenn Besuch zum Abendessen kam, machte ich eine Bemerkung über die Tatsachen, führte die Leute in den Garten und ließ sie durch mein Fernglas blicken. Jeder mußte zugeben, daß es sich um ›etwas Außergewöhnliches‹ handelte. Und der Spott verstummte.«

Der portugiesischen Botschaft in London war es unmöglich, Licht in die Angelegenheit zu bringen. Doch sie bekannte sich zu einem »Vorfall«, in den ein portugiesisches Linienflugzeug verwickelt war. Der Pilot hatte gefunkt, daß ein Objekt, das keinem ihm bekannten Flugzeug ähnelte, um ihn herumflog.

Die Zigarre
über der Seine

In den frühen Morgenstunden des 23. August 1954 wurden nichtidentifizierte Flugobjekte verschiedener Größe, die miteinander arbeiteten, von der kleinen französischen Stadt Vernon gemeldet. Es war ein Uhr früh, Geschäftsmann Bernard Miserey hatte gerade sein Auto in der Garage geparkt, da sah er ein riesiges, langgestrecktes, lautloses, hell leuchtendes, zigarrenförmiges Objekt, das über der Seine schwebte. Es war ungefähr dreihundert Meter von ihm entfernt und warf einen unheimlichen Schein auf die dunklen Dächer der schlafenden Stadt.

Miserey betrachtete es einige Minuten. »Plötzlich kam aus dem Boden der Zigarre ein Ding, das aussah wie eine waagerecht liegende Scheibe«, erinnerte er sich. »Im freien Fall fiel es herab, verlangsamte dann das Tempo, schwenkte um und flog über den Fluß geradewegs auf mich zu, dabei wurde es viel heller. Es war von einem Lichtschein umgeben. Ein paar Minuten nachdem es hinter mir verschwunden war und mit ungeheuerlicher Geschwindigkeit Richtung Südwesten flog, verließ ein ähnliches Objekt die Zigarre und vollführte die gleichen Manöver.«

Insgesamt sandte die Zigarre fünf Scheiben aus, die alle in verschiedene Richtungen davonschossen. Nachdem die letzte verschwunden war, verblaßte das Licht der Zigarre, und es wurde dunkel. Miserey suchte die Polizei am nächsten Morgen auf, um zu berichten, was er gesehen hatte – und man sagte ihm, daß ein Ingenieur der Armee und zwei Polizeibeamte zur selben Zeit genau dasselbe beobachtet hatten.

Draußen in den Beerenfeldern

Im August 1954 berichteten zwei norwegische Schwestern der Polizei, sie hätten mit einem Mann, der von einer fliegenden Untertasse kam, gesprochen. Die Frauen, zweiunddreißig und vierundzwanzig Jahre alt, sagten, sie hätten auf den Hügeln in der Nähe von Mosjöen, das im Landesinneren Norwegens liegt, Beeren gepflückt, als ihnen plötzlich ein dunkler, langhaariger Mann in einem Khakianzug ohne Knöpfe bedeutete, mit in eine Höhle zu gehen. Darin befand sich ein untertassenförmiges Raumschiff, das gute fünf Meter breit war.

Der Mann versuchte, sich mit Gesten, Worten und Zeichnungen verständlich zu machen. Doch die Schwestern konnten ihn nicht verstehen, und er begriff sie nicht, als sie ihn auf französisch, deutsch und englisch ansprachen.

Schließlich kletterte der Fremde zurück in seine Untertasse, die sich schnell mit einem summenden Geräusch, das einem Bienenschwarm ähnelte, in die Luft erhob.

Manöver bei der Armee

Zwei britische Soldaten berichten, sie hätten während einer militärischen Übung im Jahre 1978 ein UFO gesehen. Als Mike Perrin und Titch Carvell gerade ihren Landrover durch die Moore von Yorkshire steuerten, sahen sie ein kuppelförmiges silbriges Objekt, das in etwa fünfzig Meter Entfernung in der Luft schwebte und ein seltsames summendes Geräusch aussandte.

»Es war etwa so groß wie fünf Landrover und hatte Bullaugen«, sagte der siebenundzwanzigjährige Perrin. »Im

Inneren blitzten rote und weiße Lichter. Ich versuchte, unseren Wagen wieder anzulassen, doch der Motor war völlig tot. Wir beobachteten das UFO fünf Minuten lang, dann schoß es davon, und unser Motor erwachte wieder zum Leben.«

Er fügte hinzu: »In der Armee werden Berichte über UFOs gewöhnlich nicht ernst genommen, doch als wir am nächsten Morgen in Begleitung eines Sergeant in die Gegend zurückkehrten, fiel uns auf, daß an der Stelle, über der das Objekt geschwebt hatte, das Gras völlig verbrannt war.«

»Zeichne, was du gesehen hast ...«

Die Basketball-Lehrerin Bronwen Williams wußte genau, was sie zu tun hatte, als sie während eines Spieles, das sie im Februar 1977 zu beaufsichtigen hatte, ein fremdartiges Objekt am Himmel entdeckte. Sie schickte ihre neun Schüler in einen Raum der Rhos-y-Bol-Grundschule, gab ihnen Bleistift und Papier und trug ihnen auf, das zu zeichnen, was sie gesehen hatten, ohne sich untereinander abzusprechen. Die Bilder wiesen verblüffende Ähnlichkeiten auf – eine Zigarre mit einer schwarzen Kuppel.

In derselben Nacht sah Hilda Owen, die Frau eines Polizisten, ebenfalls ein seltsames Objekt, das geräuschlos durch die Wolken glitt, als sie aus ihrem Küchenfenster schaute. Mit ihrem Lippenstift zeichnete sie es auf die Fensterscheibe, und ihr Mann übertrug es auf ein Papier, als er vom Dienst zurückkehrte. Es hätte eine der von den Schülerinnen angefertigten Zeichnungen sein können.

Frau Owen sagte, das UFO sei aus einer »Feuerzunge« über

Dieses UFO wurde um 22.30 Uhr am 3. März 1979 in Italien
über dem Lago Maggiore in der Nähe der kleinen Stadt Arona

aufgenommen. Es gibt viele Zeugen für diesen Vorfall, und das Photo wurde in den regionalen Zeitungen veröffentlicht.

Aberffraw Common erschienen. »Zuerst dachte ich, ein Flugzeug hätte Feuer gefangen, doch in Sekundenschnelle verformte sich die Flamme zu einem Kreis, und ein Ding mit einer Kuppel erschien«, erzählte sie. »Ein Irrtum ist auszuschließen. Ich konnte die Bullaugen ganz deutlich erkennen.«

Das Ding war immer noch am Himmel zu sehen, als ihr Mann kurz nach Mitternacht nach Hause kam. »Es hatte die Farbe der untergehenden Sonne und war zweimal so groß wie die Sonne, wie wir sie sehen«, berichtete er. »Doch bevor ich mein Fernglas herausholen konnte, war es verschwunden.«

Das Loch in der Hecke
»Ich fror und war zu Tode erschrocken ...«

Im Juli 1976 rannte die neunjährige Gaynor eines Tages atemlos und zu verstört, um zu sprechen, nach Hause. Ihre Mutter Marion versuchte sie zu beruhigen, dann hörte sie die Beschreibung der »wahrscheinlich besten Begegnung mit einem UFO, die jemals in Großbritannien stattgefunden hat«, wie man später sagte.

Gaynor hatte ein fremdartiges silbernes, untertassenförmiges Objekt gesehen, das in einem Feld, eineinhalb Kilometer entfernt von ihrem Zuhause in Oakenholt, nahe Flint, North Wales, gelandet war. Schrecklich verängstigt, aber fasziniert, lag sie still auf dem Boden und spähte durch ein Loch in einer Hecke. Zwei silbriggekleidete Wesen entstiegen dem Raumschiff und nahmen Bodenproben. Sie waren klein und knochig und hatten große violette Augen. Anscheinend waren es ein Mann und eine Frau.

Ihr Raumschiff war etwa zwölf Meter lang und drei Meter hoch. An der Seite befand sich eine Reihe gelber Fenster und auf dem Dach ein blitzender Kasten. Als es nach ungefähr einer halben Stunde wieder abhob, gab es ein lautes, summendes Geräusch von sich.

Gaynor erzählte ihrer Mutter: »Ich fror und war zu Tode erschrocken – ich war sicher, daß beide mich gesehen hatten.« Doch achtzehn Monate lang blieb die Geschichte ein Geheimnis der Familie. Frau Sunderland erklärte: »Gaynor fürchtete, ausgelacht zu werden.« Schließlich nahm das Kind allen Mut zusammen und erzählte ihr Erlebnis auch anderen. Zweimal wurde sie unter Hypnose befragt und fertigte Zeichnungen von ihren Beobachtungen an.

UFO-Beobachterin Jenny Randles vom *Flying Saucer Review* sagte: »Gaynors Beschreibung gehört zu den genauesten, die es gibt.«

Die »klickenden Puppen«

Drei Frauen aus Nordengland behaupten, weiße, puppenähnliche Außerirdische gesehen zu haben, die aus UFOs gekommen sind. Alle berichteten Forschern von ihren Beobachtungen, doch bestanden sie darauf, anonym zu bleiben.

Die erste Begegnung fand im September 1976 statt. Zwei Frauen, dreiundsechzig und achtzehn Jahre alt, gingen in der Nähe ihrer Häuser in Fencehouses, Tyne and Wear, spazieren, da sahen sie ein kleines, ovales Objekt, von dem sie sich magisch angezogen fühlten. Als sie sich näherten, erschienen zwei Wesen »in der Größe von großen Puppen«. Sie hatten große, runde Augen und weißes

Haar. Sie schienen beunruhigt zu sein und zogen sich schnell zurück.

Genau drei Jahre später befand sich eine zweiunddreißigjährige Frau um vier Uhr morgens in ihrem Schlafzimmer in Felling, Tyne and Wear, und eine leuchtende glitzernde, glockenartige Scheibe kam direkt in das Zimmer herein. »Ein summendes Geräusch erfüllte den ganzen Raum, und ich fühlte mich wie gelähmt«, erfuhren Forscher von der Frau. »Dann erschienen zwölf weiße Kreaturen, sie waren klein, wie Puppen. Sie stießen klickende Laute aus und schienen mich zu beobachten. Eines berührte mich sogar. Danach verschwanden sie.«

UFO-Forscherin und Autorin Jenny Randles ist der Meinung: »Ich bin sicher, daß die Frauen wahrheitsgemäß über authentische Erlebnisse berichten. Ihre Geschichten werden dadurch glaubwürdig, daß die Zeuginnen so zögern, ihre Erlebnisse preiszugeben. Auf jeden Fall können wir sicher sein, daß sie nicht nur auf billige Art öffentliches Aufsehen erregen wollten.«

Im nahegelegenen Killingworth berichtete eine einundzwanzig Jahre alte Krankenschwester, die sich »Linda« nannte, von einem UFO, das im Februar 1978 zwischen zwei Häusern hindurchgeflogen war. Es gab einen ohrenbetäubenden Lärm, und ihre Mutter versteckte sich unter der Bettdecke, überzeugt, daß gleich ein Flugzeug abstürzen würde. Doch Linda blickte aus dem Fenster und sah nur wenige Meter entfernt ein silbriges Objekt mit einer bunten Lichterkette. Sie sagte, es ähnelte »einer Schachtel, die teure Zigarren enthält«.

Seltsame Vorfälle im Südwesten

Ein Liebespärchen, die Frau eines Bauunternehmers, ein Liegestuhlwart auf einem Schiff, sie alle sahen in der Nacht des 21. Mai 1977 etwas Außergewöhnliches am Himmel. Alle Beobachtungen wurden in der Nähe von Poole, Dorset, gemacht.

Die hübsche achtzehnjährige Finanzbeamtin Karen Iveson und ihr Freund Cliff Rowe, neunzehn, ein Technikerlehrling, hatten gerade ihr Auto auf einer abgelegenen Straße in der Nähe von Parley Cross geparkt, da wurde es von hinten von einem Lichtstrahl erfaßt.

»Wir konnten nicht erkennen, wodurch er verursacht wurde, doch waren wir etwas beunruhigt, und wir entschlossen uns weiterzufahren«, sagte Cliff. Als sie sich wieder auf der Straße befanden, sahen sie, von was sie gestört worden waren.

Karen erzählte: »Ein großes silberfarbenes, scheibenförmiges Objekt schwebte über einem Feld, und ein silbriggrüner kegelförmiger Lichtstrahl schien aus dessen Zentrum auf uns herab. Wir hielten an, um es zu beobachten, und es machte den Eindruck, als ob es Ewigkeiten dort verbringen wollte. Dann drehte es sich plötzlich ab und verschwand hinter ein paar Bäumen, viel tiefer, als ein Flugzeug fliegen kann. Uns packte panische Angst. Nie zuvor hatte ich Vergleichbares gesehen.«

Pauline Fall, die Frau des Bauunternehmers, einunddreißig Jahre alt, sah nur einige Meilen entfernt dasselbe Objekt, als sie auf einer dunklen Landstraße in der Nähe des Dorfes Longham entlangfuhr. »Ein Lichtstrahl huschte vier- oder fünfmal über die Motorhaube, als ob uns etwas verfolgte«, doch zuerst konnte Pauline nicht erkennen, woher das Licht kam.

»Im ersten Augenblick konnte ich nichts am Himmel entdecken, doch dann sah ich es; es sah aus wie die Unterseite eines großen Tellers«, erinnerte sie sich. »Aus dem Zentrum kam ein silbrigweißes Licht, es war schmal an der Spitze und verbreitete sich dann zu einem Kegel. Es war ein kräftiger Lichtstrahl, der so aussah, als ob man ihn wie eine Linie gezogen hätte.

Normalerweise gerate ich nicht leicht in Panik, doch diesmal wurde mir ganz flau im Magen. Eine Freundin, die mich begleitete, wurde ebenfalls ziemlich nervös.«

Pauline setzte ihre Fahrt nach Hause fort, obwohl der Lichtstrahl immer kürzer zu werden schien, als das Objekt an Höhe verlor. »Dann verschwand es plötzlich wie vom Erdboden verschluckt.«

Als Pauline zu Hause in Wimborne ankam, glaubte ihr Mann John, sie hätte einen Unfall gehabt, da sie völlig verstört wirkte. Ihre Hände waren eiskalt, und es verging mehr als eine Stunde, bis sie sich wieder erwärmten.

Seltsame Dinge passierten nach dieser Nacht mit Paulines Auto. Der Benzinverbrauch stieg rapide an, und der Motor, der sich völlig normal verhielt, wenn John am Steuer saß, starb auf unerklärliche Weise ab, sobald Pauline fuhr. »Ich wünschte nur, jemand könnte mir erklären, was es war, wo es herkam und was es von uns wollte.«

Der dritte, der dieses Raumschiff sah, war Liegestuhlwart Richard Morse, siebenundzwanzig Jahre, dem ein flakkerndes Licht hinter den Wolken auffiel, als er in Poole auf die Bushaltestelle zueilte. »Ich dachte, es sei der Mond, doch dann sah ich den Mond woanders am Himmel stehen.

Ich schaute es nur an, und ein eigentümliches Gefühl beschlich mich. Es hatte die Form einer fliegenden Untertasse, auf der sich noch etwas anderes befand, und ein

Diese UFOs wurden am 28. März über Conisbrough, South Yorkshire, in England gesichtet und fotografiert.

Fremdartige Objekte wurden am Himmel über Sheffield gesehen.

- Das Ministerium für Luftfahrt findet keine Erklärung dafür.

- Dieses Bild wurde von Experten analysiert. Es ist echt, sagen sie.

- WIR FRAGEN: Wie lange wagen wir es noch, Geschichten wie diese lächerlich zu machen?

Lichtstrahl fiel von seinem Zentrum aus auf den Boden. Die Zeit schien stillzustehen, während ich es beobachtete, dann setzte es sich in Bewegung und legte sich sehr stark in die Kurve, bevor es verschwand. Es sah nicht so aus, als käme es von diesem Planeten ... Ich war wirklich erleichtert, als ich hörte, daß andere in dieser Nacht ähnliche Erfahrungen gemacht hatten, da meine Freunde schon glaubten, ich sei verrückt geworden!«

An der Küste in Parkstone, Dorset, hatte Mrs. Ethel Field im März 1978 eine seltsame Begegnung, als sie Mann und Tochter vor dem Fernseher zurückließ und in den Garten ging, um Wäsche von der Leine zu nehmen.

»Auf einmal sah ich dieses Objekt vom Meer her kommen«, sagte sie. »Es gewann an Höhe und näherte sich. Es war kreisförmig und hatte oben eine Kuppel. Unten befanden sich mehrere Scheinwerfer, die von Klappen, die wie Augenlider aussahen, bedeckt waren. Wenn die Lider aufklappten, beleuchteten Punktstrahler den Boden.

Ich war verängstigt und erstaunt. Es schwebte genau über mir. Die Lichter waren so hell, daß ich die Hände über den Kopf hielt, um meine Augen zu schützen.

Dann entdeckte ich zwei Figuren, die hinter einem rechteckigen Fenster standen. Sie hatten längliche Gesichter und trugen silbrige Anzüge und eine Art Käppchen. Es machte den Eindruck, als ob sie Wache stünden.

Eine unheimliche Kraft zwang mich, unbeweglich stehenzubleiben. Ich wartete und bedeckte meine Augen. Dann wandte die eine der Figuren den Blick von mir ab, um seinen Kameraden anzusehen. In demselben Augenblick fühlte ich, wie die Kraft nachließ und rannte in panischer Angst davon, um meinen Mann und meine Tochter zu holen. Doch sie lachten mich aus und wollten das Haus nicht verlassen.«

Mrs. Field verbrachte mehrere schlaflose Nächte, in denen sie sich den Kopf zerbrach, was sie gesehen haben könnte. Dann erschienen rote Flecken auf ihren Händen, wo das Licht sie getroffen hatte. Bald darauf wurden ihre Hände blutig, offene Wunden entstanden, und die Haut hing in Fetzen an ihnen herunter. »Ich suchte deswegen verschiedene Ärzte auf, doch nur einer hörte sich ernsthaft meine Geschichte an«, sagte sie.

Eine schottische Untertasse

Zwei zehnjährige Mädchen aus dem im Nordosten Schottlands liegenden Elgin beschrieben eine »silbrige Untertasse mit einem Höcker auf dem Dach«, die sie in einem Wald schweben gesehen hatten. Das Raumschiff leuchtete in rötlichem Licht und ein silbrig gekleideter Mann stand daneben. Mrs. Caroline McLennan, die Mutter von einem der Mädchen, sagte: »Als mir meine Tochter davon erzählte, erinnerte ich mich daran, zuvor ein seltsam schwirrendes Geräusch gehört und zu meiner Nachbarin gesagt zu haben: ›Das klingt ja wie eine fliegende Untertasse!‹ Die Mädchen führten uns zu der Stelle im Wald, und wir entdeckten einen großen Bereich flachgetretenen Grases. Das Laub der in der Nähe stehenden Bäume war angesengt.«

Reise in die Vergangenheit

Kaufmann Alan Cave, fünfundvierzig Jahre, aus Taunton, Somerset, erinnert sich genau an den Moment, in dem er zum »Zeitreisenden« wurde. Als er sich eines Morgens im Oktober 1981 auf dem Weg von Bath nach Stroud befand, fuhr sein Auto direkt unter einem orangefarbenen, wolkenartigen Objekt, das am Himmel schwebte, hindurch.

»Es muß genau elf Uhr gewesen sein«, erinnerte sich Alan, »da der Nachrichtensprecher gerade die Schlagzeilen verlas. Doch dann sah ich auf meine Armbanduhr, die acht Uhr anzeigte. Mein Füller mit eingebauter Digitaluhr stand auf neun Uhr. Beide funktionierten noch richtig, als ich losgefahren war.

Die Anzeige auf dem Kilometerzähler ging auf einmal zurück – es war höchst sonderbar. Ich verlor vierhundertfünfzig Kilometer, obwohl mir ein Mechaniker neulich erst erklärt hatte, daß dies unmöglich ist.«

Alan glaubt nicht an fliegende Untertassen, »doch geschah in diesen Sekunden etwas sehr Seltsames mit mir, und ich hoffe, daß es nicht noch einmal passiert«.

Das britische UFO-Forschungszentrum sagte später, sie hätten aus derselben Gegend mehrere Berichte über ein UFO erhalten. Sie fügten hinzu, daß man untersucht hätte, wo sich Flugzeuge zu diesem Zeitpunkt aufhielten, dies habe jedoch zu keiner Erklärung geführt.

Unheimliches neues Jahr

Unheimliche Beobachtungen wurden am Silvesterabend von 1978 aus ganz Großbritannien gemeldet. Der Schüler Andrew McDonald behauptete, ein UFO habe ihn umschwirrt, als er auf dem Fahrrad durch Runcorn, Cheshire, nach Hause fuhr.

»Ich hörte ein Summen, das einem hochtourigen Motor ähnelte«, sagte Andrew. »Ich blickte nach oben und bemerkte ein großes weißes Licht, von dem ein sehr heller Streifen ausging, direkt über mir. Es blieb etwa zehn Sekunden bei mir, dann stieg es schnell auf. Ich konnte fühlen, wie es versuchte, mich hochzuheben.« Andrews Nerven waren so angegriffen, daß er nicht mehr weiterfahren konnte.

In London sah die Kellnerin eines Nachtclubs, Patricia White, eine glänzendweiße Form am Himmel, als ein Taxi sie durch Wembley nach Hause brachte. »Es leuchtete wie ein großer heller Stern und verfolgte das Taxi«, sagte Mrs. White, vierunddreißig Jahre, aus Harrow. »Ich war starr vor Angst, der Taxifahrer ebenso.«

Verängstigte Zeugen berichteten auch von außergewöhnlichen Lichtern und Dingen, die sie über Newcastle upon Tyne, Sheffield, Manchester, Norwich und noch anderen Orten in Schottland gesehen hatten. Doch das Verteidigungsministerium sagte: »Wir werden nicht von Außerirdischen angegriffen. Wir sind der Meinung, daß einige Bruchstücke von Himmelskörpern verglühen.«

In den Mooren ausgesetzt

Ihre Hilfsbereitschaft wurde für Lilian Middleton zum Verhängnis. Sie fuhr in die einsamen Moore von Northumberland, um einem Freund zu helfen, dessen Auto liegengeblieben war – und wurde meilenweit von einem fürchterlichen UFO gejagt.

Der Schrecken begann am 21. August 1980 nachts um halb

drei, als das Telefon von Mrs. Middleton, die in Seaton Delaval, Whitley Bay wohnt, neben ihrem Bett klingelte. Die dreiunddreißigjährige Frau erklärte sich damit einverstanden, zu ihrem Freund, dem das Benzin ausgegangen war, ins Moor zu fahren. Doch als sie die Moore erreichte, sah sie einen hellen Lichtblitz.

»Ich dachte, ein Flugzeug habe Feuer gefangen oder sei mitten in der Luft explodiert«, erzählte sie später. »Ich bremste und blickte aus dem Fenster. Ich bekam fast einen Schock, als ich ein wie ein Rugbyball geformtes Ding am Himmel schweben sah, das ein gleißendes Licht ausstrahlte. Plötzlich schoß es auf mich zu. Ich hatte fürchterliche Angst.

Es war ungefähr so groß wie zwei größere Autos. Ich trat bei meinem Fluchtversuch das Gaspedal durch und erreichte bald eine Geschwindigkeit von hundertzwanzig Stundenkilometer, doch das Ding hielt mit und schwebte direkt über dem Autodach. Hin und wieder bewegte es sich ein wenig zur Seite, als ob es sehen wollte, was sich im Auto befand. Nach einer Ewigkeit, wie mir schien, entdeckte ich meinen Freund neben seinem Auto. Er hatte das Ding auch bemerkt.«

Das UFO verfolgte sie den ganzen Weg bis zu der einige Kilometer entfernten Tankstelle. Ein Taxifahrer und ein Pärchen in einem anderen Auto sahen es ebenfalls, als es näher kam. Mit einem Benzinkanister ausgerüstet machte sich Mrs. Middleton wieder auf den Weg zu dem Auto ihres Freundes.

»Dieses Mal stieß das UFO bis auf die Höhe des Autodaches herab«, erinnerte sie sich. »Mein Freund war genauso verängstigt wie ich, deshalb drehten wir um und fuhren zurück zu der Tankstelle. Ich weigerte mich, diese einsame Straße noch einmal zu fahren. Vor Erleichterung, daß auch andere dieses Ding gesehen hatten, mußte ich heulen. Das andere Pärchen war noch bei der Tankstelle, und wir alle beobachteten das Ding eine Weile, bis es plötzlich mit hoher Geschwindigkeit davonschoß und verschwand.«

Mrs. Middleton benachrichtigte die Polizei, die ihre Sorgen ernst nahm. Tatsächlich hatte der Oberinspektor der Station ebenfalls von dem UFO berichtet. Doch dieses Erlebnis hinterließ Spuren. »Ich befand mich für einige Wochen im Schockzustand«, sagte Mrs. Middleton. »Jetzt traue ich mich nicht mehr, im Dunkeln Auto zu fahren, und für eine ganze Weile konnte ich mich nicht dazu überwinden, in den nächtlichen Himmel zu schauen.«

Außerirdische über Rußland

Jahrelang vertrat der Kreml dieselbe Meinung wie die amerikanischen Behörden – UFOs existieren nicht. Beobachtungen wurden als Wolkenformationen, Planeten und Dinge dieser Art hingestellt, oder man wurde mit einer anderen logischen Erklärung abgespeist; Menschen, die außerirdische Raumschiffe gesehen hatten, wurden als Idioten, die auch an Geister und Feen glauben, abgetan.

Doch in den späten siebziger Jahren veröffentlichte die Prawda Meldungen von mysteriösen Besuchern im ganzen Land. Und sie waren alle ebenso erstaunlich wie diejenigen, die im Westen erschienen.

Als Dr. V. G. Paltsev, ein Tierarzt, achthundert Kilometer von Moskau entfernt seine Kunden auf dem Land besuchte, stieß er auf ein auf der Erde stehendes Raumschiff. Drei kleine, menschenähnliche Wesen mit ovalen Köpfen und langen Fingern standen daneben. Als er sich ihnen näherte, machte ihn eine seltsame Kraft bewußtlos.

Nachdem er wieder zu sich gekommen war, bemerkte er, daß seine Uhr stand. Über ihm verschwand eine leuchtende fliegende Untertasse. Dr. Paltsev fuhr nach Hause und machte sich wieder an die Arbeit, als ob nichts geschehen wäre. Doch in der Nacht träumte er wiederholt davon, daß man ihn in das Raumschiff getragen hatte, während er bewußtlos gewesen war.

Ein Arzt befragte ihn unter Hypnose – und befand, daß die fliegende Untertasse den Tierarzt wahrscheinlich auf einen kleinen Flug mitgenommen hatte.

Dr. A. I. Nikolaev, ein anerkannter Professor der Geschichtswissenschaft, mußte drei Monate im Krankenhaus verbringen, um sich von seinem Kontakt mit einem UFO zu erholen. Als er und drei seiner Kollegen von der Universität sich auf einem Campingurlaub in Südrußland befanden, bemerkten sie eines Tages ein metallisches, untertassenförmiges Raumschiff, das teilweise von dem hohen Gras verborgen wurde. Einer von ihnen warf ein paar Steine, die in dem Objekt zu verschwinden schienen.

Alle vier Männer spürten eine seltsame Kraft. Dr. Nikolaev wurde ohnmächtig. Die anderen zogen ihn ein Stück weg, obwohl ihnen selbst schwindelig war. Zwei blieben bei ihm, während sich der dritte auf den Weg machte, um Hilfe zu holen: Doch beide Männer schliefen bald ein.

Als sie erwachten, wurden sie von drei einen Meter großen Figuren in Raumanzügen und Helmen angestarrt.

Doch bei der ersten Bewegung huschten die kleinen, menschenähnlichen Wesen zu ihrem Raumschiff zurück und verschwanden durch eine Tür im Rumpf. Das Objekt leuchtete auf und verschwand.

Professor F. Zigel, der Leiter der offiziellen Untersuchungskommission, die sich dieses Falles annahm, sagte: »Es ist nicht zu bezweifeln, daß hier ein Raumschiff landete – als möglichen Grund könnte ich mir vorstellen, daß eines der Besatzungsmitglieder erkrankt war.«

Nur drei Tage später sahen drei andere Wissenschaftler ein außerirdisches Raumschiff, nur hundertzehn Kilometer von Moskau entfernt. Auch sie befanden sich auf einem Campingplatz, und in jener Nacht hörten sie ein lautes Stimmengewirr ins Zelt dringen. Keiner von ihnen konnte die Sprache erkennen, doch alle fühlten unerklärliche Angst.

Eine halbe Stunde verstrich, bis sie es wagten, einen Blick aus dem Zelt zu werfen – vor ihnen stand ein leuchtendes violettes Objekt, ungefähr fünfundzwanzig Meter hoch, das »ein wenig wie eine gigantische Glühbirne« aussah. Es stieg auf, schwankte etwas und flog mit großer Geschwindigkeit in eine fluoreszierende Wolke hinein.

Am nächsten Morgen bemerkten die Urlauber, daß das Gras in etwa hundertfünfzig Meter Entfernung von ihrem Zelt kreisförmig flachgedrückt war – und sie benachrichtigten die Untersuchungskommission.

Die Sowjets zeigten unerwartetes Interesse an einer englischen UFO-Beobachtung. Hope und Ruby Alexander fuhren eines Abends im Jahre 1978 nach einem Konzert nach Hause, da fiel ihnen ein helles Lichtdreieck auf, das über der Hayes Road, Bromley, Kent, schwebte. Die Beobachtung ging durch die lokale Presse, die erwähnte, daß man wahrscheinlich keine Erklärung für den Vorfall würde finden können. Die zwei Frauen zogen es vor, sich nicht mehr mit diesem Thema zu beschäftigen.

Doch zwei Jahre später erhielt die Zeitung einen Brief von der sowjetischen Universitätsstadt Nowosibirsk. Jemand, der mit V. I. Sanarov unterzeichnet hatte, bat um eine Kopie des Artikels und, wenn möglich, weitere Informationen. Hope sagte: »Wir wunderten uns über das plötzliche Interesse nach dieser langen Zeit.«

Charles Bowen, der Herausgeber des britischen Magazins *Flying Saucer Review*, sagte: »Sowjetische Wissenschaftler zeigen großes Interesse an UFOs. Einige Jahre lang hat die sowjetische Akademie der Wissenschaften drei Hefte jeder Ausgabe des *Review* bestellt, und letztes Jahr erhielt ich ein halbes Dutzend Briefe von Bürgern der Sowjetunion, die um Informationen zu diesem Thema baten.«

Das Rätsel des Bermudadreiecks

Einige Dutzend Schiffe sind im Bermudadreieck verschwunden, seit das Navy-Versorgungsschiff *Cyclops* im Jahre 1918 mit über dreihundert Mann an Bord gesunken ist. Auch Flugzeuge sind spurlos verschwunden, zum Beispiel fünf Bomber aus Fort Lauderdale, die angaben, ihre Fracht auf einem Routineflug im Jahr 1945 verloren zu haben, und die man nie wieder sah. Im Jahre 1978 kam es zu einer mysteriösen Ankunft, die Experten, die im Gebiet von Florida, Puerto Rico und Bermuda die See beobachteten, in höchstes Erstaunen versetzte.

Auf den Radarschirmen der Pinecastle Electronic Warfare Range, in der Nähe von Astor, erschien plötzlich ein in Zickzacklinien fliegendes Ding, obwohl man zu der Zeit weder zivile noch Militärflugzeuge erwartete. Und schnell

Das US-Navy-Versorgungsschiff Cyclops *verschwand am 4. März 1918 mit 309 Menschen an Bord. Die Geschwindigkeit, mit der das Schiff verschwand, wird von der Tatsache unterstrichen, daß es den Offizieren des Schiffs nicht mehr möglich war, einen Funkspruch zu senden.*

wurde klar, daß es sich hier nicht um ein gewöhnliches Flugzeug handelte. Das Objekt bewegte sich sehr unregelmäßig; es wechselte mit unglaublicher Geschwindigkeit die Richtung, hielt plötzlich an und beschleunigte wieder in Sekundenschnelle auf achthundert Stundenkilometer. Offiziere suchten den Himmel mit Ferngläsern ab und entdeckten ein rundes Raumschiff, das eigenartige rote, grüne und weiße Lichtstrahlen aussandte. Keiner hatte eine Erklärung dafür.

»Es manövrierte in einer Art und Weise und mit einer derartigen Geschwindigkeit, daß es unmöglich ein Hubschrauber oder ein Flugzeug hätte sein können«, meinte ein Techniker. »Ich habe niemals etwas in dieser Art gesehen – und möchte es auch nicht noch einmal sehen.«

Zwei Kinder von der Bermudainsel behaupten, am 27. September 1979 um halb sechs Uhr abends von merkwürdigen Geräuschen, die ein UFO ausgestoßen hatte, gelähmt worden zu sein. Laquita Dyer, dreizehn Jahre, und ihr Bruder Melvin, elf Jahre, schliefen in zwei verschiedenen Zimmern, doch hörten beide ein lautes, raspelndes, summendes Geräusch, das vom Dach zu kommen schien.

»Ich versuchte aufzustehen, doch es war unmöglich, ich konnte mich überhaupt nicht bewegen, ich war wie gelähmt«, sagte Melvin. Seine Schwester erzählte: »Ich versuchte das Fenster zu erreichen, doch ich schaffte es nicht.« Nach etwa zehn Minuten wechselte das Geräusch in eine angenehmere Tonlage und verstummte dann völlig. Erst als nichts mehr zu hören war, konnten die Kinder ihre Glieder wieder bewegen.

Einige Stunden, bevor die Kinder diese Qual erlitten, hatten zahlreiche andere Menschen von einem UFO berichtet, das sie im Süden der Insel am Himmel gesehen hatten. Jeffry Schutz, ein Berater des amerikanischen Ministeriums für Energie, war einer von ihnen. Er befand sich mit seiner Mutter und seiner Schwester auf der Terrasse seines Hauses. »Ungefähr um 21.45 Uhr sahen wir ein Objekt, das von West nach Ost vorbeiflog, es stieg in einem Winkel von fünfundvierzig Grad«, berichtete er. Seine dreiundzwanzigjährige Schwester Betsy fügte hinzu: »Es war ein gelblichweißer Ball, schneller als ein Satellit, aber langsamer als eine Sternschnuppe. Es stieg in einem klaren Himmel auf und zog einen weißen Kondensstreifen hinter sich her. Wir beobachteten es zwanzig Sekunden lang, dann verschwand es, grünlich leuchtend.«

Auch der Englischlehrer Nigel Kermode und seine Frau Julie sahen das UFO von ihrer Veranda aus. Er sagte: »Es war viel zu hell und zu groß für ein Flugzeug.« Sie meinte: »Es sah aus, als ob es an Geschwindigkeit verlöre und dann wieder beschleunigte. Dann verschwand es einfach.«

Die örtlichen Untersuchungskommissionen konnten die Begebenheiten nicht erklären.

Der grüngekleidete Supermann

Am 12. Juni 1977 platzte plötzlich ein eigentümliches, fliegendes, menschenähnliches Wesen in eine Familie in Puerto Rico hinein, wie ein Mann, der in Quebradillas lebt, berichtete. Er sagte, er sei mit seiner Tochter an diesem Tag zu Hause gewesen, da bückte sich auf einmal eine kleine Gestalt, um unter seinem Zaun hindurchzukriechen, dann kam sie auf das Haus zu. Er nahm an, daß es sich um ein Kind handelte, und bat seine Tochter, das Licht einzuschalten.

Dies schien den Besucher zu beunruhigen, der sofort zurückwich. Vater und Tochter sahen, daß er ungefähr einen Meter groß war, einen grünen Anzug mit gepolsterten Schuhen und einen grünen Helm mit durchsichtigem Visier trug. Eine Antenne war an dem Helm befestigt, und auf seinem Rücken befand sich eine Schachtel, die an seinem Gürtel hing. Die Gestalt hatte auch einen Schwanz.

Zur großen Verwunderung der beiden kroch der Fremde wieder unter dem Zaun hindurch, drückte vorn auf seinen Gürtel und flog, wie Supermann, in Richtung von ein paar in großer Entfernung blinkenden Lichtern davon.

Beobachtungen Prominenter

Einer der Filmstars, der ein UFO gesehen hat, ist die deutsche Schauspielerin Elke Sommer, die sich eines Tages im Jahre 1978 im Garten ihrer Villa in Los Angeles befand, als ein leuchtend orangefarbener Ball mit einem Durchmesser von etwa sieben Metern mitten aus dem Nichts erschien. »Es leuchtete und segelte wie ein großer Mond durch den Garten«, erzählte sie. »Es kam auf mich zu, und ich flüchtete ins Haus. Als ich mich wieder herauswagte, war es verschwunden.«

Der Boxer Muhammad Ali befand sich im Jahr 1972 in einem Trainingscamp im Central Park von New York, da begegnete er einem UFO. Er berichtete: »Ich machte kurz vor Sonnenaufgang einen Dauerlauf, da schwebte plötzlich ein sehr helles Licht über mir. Anscheinend wollte es mir einfach nur zuschauen. Es sah aus wie eine riesige Glühbirne am Himmel.«

Zu den Staatsmännern und Politikern, die UFOs gesehen haben, zählt auch John Gilligan, der Regierungsbeauftragte von Ohio, der im Jahre 1973 von einem UFO berichtete, das er in der Nähe von Ann Arbor in Michigan entdeckt hatte. Er beschrieb es als einen »senkrechten Lichtstab, der bernsteinfarben leuchtete«.

Sir Eric Gairey, der Ministerpräsident der karibischen Insel Grenada, versuchte 1978 erfolglos, die Vereinten Nationen dazu zu bewegen, offizielle Untersuchungen über UFOs anzustellen. Er behauptete, selbst eines gesehen zu haben – »ein helles goldfarbenes Licht, das mit hoher Geschwindigkeit dahinzog«.

Doch der berühmteste aller Menschen, die UFOs gesichtet haben, ist Jimmy Carter. Er saß, als er noch Regierungsbeauftragter von Georgia war, im Jahre 1973 mit zwanzig anderen Personen nach einem offiziellen Dinner auf seiner Veranda in Thomastown, als plötzlich ein UFO vorbeischwebte, das »so groß wie der Mond schien und seine Farbe mehrfach zwischen Rot und Grün wechselte«. Nachdem er Präsident der Vereinigten Staaten geworden war, gab er eine Untersuchung über UFOs für zwanzig Millionen Dollar in Auftrag.

Oben rechts: *Früherer US-Präsident Jimmy Carter*
Mitte links: *Grenadas Eric Gairy*
Links unten: *der Boxer Muhammad Ali*
Rechts unten: *die Schauspielerin Elke Sommer*

UFOs auf der Südhalbkugel

Etwas Eigenartiges spielte sich Ende 1978 am Himmel über Australien und Neuseeland ab. Innerhalb zehn Tage berichteten sechs Piloten unabhängig von merkwürdigen Objekten, die neben ihren Flugzeugen hergeflogen seien. Radarstationen meldeten unerklärliche Piepser, welche die Geräte von sich gaben. Luftverkehrsbeobachter in Wellington verfolgten drei Stunden lang, wie seltsame Objekte unkontrolliert und mit bemerkenswerter Geschwindigkeit herumflogen. Über der Cook-Meerenge tauchten zehn Objekte auf den Radarschirmen auf, deren Art zu fliegen »sich drastisch von normalen Flugzeugen unterschied«. Am 30. Dezember gegen Mitternacht richtete ein Fernsehteam seine Filmkamera auf ein hell leuchtendes Licht, das sich einem Flugzeug näherte. Experten, die die beeindruckenden Aufnahmen analysierten, vermuteten: »Es könnte sich um ein Raumschiff handeln.«
Es war das Fernsehteam von Channel O aus Melbourne in Australien. Um näheres über die Flut von eintreffenden Meldungen über außergewöhnliche Beobachtungen herauszufinden, mieteten sie einen Argosy-Turbo-Jet, der Zeitungen zwischen Wellington, Christchurch und Blenheim in Neuseeland transportierte. Flugkapitän Bill Startup, der seit dreiundzwanzig Jahren seinen Beruf ausübte, hatte ein paar Tage zuvor während eines Fluges einige schimmernde, ovale Objekte über der Meerenge von Cook gesehen. Jetzt, als er mit dem Fernsehteam dieselbe Gegend überflog, waren sie wieder da. Der Reporter Quentin Fogarty, zweiunddreißig Jahre, sagte: »Wir sahen einen strahlend weißen Feuerball etwa achtzig Kilometer vor uns. Der Kern leuchtete extrem hell, und es sah so aus, als ob es von orangefarbenen Ringen umgeben wäre.«

Der Kameramann David Crockett begann zu filmen, seine Frau Ngaire schaltete das Aufnahmegerät für den Ton ein. Als sich das Flugzeug näherte, kam Crockett zu der Überzeugung, daß es sich hier nicht um eine natürliche Erscheinung handelte. Dann bemerkte er kleinere Objekte, die um das Ding herumflogen. Ihre Bewegungen liefen nach einem strukturierten Schema ab. Es schien, als ob sie zwar »die Situation unter Kontrolle hatten, aber nicht aus dieser Welt stammten«.

Startup, der Pilot, sagte: »Ein Objekt ähnelte einem großen Ball aus Licht. Kein Flugzeug kann so schnell beschleunigen, wie dieses Ding es getan hat. Es kam auf eine Entfernung von knapp dreißig Kilometern heran, und wir beschlossen, uns noch mehr zu nähern. Es stieg auf, so daß es über uns war, dann flog es unter uns, anschließend schoß es mit atemberaubender Geschwindigkeit davon.«

Copilot Bob Guard fügte hinzu: »Wir beobachteten das Objekt fast zwanzig Minuten lang. Es war ungefähr so, als ob ein Stroboskop blinkte.«

Am nächsten Morgen untersuchte das Fernsehteam den Vorfall. Leonard Lee, ein zweiunddreißigjähriger Produzent von Dokumentarfilmen und langjähriges Mitglied des Nachrichtenteams von Channel O, sagte: »Der Film ließ mir einen Schauer über den Rücken laufen. Jedesmal, wenn ich ihn ansah, kribbelte mein ganzer Körper. Wir wurden uns dessen bewußt, daß wir etwas unglaublich Phänomenales erhalten hatten, doch wir beschlossen, nichts zu behaupten, was unser Filmteam nicht mit eigenen Augen gesehen hatte.«

Der Film wurde an Länder auf der ganzen Welt verkauft und in Nachrichtensendungen gezeigt. Das Interesse, das man ihm entgegenbrachte, war erstaunlich.

Zum erstenmal hatte ein professionelles Kamerateam

einen Beweis für etwas auf Zelluloid gebannt, das wahrscheinlich ein Raumschiff von einem anderen Planeten als der Erde war.

Doch gab es eine Menge Zweifler, sogar in Melbourne. Professor Ronald Brown, der Leiter der Chemieabteilung von der Monash-Universität, sagte: »Meine Ausbildung als Wissenschaftler lehrt mich, daß die Theorie über außerirdische Raumschiffe äußerst unwahrscheinlich ist. Auch denke ich, wenn ich mir den Film ansehe, daß es sehr gut möglich ist, daß ein ungewöhnlicher Meteoritenschauer ein ähnliches Erscheinungsbild hervorrufen würde.« Der Professor, einer der weltweit führenden Spezialisten für Galakto-Chemie, fügte hinzu: »Es ist möglich, daß irgendwo im Universum extraterrestrische Lebensformen existieren, doch kann ich mir nicht vorstellen, daß andere Kreaturen dazu fähig wären, etwas so Solides wie ein Raumschiff mit einer derart hohen Geschwindigkeit zu bewegen. Eine ungeheure Menge an Energie würde benötigt, um so ein Raumschiff anzutreiben, und der Wissenschaft ist bekannt, daß es im Universum nur begrenzte Ressourcen gibt.«

Doch der Kameramann Lee ließ die skeptischen Einwände nicht zu. »Es scheint die natürliche Reaktion gewisser Leute zu sein«, sagte er. »Sie lehnen alles ab, was sie nicht wissenschaftlich erklären können.« Er entschloß sich, den Film nach Amerika zu bringen, um ihn von UFO-Experten beurteilen zu lassen.

Dr. Bruce Maccabee, ein Physiker der Navy, der außerdem ein langjähriger Beamter des *National Investigations Committee on Aerial Phenomena*[*] war, erklärte sich be-

---

[*] Nationale Kommission zur Untersuchung ungewöhnlicher Phänomene im Luftraum

Hasch-Bomben

Sechs Jahre lang versetzten UFOs, die in regelmäßigen Abständen in den Wüsten von Arizona landeten, die Verteidigungsminister in Erstaunen. Sie tauchten auf den Radarschirmen einer Beobachtungsstation in Colorado auf, doch konnte man keine Spur von ihnen finden, wenn man die entsprechenden Gegenden überprüfte.

Doch im Juli 1979 erhielt die Rauschgiftkommission einen Hinweis, daß mexikanische Drogenschmuggler selbstgemachte Raketen dazu verwendeten, Marihuana und Haschisch über die Grenze nach Amerika zu schießen. Als man Nachforschungen durchführte, stellte sich heraus, daß zumindest eine Drogensendung mit den UFO-Beobachtungen zusammentraf.

Major Jerry Hix von der Beobachtungsstation sagte: »Die Bedrohung war nicht stark genug, um einen nuklearen Alarm auszulösen, doch waren wir trotzdem ein wenig beunruhigt.« Ein Rauschgiftfahnder sagte: »Auf jeden Fall fügt es der Redewendung, mit Hasch abzuheben, eine neue Bedeutung bei ...«

reit, den Film Bild für Bild zu untersuchen. Lee kam im Januar 1979 in Amerika an, sein Beweismittel hatte er in einem Koffer, der durch eine geheime Zahlenkombination verschlossen und mit einer Art Handschelle an seinem rechten Handgelenk befestigt war. »Dieser Film ist sehr wichtig für uns«, erklärte Maccabee das Vorgehen. »Es gibt eine ganze Reihe von Organisationen, die gerne einen Blick darauf werden würden. Oft genug endet unsere Arbeit mit einem Reinfall. Dieser Film verdient wirklich allergenaueste Untersuchungen.«

Er verbrachte Wochen damit, den Film genauestens zu untersuchen, einige Bilder studierte er sogar mit Unterstützung von computergesteuerten digitalen Verstärkungsprozessen. Er sah ein wohlgeformtes leuchtendes Dreieck, das, schätzte er, etwa die Größe eines Hauses hatte. Ein weiteres Bild zeigte ein Oval, auf dem sich eine flache Kuppel befand. Auf einem dritten Filmabschnitt war ein kreisrundes Objekt zu erkennen, das mit atemberaubender Geschwindigkeit dahinflog. Dr. Maccabee stellte fest: »Die Computerstudie beweist zweifellos, daß die Motive dieses Films unmöglich Teile von Sternen oder Planeten sein können oder von der Erdoberfläche oder aus dem Meer stammen.«

Der Physiker flog auch nach Neuseeland, um die Augenzeugen zu befragen, doch hielt er diese Reise geheim. »Ich wollte vermeiden, daß irgend jemand von dem Projekt erfährt«, erklärte er. »Dieses Thema hat schon früher in diesem Jahr für genügend öffentliches Aufsehen gesorgt, und ich wollte meine Untersuchungen mit einem Minimum an Aufregung durchführen.« Er nahm Aussagen von Captain Startup und seinem Copiloten, von Kameramann Crockett und dessen Frau und von Reporter Fogarty auf. Die Nerven des letzteren waren von der Episode so ange-

Lord Dowdings Eingeständnis

Der letzte Hauptmarschall der Royal Air Force, Lord Dowding, glaubte fest an UFOs. Schon im Jahre 1954 sagte er: »*Ich habe noch nie eine fliegende Untertasse gesehen, doch bin ich sicher, daß sie existieren. Es haben sich so viele Beweise angehäuft, daß ich auf jeden Fall völlig überzeugt bin.*

Man kann nicht abstreiten, daß sie von außerirdischen Orten kommen. Vielleicht kommt es zum ersten Mal in der Geschichte zu intelligenter Kommunikation zwischen den Bewohnern der Erde und denen anderer Planeten.«

Obwohl Dowding zugibt, selbst nie eine fliegende Untertasse gesehen zu haben, erhielt er zahlreiche Berichte über UFO-Beobachtungen von den Piloten, die im Zweiten Weltkrieg unter seinem Kommando standen.

griffen, daß er in ein Krankenhaus eingeliefert werden mußte.

Dr. Maccabee hörte auch Tonbänder an, die Gespräche enthielten, die von Captain Startup und dem Kontrollpersonal, das am fraglichen Abend unerklärliche Objekte auf ihren Radarschirmen entdeckt hatte, geführt worden waren. »Alle Zeugen erklärten sich damit einverstanden, sich einem Lügendetektortest zu unterziehen, falls man ihre Glaubwürdigkeit in Frage stellen sollte«, berichtete er.

Letztendlich entschied der Experte der Navy, daß der

Film und die Interviews auf dem Gebiet der UFO-Untersuchungen ein wichtiger Schritt nach vorn seien. Stanton Friedman, ein Kernphysiker und gleichzeitig ebenfalls einer von Amerikas führenden Experten für außergewöhnliche Beobachtungen, fügte hinzu: »Hier handelt es sich definitiv um ein wirkliches nichtidentifiziertes Flugobjekt. Was diese Beobachtung so wertvoll macht, ist nicht nur der Film, sondern auch die große Anzahl zusätzlicher Beweise. Wenige der anderen Beobachtungen haben bisher soviel Aufsehen erregt, und die Quantität und Qualität der Untersuchungen waren mehr als beeindrukkend.«

Der Film von Channel O war nicht der einzige Beweis für UFOs während der Flut von Beobachtungen zu Beginn des Jahres 1979, der im Bild festgehalten worden war. Ein neuseeländisches Kamerateam filmte über der südlichen Insel einen »leuchtenden Pingpongball, der in der Luft schwebte, rotierte, pulsierte und durch die Gegend schoß«. Und der Privatdetektiv José Duran filmte vom Garten seines Hauses in Adelaide, Australien, aus einen »Mann aus dem All«, wie er ihn bezeichnete.

UFO-Experten, die Durans Film untersuchten, waren auch der Meinung, daß er ein Wesen, »ähnlich einem menschlichen Embryo«, zeigte, das von Bord einer fliegenden Untertasse ging, um zwischen zwei Raumschiffen zu schweben. Duran berichtete, er habe zuerst ein teils rötlich, teils bernsteinfarben leuchtendes Licht gesehen, das sich langsam vom Nordwesten Richtung Südosten bewegte.

»Ich beobachtete es eine Weile durch mein Fernglas, da kam das Licht auf einmal auf mich zu«, erzählte er weiter. »Ich filmte es vom Garten aus. Es gab plötzlich eigentümliche Lichtblitze am Himmel, und obwohl das Ding sehr langsam und völlig geräuschlos flog, war ich zuerst geneigt, es für ein Flugzeug zu halten.

Als ich den Film entwickelt hatte, entdeckte ich zu meiner Überraschung noch etwas, was mir während des Filmens gar nicht aufgefallen war. Ein weißes Objekt kam aus einer anderen Richtung heran. Für einige Sekunden stoppte es über dem Ding, das ich für ein Flugzeug gehalten hatte. Es machte über den blitzenden Lichtern eine ruckartige Bewegung und flog dann in anderer Richtung davon. Das ganze Manöver sieht auf dem Film wie ein großes V aus. Zwischen den Raumschiffen bewegte sich ein menschenähnliches Wesen, an einem Ende war es hautfarben, doch der restliche Körper war in ein blaues Tuch gehüllt. Untersuchungen mit dem Mikroskop ergaben, daß sich noch zwei weitere menschenähnliche Wesen in den Raumschiffen aufhielten.«

Experten von *Contact International*, der britischen UFO-Untersuchungsorganisation, verbrachten Monate damit, den Film zu analysieren, und entschieden, daß es sich bei diesen aus Licht bestehenden Bällen um außerirdische Raumschiffe handeln müsse. Derek Mansell, der die Untersuchung leitete, sagte: »Die Lichter können nicht von Flugzeugen stammen, und Beobachtungsstationen haben uns versichert, daß zu dieser Zeit und an diesem Ort keine Meteoriten in die Erdatmosphäre eingedrungen sind.«

Andere Beobachtungen von 1979

UFO-Beobachtungen zu Beginn des Jahres 1979 beschränkten sich nicht auf Australien. Aus Israel kam eine Meldung über einen Schwarm roter Bälle und blitzender Lichter. In Norditalien versanken Dutzende von Dörfern auf den Hängen des Gran Sasso in Finsternis, nachdem man ein UFO über einem Wasserkraftwerk schweben gesehen hatte. Techniker sagten, ihre Ausrüstung hätte plötzlich verrückt gespielt.

Der amerikanische Fernsehreporter Jim Voutrot staunte, als er von dem neuseeländischen Film las, da er etwa gleichzeitig ebenfalls UFOs fotografiert hatte, die jenen erstaunlich ähnlich waren.

Es passierte, als Jim Voutrot mit Betty Hill, der Frau, die behauptet, 1961 von Außerirdischen entführt worden zu sein, in der Nähe der Pease Air Force Base, einem strategischen Kommandostützpunkt für Bomber in New Hampshire, eine kleine Fahrt unternahm. »Sie hatte eine Rundreise gemacht, während der sie verschiedene Vorträge hielt. Auf Versammlungen, die hier in der Nähe stattgefunden hatten, hatte sie erzählt, über diesem Luftwaffenstützpunkt seien UFOs gesehen worden«, erklärte Voutrot. »Einige Reporter hatten Betty interviewt und ihre Geschichte veröffentlicht, doch bin ich ein Skeptiker und wollte mein eigenes Interview haben, um sicherzugehen, daß ich nicht auf den Arm genommen werde.

Deshalb rief ich Betty eines Tages an, und fünf Minuten später waren wir auf dem Weg und beobachteten den Himmel. Plötzlich sahen wir ein großes, rundes weißes Objekt am Himmel. Ich war maßlos überrascht und purzelte regelrecht aus dem Auto, um es zu filmen. Dann war es urplötzlich verschwunden. Ich habe nicht die geringste Ahnung, was es gewesen sein könnte – ehrlich wahr, ich habe nie etwas Ähnliches gesehen, weder davor noch danach. Doch bin ich mir sicher, daß es weder der Mond noch die Venus war, keine Landescheinwerfer von Flugzeugen und auch kein Wetterballon.«

Frau Hill sagte: »Wir fuhren einen Hügel hoch, der von Pease nur einen Katzensprung entfernt lag, da schrie Jim plötzlich: ›Da ist eines!‹ Er war schon aus dem Auto gesprungen, bevor ich richtig anhalten konnte, und filmte das Ding.« Als der Film vergrößert und untersucht wurde, entdeckten die Wissenschaftler noch ein zweites, bisher unbemerkt gebliebenes Objekt am Himmel, das einen kometenähnlichen Lichtstrahl hinter sich herzog. Stärkere Vergrößerungen förderten noch mehr Lichter dieser Art zutage, genau wie auf dem Film aus Neuseeland. Und die schnellen, unregelmäßigen Bewegungen des größeren Lichts spotteten jeder Erklärung.

Voutrot erkundigte sich beim Stützpunkt Pease und erfuhr, daß man dort keine Meldungen erhalten hatte, weder auf den Radarschirmen, noch von direkten Beobachtungen. Das Personal vom Turm sagte ihm, ihr Luftraum würde häufig von nichtidentifiziertem »Abfall« aus dem All heimgesucht. Auch Sprecher der Air Force konnten nicht helfen. Doch aus CIA-Dokumenten ging hervor, daß bereits in der Vergangenheit nichtidentifizierte Objekte über Luftwaffenstützpunkten in Maine, Montana und Michigan gesichtet worden waren.

Der unglaublichste Bericht einer Beobachtung in diesem Zeitraum stammt aus Südafrika. Frau Meagan Quezet, eine ehemalige Krankenschwester, berichtete, im Januar 1979 sei ein rosafarbenes nichtidentifizierbares Flugobjekt in der Nähe ihres Hauses in Krugersdorp, westlich von Johannesburg, gelandet – und eine Schar kleiner, dunkelhäutiger Männer sei herausgekommen.

Frau Quezet sagte, sie habe sie kurz nach Mitternacht gesehen, als sie mit ihrem Sohn André, zwölf Jahre, spazierenging, weil er nicht einschlafen konnte. »Als wir die Straße entlanggingen, sahen wir beide ein rosafarbenes Licht über den Hügel kommen«, erzählte sie. »Plötzlich befanden wir uns direkt vor dem Ding, es stand mitten auf der Straße und war ungefähr sieben Meter von uns entfernt. Fünf oder sechs Geschöpfe standen vor dem Objekt. Diese Leute waren dunkelhäutig, soweit ich es erkennen konnte. Einer der Männer trug einen Bart und war wohl der Anführer der Gruppe.

Ich sagte zu einem von ihnen ›Hallo!‹, doch konnte ich seine Antwort nicht verstehen. Ich beauftragte André, nach Hause zu rennen und seinen Vater zu holen. Als er loslief, sprang die Kreatur zwei Meter hoch in die Luft und verschwand durch eine Tür in das Raumschiff. Die Tür glitt zu und lange, stahlartige Beine wurden aus dem Schiff ausgefahren. Dann verschwand es mit einem summenden Geräusch am Himmel.«

Sowohl Frau Quezet als auch ihr Sohn bezeugten, daß das Raumschiff rosa Lichter auf jeder Seite der Tür gehabt habe. Die menschenähnlichen Wesen trugen aller Wahrscheinlichkeit nach weiße oder hellrosa Anzüge und weiße Helme.

Viele Wissenschaftler und Astronomen auf der ganzen Welt nahmen diese Flut von UFO-Beobachtungen nicht ernst. Sie verkannten sie als ungewöhnliche Meteoritenhäufungen oder Trümmer aus dem All, die bei Eintritt in die Erdatmosphäre verglühen. Sir Bernard Lovell, der Direktor der Astronomiestation des englischen Jodrell-Bank-Radiosenders, sagte, die Berichte seien »reine

Science-fiction«. Doch waren die Tatsachen über UFOs oft wesentlich befremdlicher als Science-fiction, wie wir noch sehen werden.

Klar zur Landung

Die Stadt Arès in der französischen Region Bordeaux hat den UFOs ein Angebot gemacht, von dem man hofft, daß es nicht abgelehnt wird – ein sicherer Landeplatz. Der Ingenieur Robert Cotton, der auf dem Flughafen von Bordeaux arbeitet, hatte die Idee, einen UFOport einzurichten. Er glaubte, daß die UFO-Piloten sich scheuten, auf den heutzutage immer überfüllten, normalen Flughäfen zu landen. Er überredete einige Beamte der Stadt Arès, am Stadtrand ein Fleckchen Land für eine Landebahn freizuhalten. »Wir haben einige Scheinwerfer und Markierungen angebracht, so daß der Landeplatz für die UFO-Piloten leicht auszumachen sein muß«, sagte Christian Raymond, der Bürgermeister von Arès. Jedoch sind bis jetzt noch keine eingetroffen, um die Touristen zu erfreuen, die hier regelmäßig auftauchen und voller Hoffnung den Himmel absuchen.

ZWEI

*Millionen Menschen behaupten, flie-
gende Untertassen gesehen zu haben.
Einige glauben, daß ihre Begegnungen
sogar ziemlich intensiv gewesen seien.
Das sind jene Leute, die plötzlich feststellen, daß sie sich an eine Zeit ihres
Lebens nicht mehr erinnern können.
Viele von ihnen holen sich die verlore-
nen Stunden oder Tage unter Hypnose
ins Bewußtsein zurück ... und fördern
sensationelle Geschichten zutage, die
bestimmt nicht aus dieser Welt stammen.*

Von unbekannten Gewalten ermordet

Wer oder was ließ den Körper von Zygmunt Adamski
oben auf einen Kohleberg fünfzig Kilometer von seinem
Haus entfernt fallen? Warum waren Teile seines Körpers
durch eine korrosive Substanz verätzt, die selbst von
Experten nicht identifiziert werden konnte? Und wo war
er während der fünf Tage, seitdem er das letzte Mal
lebendig gesehen worden war?

Das sind bloß drei der Fragen, nach deren Antworten die
Polizei von West Yorkshire immer noch suchte, als der
Coroner James Turnbull einen gewaltsamen Tod mit unbekannter Ursache feststellte; er bezeichnete diesen Fall
als den »auf jeden Fall mysteriösesten Tod, den ich je zu
untersuchen hatte«. Adamskis Witwe sagte: »Ich glaube

nicht, daß ich jemals herausfinden werde, was mit meinem Mann geschah.«

Dann, fünf Monate später, bekannte ein Polizist aus West Yorkshire, daß er in der Stadt, in der man den Körper entdeckt hatte, ein nichtidentifiziertes Flugobjekt gesehen hatte. Unter Hypnose erzählte er eine haarsträubende Geschichte, in der er zum Zwecke einer schrecklichen medizinischen Untersuchung in das Raumschiff teleportiert worden war. Und der Verdacht kam auf, daß Adamski eventuell die gleichen Qualen erlitten hatte – und zu schwach gewesen war, sie zu überstehen.

Adamski war ein sechsundfünfzig Jahre alter Pole, der nach England geflohen war, als die Nazis im Zweiten Weltkrieg in sein Land einmarschierten. Er und seine Frau Lottie, die an den Rollstuhl gefesselt war, lebten in einer ruhigen Seitenstraße in Tingley, einem Vorort von Leeds, und von dort aus machte er sich am 11. Juni 1980 zu Fuß auf den Weg, um im nahegelegenen Laden einige Pfund Kartoffeln zu kaufen. Er kehrte nie zurück.

Fünf Tage später belud Trevor Parker im Kohlenlager seines Vaters in Todmorden seinen Lastwagen für die letzte Lieferung des Tages. Zu seinem Entsetzen fand er einen menschlichen Körper. »Er lag für jeden sichtbar einfach da«, berichtete er. »Ich wußte nicht, ob der Mann lebte oder tot war, deshalb rief ich die Polizei und den Notarzt. Ich hatte schreckliche Angst und traute mich nicht, selber nach draußen zu gehen. Wegen dieses Körpers hatte ich ein sehr merkwürdiges Gefühl.

Ich habe keinerlei Vorstellungen, wie der Mann in den Hof gekommen sein kann, doch hier bin ich mir völlig sicher: Auf diesem Kohlenhaufen befand sich niemand, als ich den Truck früher am Tag belud.«

Der untersuchende Pathologe Alan Edwards berichtete

der Polizei, daß das Opfer an einer Herzattacke gestorben war. Eine mysteriöse ätzende Substanz hatte seine Kopfhaut, seinen Hals und Hinterkopf verbrannt, doch sein Gesicht und die Kleidung waren unberührt, was darauf schließen ließ, daß die Substanz vorsichtig und bei unbekleidetem Oberkörper aufgetragen worden war. Adamski trug zwar eine Jacke, aber kein Hemd, als er gefunden wurde. In seiner Tasche befanden sich fünf Pfund, doch seine Uhr und seine Brieftasche fehlten.

Der Coroner verschob die Gerichtsverhandlung dreimal, um mehr Zeit für seine Nachforschungen zu gewinnen, doch die Polizei tappte völlig im dunkeln. Frau Adamski sagte, ihr Mann sei nie zuvor in Todmorden gewesen und hatte auch sonst keine Verbindung zu dieser Stadt. Er spielte nicht, trank selten und war auch kein Mann, der sich mutwillig Feinde machte. Trotz häufiger Aufrufe meldeten sich keine Zeugen, die den ehemaligen Bergarbeiter nach dem 11. Juni gesehen hatten.

Dann gab es Neuigkeiten, die dem Fall eine andere und sogar noch unheilvollere Dimension verliehen. Einer der beiden Polizisten, die man zuerst zu dem Kohlenlager gerufen hatte, berichtete, daß er, nur wenige Stunden bevor der Körper gefunden worden war, etwas gesehen hatte, das einer fliegenden Untertasse nicht unähnlich war. Er wurde von UFO-Experten unter Hypnose befragt, die seine Geschichte nur bestätigen konnten. Doch die Polizei von West Yorkshire verweigerte die Nennung seines Namens und ließ es nicht zu, daß er der Presse von seinem Erlebnis berichtete.

Als die Verhandlung schließlich durchgeführt wurde, sagte Turnbull: »In meiner Eigenschaft als erfahrener Jurist muß ich mich auf Tatsachen verlassen. Leider ist es uns nicht gelungen, auch nur eine Tatsache ausfindig zu machen, die zu seinem Tod beigetragen haben könnte. Ich neige dazu zu glauben, daß es eine einfache Erklärung gibt.

Wie auch immer, ich gebe zu, daß das Versagen der Gerichtsmediziner, die korrosive Substanz zu identifizieren, die Herrn Adamskis Verbrennungen verursacht hatte, der UFO-Theorie einiges Gewicht verleihen könnte. Aber als Coroner darf ich nicht spekulieren. Doch muß ich zugeben, daß ich nicht überrascht wäre, wenn ich morgen ein UFO landen sehen würde, während ich über das Moor von Ilkley spaziere. Ich wäre vielleicht erschreckt, aber nicht überrascht.

Ich kann einfach nicht glauben, daß Tausende von Berichten über dieses Phänomen, die aus allen Ecken der Welt kommen und Jahrhunderte in die Vergangenheit zurückreichen, nur auf menschlichen Fehlern beruhen.«

Graham Birdsall, der ortsansässige Verantwortliche für den internationalen Kontakt Großbritanniens, sagte: »Dieser Fall erregte weltweites Interesse – es ist die aufregendste UFO-Geschichte seit Jahren. Die Tatsache, daß sogar die Polizei eine Beteiligung von UFOs nicht ausschließt, ist einmalig.«

Walter Reid von der britischen *UFO Research Association* meinte: »Es gibt keine offensichtliche Erklärung, warum sich der Körper auf diesem Kohlestapel befand. Es sah fast so aus, als ob er von oben fallen gelassen worden wäre.«

Adamskis Witwe sagte: »Er muß von etwas oder jemandem entführt worden sein, doch kann ich mir nicht vorstellen, daß ich jemals erfahren werde, wer oder was es war.« Die Polizei hielt die Akte offen, für alle Fälle … und am 28. November tauchte überraschendes neues Beweismaterial auf, daß tatsächlich ein UFO beteiligt war.

Der Polizeibeamte Alan Godfrey, der als einer der ersten das Kohlenlager erreicht hatte, nachdem Adamskis Körper gefunden worden war, fuhr um 5.15 Uhr morgens weiter in ein Todmordener Sozialwohnungsviertel; dort sah er etwas, das er zuerst für einen Bus hielt. Dann bemerkte er, daß das Ding knapp zwei Meter über dem Erdboden schwebte und daß die untere Hälfte des Objektes rotierte. Er erkannte Fensterreihen und eine Kuppel auf dem Dach, auch ein helles blaues Licht fiel ihm auf.

Der Beamte Godfrey, ein nüchtern denkender Vater von zwei Kindern, versuchte, die Polizeistation zu alarmieren, doch weder das Dienstfunkgerät noch sein eigenes Walkie-talkie funktionierten. Deshalb begann er, das Gebilde zu skizzieren. Als er fertig war, war das UFO verschwunden. Er wußte nicht recht, ob er den Vorfall melden sollte. Dann berichteten vier Polizisten aus Halifax, daß sie das Objekt ebenfalls gesehen hätten, daher reichte auch er seine Meldung ein.

UFO-Forscher starteten eine eigene Untersuchung über Godfreys Begegnung und fanden heraus, daß in seinem Bericht fünfzehn Minuten fehlten. Sie drängten ihn, sich einer Hypnose zu unterziehen. Während der Sitzung, die auf Video aufgenommen wurde, sprach er von einem hellen Licht, das ihn blendete. Er sagte, er befände sich in einem Raum mit einem Tisch. Eine ein Meter achtzig große Person, in Schwarz und Weiß gekleidet, hielte sich bei ihm auf. Sie trug einen Bart und eine Kappe.

Plötzlich wurde der Polizist von Panik ergriffen. John Sheard, ein Zeitungsreporter, der den Videofilm gesehen hatte, beschrieb in einer Reportage im *Sunday Mirror*, was sich nachfolgend abgespielt hatte. Er zitierte den Polizeibeamten Godfrey: »Sie sind fürchterlich … klein, nicht viel mehr als einen Meter groß, wie Fünfjährige. Es sind

acht an der Zahl. Er berührt mich. Er befühlt meine Kleidung. Ihre Hände und Köpfe sehen aus, als wären sie aus Licht. Sie hören nicht auf, mich zu berühren ... sie machen Geräusche ... Joseph, ich weiß, daß er Joseph heißt. Er sagte mir, ich müsse mich nicht fürchten.
Sie sind Roboter, sie sind keine Menschen, sie sind wirklich Roboter. Sie gehören ihm. Es sind Josephs Roboter. Dort ist ein entsetzlicher Hund ... es ist schrecklich. Er hat die Größe eines Deutschen Schäferhundes ...«
Der Polizist war so unruhig, daß der Hypnotiseur die Sitzung beendete, um weitere Anspannung zu vermeiden. Er sagte: »Das ist wirklich das Erstaunlichste, was ich jemals miterlebt habe.« Später, in einer weiteren Sitzung unter der Aufsicht eines anderen Psychiaters, erzählte Godfrey, er sei von einer Maschine untersucht worden, doch als man ihn fragte, wie sie ausgesehen hatte, antwortete er: »Darauf kann ich keine Antwort geben, das darf ich Ihnen nicht sagen. Jedesmal, wenn ich daran denke, verspüre ich Schmerzen.« Nachdem ihm die Außerirdischen Schuhe und Strümpfe ausgezogen hatten, um seine Zehen zu betrachten, fand er sich in seinem Auto wieder.
Godfrey erzählte Sheard später: »Ich wünschte mir so sehr, daß mir all dies nie passiert wäre. Ich bin bloß ein ganz normaler Kerl, der seinen ganz normalen Job als Kleinstadtpolizist ausübt. Glauben Sie, daß der Umstand, daß ich mit UFOs in Verbindung stehe, mein Leben vielleicht einfacher macht? Ich habe in meinem ganzen Leben noch kein Science-fiction-Buch gelesen.«
Dr. Robert Blair, der die zweite Hypnose durchführte, meinte: »Manchen Leuten ist es möglich, unter Hypnose zu lügen oder sich an Geschehnisse zu erinnern, von denen sie nur gelesen, die sie aber nicht erlebt haben. Doch wüßte ich keinen Grund, warum dieser Mann nicht

die Wahrheit sagen sollte – er kann keinerlei Vorteile daraus ziehen zu lügen.«

Das Rätsel um den Toten und das erstaunliche Erlebnis des Polizeibeamten Godfrey ergaben zusammen eine höchst aufregende Geschichte. Doch sind angeblich Besuche in außerirdischen Raumschiffen keineswegs ungewöhnlich. Viele Menschen behaupten, sie hätten Wesen, die von anderen Planeten stammen, getroffen und seien von ihnen untersucht worden. Manche wollen sogar Geschlechtsverkehr mit ihnen gehabt haben. Und einige wurden Tausende von Kilometern auf mysteriöse Weise transportiert.

Von Außerirdischen entführt

Als die Werftarbeiter Charles Hickson und Calvin Parker am Abend des 11. Oktober 1973 zum Fischen fuhren, erwarteten sie, einige ruhige Stunden am Ufer des Pascagoula River in Mississippi zu verbringen. Doch dem war nicht so; sie selbst wurden zur Beute – eines UFOs.

Sheriff Fred Diamond und seine Untergebenen wollten ihren Ohren nicht trauen, als die beiden Männer in das Büro stolperten und ihre eigenartige Geschichte erzählten. Ein seltsames silbernes Raumschiff, das etwa dreißig Meter lang war, sei ungefähr zehn Meter entfernt von ihnen aus dem Himmel herabgestoßen und habe dabei ein bläuliches Licht ausgesandt. Es sei nur knapp über dem Erdboden geschwebt.

Dann öffnete sich eine Luke, und drei grau aussehende, fremdartige Wesen entstiegen ihr. Ihre Haut war runzlig, sie hatten klauenartige Hände und einen einzelnen Schlitz anstelle der Augen. Der neunzehnjährige Parker fiel bei ihrem Anblick in Ohnmacht. Doch Hickson behauptete, er sei gelähmt worden, bevor er auf das Raumschiff »teleportiert« und mit dem Gesicht nach unten auf einen Tisch gelegt wurde. Ein riesiges elektronisches Auge kam dann herab und untersuchte ihn genauestens von Kopf bis Fuß. Zwanzig Minuten später fand er sich außerhalb des Raumschiffes wieder.

Detektive versuchten nachzuweisen, daß es sich bei dieser unglaublichen Geschichte um eine Erfindung handelte, doch sie blieben erfolglos. Sheriff Diamond sagte später: »Das erste, was sie tun wollten, war, sich einem Lügendetektortest zu unterziehen. Charlie war vollkommen durcheinander. Ein fünfundvierzig Jahre alter Mann weint nicht, es sei denn, etwas Schreckliches hat sich ereignet. Und Calvin ... ich hörte den Jungen beten, als er glaubte, niemand könne ihn hören.«

UFO-Forscher machten sich auf den Weg nach Pascagoula, als sie hörten, daß die beiden Männer auf Strahlung getestet werden sollten. J. Allen Hynek, ein ehemaliger UFO-Berater der US Air Force und Vorsitzender der Astronomieabteilung der Northwestern University, kam mit dem Flugzeug von New York. James Harder, Professor des Hoch- und Tiefbaus an der Universität von Kalifornien und Berater der *Aerial Phenomena Research Organisation*, reiste aus Los Angeles an.

Sie hörten sich eine Bandaufnahme von dem Verhör, das der Detektiv Tom Huntley durchgeführt hatte, an. Die Anspannung der Männer war unverkennbar. Dann hatte Huntley den Raum verlassen, jedoch ohne das Aufnahmegerät auszuschalten. Die zwei Männer setzten ihre Unterhaltung fort:

Parker: »Ich muß nach Hause fahren und mich ins Bett legen oder einen Arzt aufsuchen oder irgendwas.«

Schrecken am Waschtag

Eine verängstigte Hausfrau aus Devon behauptete, sie sei von Außerirdischen ergriffen und auf ein Raumschiff »gebeamt« worden, als sie im Februar 1978 gerade ihre Wäsche im Garten aufhängte.

Die Frau, die darum bat, ihre Anonymität wahren zu können, als sie von UFO-Forschern befragt wurde, sagte, sie habe zuerst ein blau leuchtendes Objekt auf ihr Haus in Ermington in der Nähe von Plymouth zufliegen sehen; es sei aus nördlicher Richtung gekommen.

»Das Licht schwebte über dem Garten«, berichtete sie. »Ich war starr vor Angst. Mir fiel die Wäsche aus der Hand. Plötzlich war ich vollständig von Blasen aus Licht umgeben. Ich sah drei Kreaturen, die wie Menschen aussahen. Sie sprachen nicht. Alle waren etwa einein-halb Meter groß und trugen bläuliche, metallisch wirken-de Kleidung.

Sie ergriffen mich an den Armen, dann wurden wir mit einem Lichtstrahl in eine Art Zimmer befördert. Dort befanden sich noch mehr von diesen Männern. Ich hatte den Eindruck – ich weiß nicht, weshalb –, daß mir nichts passieren würde.

Etwas später fand ich mich auf dem Rasen wieder. Ich fühlte einen scharfen Luftzug im Rücken. Ich war maßlos erstaunt, jedoch nicht verletzt. Als ich mich umdrehte, verschwand das Ding gerade mit atemberaubender Ge-schwindigkeit.«

Die Frau, die nur als Frau G. bekannt ist, erzählte ihre eigenartige Geschichte Contact UK, *einer der größten britischen UFO-Forschungs-Organisationen. Bernard De-lair, ein langjähriges Mitglied, sagte: »Wir nehmen die-sen Bericht sehr ernst. Ihre Geschichte ist einsichtig und paßt zu vielen anderen.«*

Hickson: »Ich habe nie etwas Ähnliches gesehen. Ich kann es einfach nicht glauben – man kann auch nicht erwarten, daß andere es glauben.«

Parker: »Meine Arme fühlten sich an, als seien sie eingefroren, und ich konnte mich nicht bewegen. Als ob ich auf so eine verdammte Klapperschlange getreten wäre.«

Hickson: »Ich weiß, mein Sohn, ich weiß …«

Als Hickson ebenfalls für kurze Zeit das Zimmer verließ, murmelte Parker: »Es ist kaum zu glauben … O Gott, es ist grauenvoll … Ich weiß, daß da oben ein Gott ist …«

Beide Männer unterzogen sich einer Regressionshypnose mit James Harder, um ihre Geschichte zu verifizieren.

In Trance bestätigten sie Sheriff Diamonds Meinung: »Sie sind bloß einfache Farmer – sie sind beide nicht phantasievoll genug, um sich so ein Märchen auszudenken, und zuwenig arglistig, es dann noch aufrechtzuerhalten.« Lügendetektortests bestätigten ebenfalls, daß Hickson wirklich der Überzeugung war, mit an Bord eines Raumschiffes genommen worden zu sein.

Der Wissenschaftler James Harder berichtete den erstaunten Journalisten auf einer Pressekonferenz: »Das Erlebnis, das sie durchgemacht haben, hat sich wahrhaftig zugetragen. Man kann das Gefühl panischer Angst in Hypnose nicht simulieren. Ich bin zu dem Schluß gekommen, daß wir es mit einem außerirdischen Phänomen zu tun haben. Man kann das zweifellos annehmen.«

Beide Männer wiesen keine Strahlung auf und konnten zu ihrer Arbeit in der Werft zurückkehren. Doch Hickson sagte: »Ich bin ständig am Grübeln, was geschehen wäre, wenn sie uns mitgenommen hätten. Man hätte den Fluß abgesucht und uns dann vergessen …«

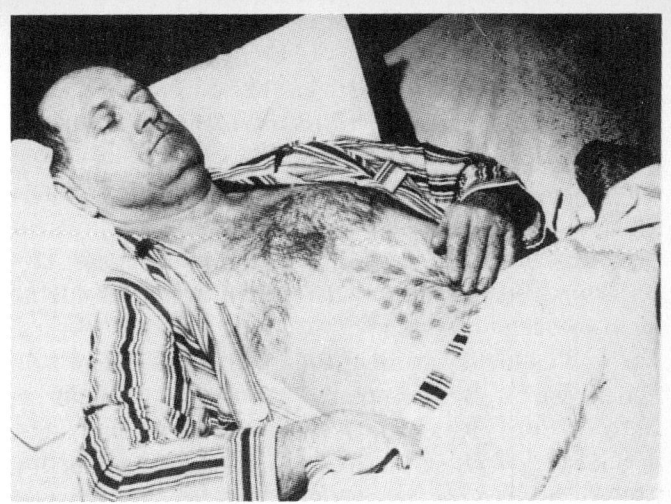

Die Verbrennungen auf Stephen Michalaks Brust und
Bauch sind deutlich zu sehen. Dieses Schachbrettmuster
ist typisch für chemische Verbrennungen.

Unangenehme hautnahe Begegnungen

John Day konnte über UFO-Geschichten nur lachen … bis
zu jener Nacht, als er in einen eigenartigen grünen Nebel
hineinfuhr und drei Stunden seines Lebens verlor.
Es passierte im Dezember 1978, als Day, ein dreiunddrei-
ßigjähriger Vater von drei Kindern, und seine Frau Sue,
eine neunundzwanzigjährige Kindergärtnerin, sich auf
dem Heimweg nach Essex befanden, nachdem sie Sues
Eltern in Harold Hill besucht hatten.
Normalerweise benötigten sie für die Fahrt eine halbe
Stunde. Um 21.20 Uhr waren sie losgefahren. Doch als sie
ankamen, zeigte die Uhr auf dem Kaminsims 0.45 Uhr an.

91

In den folgenden Nächten hatten beide immer wiederkehrende Träume, daß sie sich auf Behandlungstischen befanden und von fremdartigen Kreaturen untersucht wurden. Die Alpträume waren so realistisch, daß sie sich fürchteten, ins Bett zu gehen.

Schließlich setzte sich Day mit einer UFO-Organisation in Verbindung, die ihn an den Zahnarzt und Hypnotiseur Leonard Wilder überwies. Unter Hypnose brachte Days Unterbewußtsein eine höchst erstaunliche Geschichte ans Tageslicht.

Ein weißes Licht war dem Auto gefolgt, in einem Feld neben der Straße gelandet und hatte sie, samt ihrem Auto, an Bord eines Raumschiffes »gebeamt«. Day sagte, er habe sich in einem riesigen Saal wiedergefunden, drei Außerirdische seien neben ihm gestanden, die etwa zwei Meter groß waren und silbergraue Einteiler trugen, die wie Bodystockings aussahen. Kapuzen, die nur die Augenpartie unbedeckt ließen, verhüllten ihre Gesichter, und sie starrten ihn mit lidlosen, rosaleuchtenden Augen an.

»Ich bemerkte, daß mir bewußt war, was sie von mir wollten«, sagte Day. »Ich glaube, sie sprachen telepathisch mit mir. Ich wußte, sie wünschten, daß ich den Raum durchquere, also tat ich es. Dort befand sich eine Tür, die in ein anderes Zimmer führte. Wir alle betraten diesen Raum.

Es handelte sich offensichtlich um ein Untersuchungszimmer, und sie baten mich, mich auf eine Art Operationstisch zu legen. Ein metallener Arm schwenkte über mich und tastete meinen Körper ab. Dann erschienen drei andere Wesen, sie ähnelten Zwergen und waren untersetzt und häßlich. Einer begann, mich mit einem stiftähnlichen Ding anzustoßen.

Eine Weile später schien die Untersuchung beendet zu

sein. Ich fragte, ob ich das Raumschiff ansehen dürfte, sie waren einverstanden. Sämtliche Möbel waren in die Wand eingelassen. Auf einem Tisch sah ich einen Stapel Würfel und Magneten. Es sah aus, als handelte es sich um eine Art Spiel.

Am Ende des Rundgangs ließen mich die Wesen in einem Raum allein. Plötzlich kam eine unbeschreiblich schöne Frau herein ... Ihr Haar war goldfarben, und ein grauer Nebel umgab sie. Sie kam auf mich zu, doch als ich einen Schritt in ihre Richtung machte, verschwand sie. Meine nächste Erinnerung ist, daß ich mich in meinem Auto befand und Richtung Heimat fuhr.

Vor diesem Erlebnis habe ich nie an UFOs geglaubt. Doch jetzt bin ich überzeugt, daß sich Außerirdische hier aufhalten und sich nur zeigen, wenn sie wollen. Diejenigen, denen ich begegnete, erzählten mir unaufhörlich, sie seien harmlos. Ich habe die Begegnung mit ihnen sehr genossen.«

Hypnotiseur Wilder sagte: »Ich habe keinerlei Zweifel, daß Herr Day die Wahrheit sagt – als ich ihn hypnotisierte, konditionierte ich ihn lediglich zu berichten, was wirklich passiert ist.«

Days Frau Sue weigerte sich, eine Hypnose mitzumachen – sie sagte, sie wolle dieses Erlebnis nicht noch einmal durchmachen. Doch später, als man über die Aussagen ihres Mannes sprach, rief sie sich einige ihrer eigenen Erinnerungen ins Gedächtnis zurück.

Sie erzählte John Clare, einem Reporter der *News Of The World*: »Als ich auf dem Operationstisch lag, bemalten sie mich mit einer bräunlichen Flüssigkeit. Dann wuschen sie sie wieder ab. Überall stießen sie mich mit einem stiftähnlichen Ding an, nicht einmal den Schambereich ließen sie aus. Ich schrie.

Eine der großen Kreaturen kam herüber und legte eine Hand auf meine Stirn. Schlagartig fiel ich in Ohnmacht. Später führten sie mich durch ihr Raumschiff. Sie zeigten mir eine Leinwand und sagten: ›Dies ist die Erde.‹ Sie deuteten auf England. Dann kamen wir immer näher heran, und sie zeigten mir, wo ich wohne.

Ich sagte den Wesen, daß ich nicht zurückwollte. Ich fragte, ob ich auf dem Schiff bleiben könne, sie waren einverstanden. Ich sah John in das Auto steigen und wegfahren. Als es verschwand, sagte ich, ich hätte mich anders entschieden, ich wolle doch zurück. Da saß ich plötzlich im Auto.«

Der britische UFO-Forscher Barry King sagte: »Wir haben ausführliche Untersuchungen durchgeführt und sind überzeugt, daß diese beiden tatsächlich eine Begegnung der dritten Art hatten. Einige ihrer Beschreibungen stimmen mit denen überein, die andere Entführte geliefert haben. Wir wüßten keinen Grund, die Authentizität dieser Geschichten anzuzweifeln.«

Die menschlichen Versuchskaninchen

Der eigenartige Bericht von Betty und Barney Hill hat die Lager der UFO-Befürworter und -Gegner gespalten wie noch kein anderer. Sind sie wirklich für medizinische Untersuchungen an Bord eines Raumschiffes genommen worden, ober haben sie sich alles ausgedacht, um bekannt zu werden und Profit daraus zu schlagen? Das Paar erzählte eine haarsträubende Geschichte davon, was ihnen in der Nacht des 19. September 1961 zugestoßen war, als sie nach einem Urlaub in Kanada durch New Hampshire nach Hause fuhren. Die Nacht war klar, Barney saß am Steuer und schaute auf die Straße, Betty betrachtete das vom Mond erhellte Tal des Connecticut River und die blinkenden Sterne. Überrascht stellte sie fest, daß sich einer der Sterne, der größer und heller als die anderen war, bewegte. Er folgte ihnen.

Etwa eine Stunde verfolgte das Raumschiff das Auto. Als es ungefähr 23.00 Uhr war, verließen die Hills die Straße, die im Schatten des Cannon Mountain verlief. Nun befand sich das helle Licht genau vor ihnen, in etwa siebzig Meter Entfernung, über den Feldern von Indian Head. Betty beschrieb es später als ein enormes Objekt, um dessen Mitte zwei Reihen von Bullaugen verliefen, sie bezeichnete es als »Fliegende Bratpfanne«. Es habe kein Geräusch verursacht, als es über ihnen schwebte.

Betty bat Barney anzuhalten, beide stiegen aus, um das Raumschiff zu betrachten. Betty stand traumverloren neben dem Auto. Plötzlich überkam sie eine Ahnung von drohender Gefahr. »Komm, fahren wir«, sagte sie, indem sie sich dahin umwandte, wo Barney gewesen war. Doch dort befand er sich nicht mehr. Er ging auf das leuchtende Objekt zu.

Barney blickte durch ein Fernglas, als er näher heranging; er behauptete, er habe deutlich einige Kreaturen hinter einem Fenster erkennen können, die ihn ebenso aufmerksam beobachteten wie er sie. Sie sahen aus wie Menschen und trugen glänzend schwarze Jacken. Und ihre Augen ließen ihn vor Furcht erbeben – sie waren eisblau, schräg-liegend und böse.

Wie angewurzelt blieb er stehen, Bettys wiederholte, verzweifelte Schreie »Barney, Barney, komm zurück!« hörte er nicht. Das Raumschiff senkte sich langsam herab.

Irgendwie gelang es ihm, aus dem Bann auszubrechen, und er sprang neben Betty in das Auto. Sie rasten davon und versuchten, ein leise piependes Geräusch zu ignorieren.

Sie fühlten sich beide benommen und unwohl; irgend etwas war mit ihnen geschehen, doch sie wußten nicht, was. Barney sah auf die Uhr und stellte fest, daß es 1.00 Uhr morgens war. In diesem Moment fuhren sie an einem Ortsschild der Stadt Ashland vorbei. Zwei Stunden waren vergangen, seit sie angehalten hatten, um das UFO zu beobachten. Und sie befanden sich fünfzig Kilometer weiter südlich, als sie eigentlich sein sollten, es gab keine natürliche Erklärung für die fehlende Zeit und Distanz.

Zuerst wollte das Paar niemandem von dem Erlebnis erzählen. Barney meinte, sie würden für Idioten gehalten und ausgelacht werden. Doch konnte er weder den Vorfall noch die eigenartigen Schmerzen, die er in seiner Magen- und Leistengegend spürte, vergessen. Nach ein paar Tagen zog er einen Freund, der Arzt war, zu Rate, da er fürchtete, daß die Schmerzen auf eine Art von Strahlung zurückzuführen seien. Der Freund riet ihnen, einen Kompaß mit in das Auto zu nehmen, da dieser Hinweise auf Strahlung geben könnte. Barney hielt den Kompaß dicht neben ein paar eigenartige runde Flecken, die auf einer der Türen erschienen waren. Die Kompaßnadel drehte sich heftig im Kreis.

Zehn Tage nach ihrer seltsamen Fahrt stellten sich bei Betty Alpträume ein. In fünf aufeinanderfolgenden Nächten träumte sie von fremdartigen Wesen, doch konnte sie sich am nächsten Morgen nie an Details erinnern. Dem Paar, das sich um seine körperliche und geistige Gesundheit mehr und mehr Sorgen machte, wurde bewußt, daß sie ihr Geheimnis nicht länger für sich behalten konnten. Hilfesuchend wandten sie sich an einen Psychiater, der sie untersuchen sollte.

Ein Ritt auf dem Wirbelwind

Der Raketeningenieur Daniel Fry behauptete im Jahre 1950, daß in New Mexico eine glattgeschliffene, ovale Kapsel in seiner Nähe gelandet sei und Stimmen ihn dazu aufgefordert hätten, einen Ausflug darin zu unternehmen. Er sagte, er sei nach New York und zurück geflogen – eine Reise von tausenddreihundert Kilometern – und habe weniger als eine Stunde dafür benötigt. Die Stimme sagte ihm, daß Expeditionen vom UFO-Planeten seit Jahrhunderten die Erde besuchten, um bei der menschlichen Entwicklung Hilfe zu leisten, doch seien ihnen bisher keine Menschen begegnet, die intelligent genug gewesen wären. Fry behauptete später, die CIA hätte seine Geschichte zwölf Jahre lang geheimgehalten.

Dr. Benjamin Simon, einer der führenden Psychiater des Landes, begann mit einer Reihe von Gesprächen. Wochenlang befragte er das Paar unter Hypnose, wobei er ihre beiden Geschichten ständig in jeder Einzelheit verglich. Endlich war er zufrieden, da er genau Bescheid wußte, was sich in jener Nacht vom 19. September zugetragen hatte.

Barney war keineswegs umgekehrt und zurück zu Betty und dem Auto gelaufen. Im Gegenteil, sie war ihm gefolgt, und zusammen waren sie auf zwei Gruppen von Besatzungsmitgliedern des Raumschiffes zugegangen, die ihnen entgegengekommen waren.

Betty erzählte dem Arzt von telepathischen Zusicherungen der Außerirdischen. Sie fühlte sich von ihrer Willenskraft gefangen, und als ihre Angst dieses Gefühl bekämpfte, hoben starke Arme sie in das Raumschiff. Sie wurden durch einen Flur bis zu einer Tür geführt. Betty zögerte, um auf ihren Mann zu warten. Doch sie erkannte ihn kaum wieder, da sie sich in tiefer Trance befand.

In dem Zimmer begann ein Außerirdischer mit einer medizinischen Untersuchung. Ein Ärmel ihres Kleides wurde aufgerollt, und man fotografierte ihre Haut. Vorsichtig wurde ein wenig von der obersten Hautschicht abgekratzt, auch nahmen die Außerirdischen Proben von ihren Fingernägeln und Haaren. Die »Männer« unterzogen ihre Ohren, Zähne und ihren Mund einer eingehenden Betrachtung, dann befahlen sie ihr, sich zu entkleiden und sich auf einem Tisch flach auf den Rücken zu legen.

Langsam fuhr einer von ihnen mit einem Bündel Nadeln, das an Drähten befestigt war, von Kopf bis Fuß über ihren Körper. Nachdem sie sich auf sein Geheiß hin umgedreht hatte, wiederholte er die Prozedur. Als sie wieder auf dem Rücken lag, näherte er sich mit einer einzelnen, länglichen Nadel und kündigte an, daß er sie in ihren Nabel einführen werde. Betty schrie ihn an, daß er es bleiben lassen solle, doch er ignorierte sie. Der Schmerz war unerträglich. Doch eigenartigerweise ließ er nach, als ein anderer Mann, der anscheinend der Anführer war, seine Hände vor ihren Augen aneinanderrieb und ihr sagte, daß der Schmerz verschwinden würde.

Ihre größte Furcht war weg, als sie sich wieder ankleidete, und sie begann sich mit dem »Doktor« zu unterhalten, der Englisch sprach, doch seinen Akzent konnte Betty nicht einordnen. Sie bat um ein Andenken, mit dem sie beweisen konnte, was ihr widerfahren war, doch lehnten die Außerirdischen den Wunsch ab.

Barney konnte sich an wesentlich weniger erinnern, sogar in tiefer Hypnose. Doch wußte er noch, daß er in panischer Angst in ein Untersuchungszimmer gegangen war und daß seine Geschlechtsteile mit einer Art Tasse bedeckt worden waren. Als es vorbei war, verspürte er ein eigenartiges Glücksgefühl und war sich sicher, daß ihnen nichts zustoßen würde.

Er fand sich in seinem Auto wieder, kurze Zeit später erschien auch Betty. Sie lächelten beide, und Barney meinte gedankenverloren: »Wir brauchen nichts befürchten.« Sie blieben, bis das Raumschiff abgehoben hatte und davongeflogen war, dann setzten sie ihren Heimweg fort. Daß die außergewöhnlichsten zwei Stunden ihres Lebens aus ihrem Gedächtnis ausgelöscht worden waren, war ihnen nicht bewußt.

Als Dr. Simons höchst erstaunliche Protokolle veröffentlicht wurden, machten sich Ärzte und das Militär, ebenso wie skeptische UFO-Forscher auf die Suche nach rationalen Erklärungen. Robert Sheaffer veröffentlichte seine Forschungsergebnisse fünfzehn Jahre später im Magazin *Official UFO*.

Er sagte, Bettys erste Äußerung würde nur bedeuten, daß sie ein UFO in der Nähe des Mondes gesehen habe und daß das Paar Straßen benutzt hatte, auf denen sie erst zwei Stunden nach der geplanten Zeit nach Hause gekommen waren. Betty hatte zwei helle Objekte in der Nähe des Mondes skizziert, eines war ein Stern, das andere das UFO. Doch in der Nacht des 19. September hätten sich, laut Sheaffer, zwei natürliche helle Objekte in der Nähe des Mondes befunden – Saturn und Jupiter. Um die Existenz eines UFOs nachzuweisen, hätte man ein drittes benötigt.

Sheaffer zweifelte auch an Bettys Alpträumen. Warum traten sie erst so lange nach der angeblichen Begegnung auf? Und Pläne, die sie, laut ihrer Aussage, nach Sternkarten gezeichnet hatte, die ihr an Bord des Raumschiffes aufgefallen waren, wiesen keinerlei Ähnlichkeit mit dem bekannten Universum auf, obwohl Astronomen sie genauesten Prüfungen unterzogen hatten.

Raymond Fowler, ein weiterer UFO-Forscher, der schon andere Sichtungen gewissenhaft überprüft hatte, meldete ebenfalls Zweifel an der Geschichte an. Er betonte, daß zu einem späteren Zeitpunkt, als die Hills einen UFO-Beobachtungsabend mit mehreren Wissenschaftlern ausgerichtet hatten, niemand etwas Außergewöhnliches gesehen habe.

Wissenschaftler hoben hervor, daß in der Nacht des 19. September niemand anders eigenartige Lichter am Himmel beobachtet habe. Und Dr. Simons gutem Rufe zum Trotz behaupten Zyniker, daß Hypnose das Gehirn nur auf eine Weise entspannt, die dem Patienten die Kontrolle darüber nimmt, was er sagt.

Doch wie erklären sich diejenigen, die Dr. Simons Beweise als Humbug abtun, die Schmerzen, die Barney verspürt hatte, oder die Strahlung an seinem Auto?

1981 enthüllte Frau Hill, die seit 1969 verwitwet war und nun zweiundsechzig Jahre zählte, daß sie noch weitere Begegnungen mit UFOs gehabt hatte. Sie sagte, sechs Wochen, nachdem sie die Hypnosesitzungen beendet hatte, seien ihre goldenen Ohrringe wieder aufgetaucht, die sie seit dem Aufenthalt auf dem Raumschiff am 19. September vermißt hatte. Sie seien auf einem Haufen Laub auf ihrem Küchentisch gelegen. »Offensichtlich

Kein Lebenszeichen vom Hund

Der Angler Alan Morris behauptet, ein UFO habe seinen Hund entführt. Morris, der aus Bethesda in Wales stammt, berichtete der Polizei, als er gerade in einem Fluß in der Nähe seines Hauses geangelt habe, sei ein pulsierender Lichtball auf ihn zugekommen.
»Er schwebte eine Weile über der Stelle, wo ich saß, dann landete er in einem nahegelegenen Feld«, sagte er. »Ich näherte mich, um ihn besser sehen zu können.«
Morris sagte, eine Luke habe sich auf einer Seite des untertassenförmigen Raumschiffes geöffnet. Eine metallfarbene Leiter wurde ausgefahren, drei Wesen kletterten auf ihr zu Boden. »Sie waren etwa zwei Meter groß und hatten Antennen auf den Köpfen«, erinnert er sich. »Jeder von ihnen trug Dinge, die wie Spaten und Behälter aussahen.«
Als die Figuren zu graben begannen, rannte Morris' Hund plötzlich auf sie zu. Der Angler stand auf, um ihn zurückzurufen, wurde jedoch in diesem Moment ohnmächtig.
Als er wieder zu sich kam, war die fliegende Untertasse verschwunden, sie hatte nur verbrannte Stellen zurückgelassen. Und kein Lebenszeichen des Hundes war zu vernehmen.

haben die Wesen sie in ihrem Schiff entdeckt und sie irgendwie hierhergebracht«, meinte sie.

Frau Hill berichtete weiter, daß man auch außerirdische Raumschiffe über dem Grab ihres Mannes schweben gesehen habe. »Eines landete sogar und verharrte einige Minuten«, fügte sie hinzu.

Im Januar 1978 habe ein UFO sogar ihr Leben gerettet, sagte sie. Nach einem schweren Schneesturm fuhr sie gerade über einen unbeschrankten Bahnübergang, da flog eine kleine schwarze Gestalt, die ein rubinfarbenes Licht aufblinken ließ, direkt auf sie zu. Erschrocken fuhr sie einige Meter nach hinten – nur Sekunden, bevor ein Expreßzug genau dort vorbeidonnerte, wo sie sich eben noch befunden hatte.

Frau Hills letzte Sichtung ereignete sich im August 1980. Sie behauptet, ein UFO neben der Straße landen gesehen zu haben. Drei Kreaturen seien ihm entstiegen. »Ich drehte mich um, weil ich sie genauer sehen wollte, da stieß ich mit dem Ellbogen an die Hupe«, erzählte sie. »Sie ertönte, und die Wesen verschwanden.«

Die fehlenden Tage

Travis Walton gehörte einer Gruppe von sechs Baumfällern an, die am 5. November 1975 nach der Arbeit in Arizonas Sitgreave-Apache National Forest in einem Truck nach Hause fuhren. Plötzlich trat der Vorarbeiter Mike Rogers die Bremsen durch. Eine fliegende Untertasse schwebte fünf Meter hoch über den in der Nähe stehenden Bäumen.

Allen Warnungen der anderen Männer zum Trotz sprang Walton aus dem Truck und lief auf das Raumschiff zu.

Ein blauweiß leuchtender Blitz zuckte, und Walton sackte zu Boden. In panischer Angst fuhren die anderen Männer davon, doch die Sorge um ihren Kameraden ließ sie wenige Minuten später zurückkehren. Nichts wies auf seine Anwesenheit hin ... oder auf die des Raumschiffes.

Die örtliche Polizei zweifelte an der Geschichte der Männer. Sie mußten sich einem Lügendetektortest unterziehen, bei dem man sie fragte, ob einer von ihnen Walton vielleicht ermordet hätte. Die Tests fielen negativ aus. Mike Rogers berichtete den Beamten: »Bevor der Truck richtig zum Stehen gekommen war, war Travis schon aus dem Führerhaus gesprungen. Ich saß da mit den anderen Männern und wollte meinen Augen nicht trauen. Auf einmal sah ich diesen blauen Blitz, der Walton rückwärts zu Boden schleuderte.

Ich gab Vollgas. Wir blickten uns um und sahen nichts als Dunkelheit ... Ich fror durch und durch ... Ich konnte kaum etwas erkennen.«

Die Polizei startete eine großangelegte Suchaktion nach dem vermißten Holzfäller, doch man fand keine Spur von ihm. Dann, am 10. November, erhielt Waltons Schwester einen Anruf aus einer Telefonzelle. Es war ihr Bruder, völlig durcheinander, er hatte keinerlei Vorstellung, wo er die letzten fünf Tage verbracht hatte.

Wie Betty und Barney Hill wurde auch Walton unter Hypnose befragt. Dies ist die verblüffende Geschichte, die er erzählte:

»Ich weiß, daß man mir nicht glauben, mich als Spinner oder Idioten hinstellen wird.

Doch ich war wirklich in ihrem Raumschiff, und ich traf diese Kreaturen. Wir haben alle in dieser Nacht diese fliegende Untertasse gesehen. Ich war sehr aufgeregt, als der Truck anhielt, ich sprang einfach ab und lief auf den Schein zu. Ich hatte keine Angst.

Plötzlich traf mich etwas. Es fühlte sich an, als habe ich einen Stromschlag in den Kiefer erhalten, und alles versank in Dunkelheit. Als ich wieder erwachte, dachte ich zuerst, ich sei in einem Krankenhaus. Ich lag auf dem Rücken auf einem Tisch, und als mein Blick sich klärte, konnte ich drei Figuren erkennen. Es war höchst eigenartig. Sie waren keine Menschen. Sie erinnerten mich an Föten, waren etwa eineinhalb Meter groß, und sie trugen enganliegende braune Anzüge. Ihre Haut hatte die Farbe von Champignons, und sie besaßen keine ausgeprägten Gesichtszüge.

Ich glaube, ich geriet in Panik. Ich ergriff ein durchsichtiges Reagenzglas und versuchte das eine Ende abzuschlagen, um es als Waffe zu benutzen. Doch ließ es sich nicht zerbrechen. Ich war vor Angst wie erstarrt. Ich wollte sie angreifen, doch sie wichen aus und verschwanden. Ich war ganz allein. Doch plötzlich erschien nur wenig von mir entfernt ein anderer Mann. Er sah aus wie ein Mensch, aber er tat nichts, als mich durch eine Art Helm anzulächeln, der wie ein Goldfischglas aussah.

Er führte mich durch einen Korridor in ein anderes großes, hell erleuchtetes Zimmer. In dessen Mitte befand sich ein Stuhl mit einer hohen Rückenlehne, in die eine Armlehne waren Knöpfe eingelassen, an der anderen war ein Hebel angebracht.

Der Mann verließ mich ebenso plötzlich, wie er gekommen war, und ich begann mit den Knöpfen zu spielen. Ich bewegte den Hebel, da veränderte sich auf einmal die Szenerie draußen. Ich fühlte, daß wir uns fortbewegten. Mir war klar, daß wir uns in einem Raumschiff befanden. Dann wurde erneut alles schwarz.

Als ich wieder erwachte, fühlte ich mich wie zerschlagen. Ich befand mich auf einer Landstraße. Es war dunkel, doch die Bäume waren alle erleuchtet, da die fliegende Untertasse nur einige Meter entfernt war. Ich sah keine Menschenseele. Ich trug meine Arbeitskleidung.

Ich rannte einfach los. Mir fiel auf, daß ich in einem Dorf war, das nur einige Kilometer von meinem Wohnort Heber entfernt lag. Als ich auf eine Telefonzelle stieß, rief ich meine Schwester an.«

Walton war Mormone, und es gab keinen Grund, weshalb er lügen sollte. Doch als er sich einem Lügendetektortest unterzog, den eine amerikanische Wochenzeitschrift finanziert hatte, bestand er ihn nicht. Ein weiterer Test wurde durchgeführt, den er bestand.

Philip Klass, einem Redakteur der Zeitschrift *Aviation Week*, kam die ganze Geschichte verdächtig vor, als er Untersuchungen darüber anstellte. Er sprach mit dem Mann, der den ersten Test durchgeführt hatte, dieser sagte ihm, daß die Geschichte »eine großangelegte Täuschung« sei. Klass behauptete, daß Walton sich bei dem zweiten Test die Fragen selber aussuchen durfte.

Doch warum sollte er gelogen haben? Diese Frage konnte auch Klass nicht beantworten. Er beschuldigte Rogers, die Entführung vorgetäuscht zu haben, um aus einem Vertrag des Holzfällens herauszukommen, der nicht rechtzeitig erfüllt werden konnte, was ihm finanzielle Unannehmlichkeiten bereitet hätte.

Wenn es jedoch ein Schwindel war, wie läßt sich dann Travis' Zustand nach der angeblichen Begegnung erklären? Er war zum gebrochenen Mann geworden, dem ein gejagter, verängstigter Blick blieb. »Ich wünschte nur, es wäre nie passiert«, erzählte er seinen Freunden. »Es ist nicht sehr angenehm, als Lügner bezeichnet zu werden.«

Vier Jahre nach dem Zwischenfall in Arizona verschwand ein französischer Jugendlicher unter ähnlich mysteriösen Umständen. Eine Woche verging, bevor er auf ebenso ungewöhnliche Weise wieder auftauchte.

Frank Fontaine war neunzehn Jahre alt, glücklich verheiratet und hatte ein sechs Monate altes Baby. Am Montag, dem 26. September 1979, half er zwei Freunden, um 4.00 Uhr morgens einen Lastwagen mit Kleidung zu beladen, die sie auf den Markt nach Gisors bringen wollten, da sahen sie auf einmal ein »helles, sich spiralförmig drehendes Licht« herabkommen. Während seine Kameraden, Jean-Pierre Prevot und Saloman N'diaye, ins Haus gingen, um einen Fotoapparat zu holen, fuhr Fontaine mit dem Lastwagen auf die Stelle zu, an der das Licht voraussichtlich landen würde.

»Als wir wieder aus dem Haus kamen, war Franks Lastwagen zweihundert Meter weit weg«, berichtete Prevot später der Polizei. »Er war in ein helles Leuchten getaucht, als ob ein Lichtring um ihn gelegt sei. Ganz in der Nähe befanden sich drei weitere, ebenso helle Lichter. Plötzlich versammelten sie sich alle an einer Stelle – um den Lastwagen.«

Als sich der schreckliche Ring aus Licht in die Lüfte erhob, rannten die beiden Männer auf den Lastwagen zu. Der Motor lief noch, die Scheinwerfer waren eingeschaltet, die Tür war offen ... und Fontaine war verschwunden.

Die ortsansässige Polizei in Clergy Pontoise, Val D'Oise, behandelte die Geschichte zuerst wie einen Witz. Sie verhörten Prevot und N'diaye gründlich, jeden einzeln, es dauerte den ganzen Tag, doch konnten sie nicht an deren Überzeugung rütteln. Die Familien der beiden Männer wurden befragt, es hieß, beide seien verantwortungsbewußte Männer, die sich nicht auf Schwindel und dumme

106

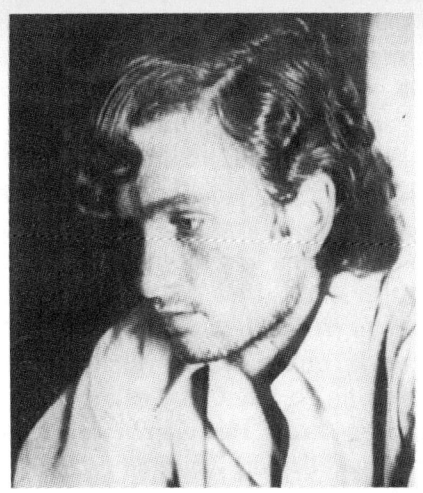

*Travis Walton rannte, ohne nachzudenken, auf das UFO zu,
das über dem Truck schwebte, in dem er nach Hause fuhr.
Er wurde entführt, und fünf Tage lang blieb er spurlos
verschwunden. Seine Geschichte wurde zweimal mit Hilfe
eines Lügendetektors überprüft. Beim ersten Test fiel er
durch, den zweiten jedoch bestand er.*

Scherze einließen. Tests stellten sicher, daß sie beide
weder betrunken waren, noch andere Drogen konsumiert
hatten.

Die verunsicherten Polizisten sandten ein Foto Fontaines
an alle französischen Polizeistationen. Sie prüften den
Lastwagen auf Radioaktivität, doch der Test fiel negativ
aus. Sie befragten Luftwaffenstützpunkte, ob Meldungen
über nichtidentifizierte Objekte am Himmel eingetroffen
seien, doch wieder hatten sie keinen Erfolg. Eine Woche
lang konnte sich niemand vorstellen, was dem vermißten
Fontaine zugestoßen sein könnte.

Dann, am 3. Dezember, tauchte er einige Minuten nach 4.00 Uhr morgens in der Wohnung von N'diaye auf. Er sagte, er habe sich eben an der Stelle wiedergefunden, wo der Lastwagen gewesen war, und vermutete, er sei gestohlen worden, während er, nachdem er bei dem Anblick der hellen Lichter in Ohnmacht gefallen war, bewußtlos dalag. Er hatte keine Ahnung davon, daß seit dem Vorfall eine Woche vergangen war ... er glaubte, es sei immer noch der 26. November.

Die zwei Männer riefen Prevot an, und zusammen gingen sie zur Polizei. Wenn die Beamten sich freuten, daß Fontaine gerettet war, so zeigten sie es nicht. Im Gegenteil, die drei Männer wurden den ganzen Tag von hartnäckigen Polizisten verhört, die davon überzeugt waren, daß sie in einen Schwindel verwickelt worden waren.

Fontaine konnte sich an nichts erinnern, was in der vergangenen Woche geschehen war. Er entsann sich nur, auf das Licht zugefahren zu sein, das sich der Straße, von rechts kommend, genähert hatte, bis es schließlich auf der Kühlerhaube des Lastwagens gelandet war. Es war so groß wie ein Tennisball. Er verspürte ein starkes Kribbeln in den Augen, dann wurde alles um ihn schwarz. Er wußte nichts davon, daß sich vier Lichter um ihn geballt hatten. Nach intensiven Untersuchungen mußte die Polizei den Fall ablegen, ohne zu einer Lösung gekommen zu sein. Inspektor Roger Courcous, der Chef der Polizeistation von Pontoise, sagte: »Wir schwimmen in Phantasie.«

Besucher von
einem verwüsteten Planeten

Eine Familie aus Gloucestershire behauptet, von Außerirdischen, die von dem Planeten Janos stammen, entführt worden zu sein. Sie hätten angeblich angeboten, ihre technischen Geheimnisse mit den Erdenbewohnern zu teilen, wenn man ihnen erlaubte, hier in Frieden zu leben. John Mann, seine Frau Gloria und seine Schwester Frances bekamen einen Film über den Planeten zu sehen, man sagte ihnen, er sei durch eine Reihe von Kernexplosionen verwüstet worden.

Diese bizarre Geschichte stellte sich nach einigen Hypnosesitzungen heraus, in denen man bemüht war herauszufinden, was wirklich geschehen war, als die Familie am Montag, dem 19. Juni 1978, nach einem Besuch bei Johns Mutter in Reading, Berkshire, nach Hause gefahren war. Sie hatten sich um 21.30 Uhr auf den Weg gemacht, die Kinder Natasha, fünf Jahre, und Tanya, drei Jahre, saßen schlafend auf dem Rücksitz des alten weißen Vauxhall Victor. Es war 22.15 Uhr, als sie Stanford-in-the-Vale in Oxfordshire erreichten, und John, dem der Weg vertraut war, war sicher, daß sie ihr Zuhause in Brockworth innerhalb der nächsten Stunde erreichen würden.

Doch als sie einen kleinen Hügel hinter dem Dorf hinauffuhren, entdeckte er ein strahlend weißes Licht, das sich etwa einen Kilometer entfernt am Himmel befand. Die beiden Frauen bemerkten es auch, übereinstimmend meinten sie, es sei zu groß für einen Stern. Nachdem sie einen Kilometer gefahren waren, wobei das Licht die Entfernung beibehalten hatte, hielt John an, um etwaige Geräusche hören zu können. Plötzlich blitzte an der Seite des weißen Lichtes ein rotes auf, das immer größer zu werden schien.

Der Mond, der rund gewesen war, verdunkelte sich im selben Moment, und John hörte ein Geräusch, »ein Gemisch aus einem Zischen und dem ratternden Lärm, den die Räder eines Zuges auf den Gleisen verursachen«.

Er berichtete weiter: »Der Mond tauchte wieder auf, und ich konnte eine riesige, runde Scheibe erkennen, die sich in etwa dreißig Meter Höhe sehr langsam fortbewegte. Sie kam direkt auf uns zu, überflog das Auto und entschwebte nach rechts über ein paar Bäume in Richtung eines Feldes. Als sie sich zur Seite drehte, konnten wir ein massiges, untertassenförmiges Objekt erkennen, sein Unterbau wurde von einem Ring aus bunten Lichtern erhellt.«

Die Schreie seiner Frau rissen ihn aus seinen Träumen. »Schnell, John, komm ins Auto, es landet gleich.« Er fuhr davon. Doch nach hundert Metern stellte er fest, daß er sich nicht länger auf der altbekannten A 417 befand. »Es war pechschwarz, und wir wurden von einer hohen, dichten Hecke umschlossen, es war mir unmöglich, einen Blick darüber zu werfen«, erinnerte er sich. »Die Straße war nicht mehr gerade, sie schlängelte sich über kleine Hügel und hatte scharfe Kurven. Mir kam es so vor, als ob das Auto von allein fahren würde, wenn ich meine Hände vom Steuerrad nähme.«

Nach der nächsten Kurve fanden sie sich in Faringdon wieder. Für 22.30 Uhr war es ungewöhnlich still, denn um diese Uhrzeit schlossen die Pubs. Außerdem konnte John sich nicht erinnern, das Ortsschild von Faringdon am Ortseingang passiert zu haben. Als sie weiter nach Cirencester fuhren, fiel John derselbe weiße Lichtball von vorher wieder auf, der zweihundert Meter zu ihrer Rech-

110

ten ebensoschnell, wie sie fuhren, dahinflog. Er verschwand, sobald sich das Auto Häusern näherte, bei Cirencester hob er endgültig ab.

Zwanzig Minuten später, als er zu Hause war, rief John bei der Royal-Air-Force-Station Brize Norton an, die sich etwa zehn Kilometer von Faringdon entfernt befand, um das UFO zu melden. Er sah auf die Uhr und bekam einen Schock. Es war bereits nach Mitternacht, und sie hätten eine Stunde früher zu Hause sein sollen. Frances bestand darauf, allein weiter zu sich nach Hause in das nahegelegene Stroud zu fahren, wo ihr Mann Ronald sie erwartete. Sie brachten ihre Kinder ins Bett und legten sich selber hin, beide fühlten sich ein wenig durcheinander und schlecht.

Am folgenden Abend kam der Bauunternehmer John von seiner Arbeit nach Hause und entschloß sich, die Strecke noch einmal abzufahren, um nach der mysteriösen, von Hecken eingeschlossenen Straße zu suchen. Er konnte sie nicht finden. Am Wochenende machte er sich abermals auf, um das Feld zu untersuchen, in dem seiner Meinung nach das UFO gelandet war. Es gab keine Spuren. War alles nur ein Traum gewesen?

In den nächsten Tagen entwickelte sich auf Johns Brust ein brennender Hautausschlag, seine Frau entdeckte an ihrem linken Arm und Bein einen ähnlichen Ausschlag. Sie erkundigten sich bei Frances, es stellte sich heraus, daß auch sie juckende Hautpartien hatte. Fast noch seltsamer war, daß alle drei unerklärliche blaue Flecken unterhalb des rechten Knies entdeckten.

Eine Woche später erwachte Natasha in der Nacht, sie war durcheinander, weinte und rief: »Wo ist meine Mami? Ich will zu meiner Mami!« Es war der erste von vier Alpträumen, die das Mädchen in den folgenden Nächten heimsuchten. Ihre Mutter fragte, von was sie gehandelt hätten.

»Sie erzählte mir, sie habe eine Menge seltsamer Leute mit eigenartigen Augen gesehen, die sie angestarrt hätten«, berichtete Gloria.

»Jemand hatte Mami und Papi in ein anderes Zimmer gebracht. Als ich versuchte, mehr aus ihr herauszuholen, wurde sie sehr unwirsch und sagte: ›Du solltest es eigentlich selber wissen, du warst ja auch da.‹«

Der Traum überzeugte John Mann, daß sich während der fehlenden Stunde auf ihrer Heimreise etwas Besonderes ereignet hatte. Er und seine Schwester Frances beschlossen, sich einer Hypnose zu unterziehen und zu versuchen, ihre Erinnerungen aus dem Unterbewußtsein hervorzuholen. Der Hypnotiseur Geoffrey M'Cartney stimmte zu … und das Ergebnis war eine Geschichte, die die Welt erstaunte.

John erinnerte sich, daß das UFO vor dem Auto schwebte, in einer Höhe von ungefähr dreißig Metern. Anstatt die dunkle Straße weiter hinunterzufahren zu sein, hatte er angehalten, war ausgestiegen und in einen weißen Nebel hineingegangen. Mindestens acht schemenhafte Kreaturen liefen lautlos an ihm vorbei, gingen auf das Auto zu und holten die Frauen mit den Kindern.

»Zusammen gingen wir alle auf eine strahlende Lichtsäule zu«, sagte John. »Als wir den Lichtstrahl betraten, schien es mir, als ob wir aufwärts flögen. Ich befand mich dann in einem runden Zimmer, zusammen mit drei Männern, die enganliegende Anzüge von silbrig-metallischer Farbe und Helme, die nur die Augenpartie freiließen, trugen. Sie hatten blaßblaue Augen und einen blassen Teint.

Einer von ihnen hieß uns auf englisch willkommen, und er sagte mir, daß er mich untersuchen wolle. Er meinte, es würde uns nichts passieren. Ich verließ die anderen und ging in einen Raum, in dem sich eine Art Zahnarztstuhl befand. Eine Frau band meine Arme an die Stuhllehnen während eine andere verschiedene Knöpfe drückte, die sich auf einem Pult befanden.

Ein intensiver Lichtstrahl schien mir ins Gesicht, dann zog eine der Frauen etwas Schwarzes von der Decke herunter, und mir wurde schrecklich schwindelig. Als ich wieder aufwachte, kam ein Mann ins Zimmer und sprach mit den Frauen in einer Sprache, die ich nicht verstehen konnte. Er stellte sich selber als Anouxia vor und sagte mir, ich solle ihm wieder in das erste Zimmer folgen. Er sprach in seiner eigenen Sprache in ein in die Wand eingelassenes Mikrophon, daraufhin betraten ungefähr fünfzig Gestalten den Raum.

Anouxia sagte mir auf englisch, daß irgend etwas kommen würde und das Raumschiff sich eine kurze Strecke wegbewegen müsse. Er sagte, wir hätten Glück, uns im Maschinenraum zu befinden, während das Schiff manövrierte. Der Boden kippte nach links.

Später fragte ich, wie das Schiff angetrieben werde, und er antwortete, es sei ein Mechanismus, dessen Funktionsweise sie dann preisgeben würden, wenn man ihnen erlaubte, ungestört auf der Erde zu leben. Dann nahm er mich mit in ein Zimmer, das er »Navigationsraum« nannte, schaltete einen Bildschirm ein und sagte, er wolle mir Bilder von seinem Zuhause vorführen.

Ich hatte den Eindruck, daß der Film von einem Flugzeug aus aufgenommen worden war, das sich gerade im Landeanflug befand, es kam mir so vor, als ob ich an Bord wäre. Wir überflogen einen unwirtlichen Landstrich, wo es nur graue Steine und Felsbrocken gab, ich konnte erkennen, wie einige Felsen sich teilten und ein Raumschiff, das etwa so groß wie ein Bus war, aus dem Spalt hervorkam. Es flog in einen Tunnel. Dann sah ich sechs Kreaturen, gekleidet wie Mönche, die eine Kiste trugen. Anouxia sagte, die Kiste sei ein Sarg – das Raumschiff sei gekommen, um die Toten einzusammeln. Ich war unsagbar traurig.«

Frances wurde ebenfalls untersucht. Dann erfuhr sie von einem Mann, der auf seiner silbernen Uniform eine einfarbig weiße Scheibe hatte und sich Uxiaulia nannte, daß er ein Forscherpilot vom Planeten Janos sei. Er wollte ihr einen Film vorführen, der zeigen sollte, warum sie ihren Planeten verlassen hatten und einen anderen Platz zum Leben suchten.

»Auf dem Bildschirm waren drei Planeten zu sehen, die er Sarnia, Sarton und Janos nannte«, erinnerte sich Frances. »Offensichtlich war Sarton, der ihrer Sonne am nächsten stand, zu nahe an Janos herangekommen und hatte begonnen zu zerfallen, wobei er Janos mit einem Meteoritenschauer überzog. Als einer von ihnen ein Atomkraftwerk traf, löste er eine Kettenreaktion aus, die den Planeten verwüstet hatte.«

Das nächste Bild zeigte, laut Frances, eine blonde junge Frau und zwei Kinder. Uxiaulia berichtete ihr, daß es sich um seine Frau, seinen Sohn und seine Tochter handelte, die alle bei der Explosion umgekommen waren. Dann berichtete er, daß Überlebende es geschafft hatten, auf einem Basisschiff von Janos zu fliehen, und daß sie nun Forscherschiffe aussandten, um ein neues Zuhause für ihr Volk zu finden. »Nach dem, was sie bisher von der Erde gesehen haben, würden sie gerne hier leben«, berichtete Frances.

Sie und ihr Bruder John erinnerten sich, daß man ihnen farblose, sprudelnde Getränke gereicht hatte, bevor sie das Schiff verlassen hatten. »Es hilft euch zu vergessen«, hatte man ihnen gesagt. »Ihr müßt vergessen, sonst wird man euch ausnutzen. Zur rechten Zeit werdet ihr euch erinnern. Wir werden uns wiedertreffen, und ihr werdet uns erkennen.«

War alles nur eine wilde Science-fiction-Geschichte? Wissenschaftler und Ärzte überprüften die Familiengeschichte, und der Hypnotiseur war überzeugt, daß sie glaubten, die Wahrheit zu sagen. Die Inhalte ihrer Geschichten, die sie unabhängig voneinander erzählt hatten, sprachen auch für sie, besonders als die kleine Natasha, die nicht hypnotisiert worden war, Reportern ihre Geschichte erzählte – eine Geschichte, die in jeder Einzelheit mit den anderen übereinstimmte.

Die Fremden vom Meer

Eine Konzertpianistin und ihr Freund behaupten, sie seien im November 1980 an Bord eines UFOs teleportiert und strapaziösen Untersuchungen unterzogen worden. Hier handelt es sich erneut um einen Fall, bei dem die ganze Geschichte erst nach Hypnosesitzungen zutage gefördert werden konnte.

Luli Oswald, fünfundfünfzig Jahre, berichtete, sie und Fauze Mehlen, fünfundzwanzig Jahre, seien in der Nähe von Rio de Janeiro, Brasilien, an der Küste entlanggefahren, da sahen sie plötzlich einen Schwarm seltsamer Objekte aus dem Ozean auftauchen. »Als sie aus dem Wasser kamen, sah es aus wie ein riesiger Pilz, der Wassertropfen abschüttelt«, erzählte sie der Polizei. »Dann bemerkten wir vor uns ein großes schwarzes Ding. Es hatte einen Durchmesser von ungefähr hundert Metern, und eine Kuppel befand sich obendrauf.«

Mehlen, der am Steuer saß, verlor die Kontrolle über das Fahrzeug. Es begann wie verrückt auf der Straße herumzuschleudern, die Türen klappten von selber auf und zu. Doch plötzlich fand der Alptraum ein Ende. Zitternd hielten sie bei einem Restaurant an, um einen Kaffee zu trinken ... und stellten fest, daß es zwei Stunden später war, als sie erwartet hatten.

»Der Mann wurde von Panik ergriffen, und sie versuchte, ihn zu beruhigen«, sagte ein Angestellter des Restaurants. »Sie berichteten mir, was geschehen war, und ich sagte ihnen, daß auch schon andere an dieser Stelle der Straße Probleme gehabt hätten. Einer meiner Freunde ist dort von einem UFO verfolgt worden.«

Miss Oswald ließ sich von dem bekannten Hypnotiseur Dr. Silvio Lago untersuchen, da sie versuchen wollte, das zweistündige Loch in ihrem Gedächtnis aufzufüllen. »Ich kann zwei kleine UFOs über uns erkennen«, sagte sie, als sie von ihm in Trance versetzt worden war. »Ich fühle mich krank, mir ist schlecht. Unser Auto wird von oben gegriffen. Ein Licht eines kleinen UFOs hält uns fest, der Lichtstrahl transportiert das Auto. Wir werden von diesem Licht gefangengehalten. Es ist fürchterlich ...«

Die Pianistin fing vor Angst an zu schluchzen, als sie das Erlebnis im Geiste noch einmal durchmachte. »Wir haben die schwarze Scheibe von unten her betreten«, sagte sie. »Das Auto befindet sich auch in dem UFO, doch wir sind außerhalb des Autos. Sie stecken einen Schlauch in mein Ohr. Überall sind Schläuche ... sie ziehen an meinen Haaren.

Sie sehen aus wie Ratten ... oh, wie gräßlich! Sie haben riesengroße Rattenaugen, und ihre Münder sind wie Schlitze. Sie berühren mich überall mit ihren dürren Armen. Fünf sind es, und ihre Haut ist grau und klebrig ...«

Miss Oswald sagte, sie habe Mehlen bewußtlos auf einem Tisch liegen sehen, und die Außerirdischen hätten ihn mit einem eigenartigen, nach Schwefel riechenden Lichtstrahl untersucht. Die Rattenwesen kommunizierten, ohne zu sprechen, doch, berichtete sie, einer habe zu ihr gesprochen. »Er sagte, sie kämen aus der Antarktis«, erinnerte sie sich. »Dort gibt es einen Tunnel, der unter den Südpol führt, das sei der Grund, warum sie aus dem Wasser gekommen sind. Die anderen seien Außerirdische.«

Nach zwei Stunden waren die Untersuchungen vorüber, und das Paar fand sich auf mysteriöse Weise in ihrem Auto auf der Erde wieder.

»Du wirst alles vergessen ...«

Ein sechzehnjähriger Schüler einer amerikanischen High-School berichtete, in dem Hinterhof seines Hauses eine Kreatur aus dem All gesehen zu haben. Seiner Beschreibung nach sei das Wesen hochgewachsen gewesen, hatte große grüne Augen und keine Nase gehabt. Der Junge sagte, er sei aus der Hintertür gekommen und auf den Besucher zugegangen ... und erinnerte sich an nichts mehr, bis er am nächsten Tag erwachte.

Der Jugendliche war damit einverstanden, sich einigen Tests im *Southwest Montana Mental Health Centre* in Annaconda zu unterziehen. Er hatte vergessen, was geschehen war, nachdem er mit der Kreatur zusammengetroffen war, doch unter Hypnose berichtete er, daß ihn drei Außerirdische in ein Raumschiff geschleift hatten. Sie hatten ihn bei hellstem Lichtschein untersucht und ihm dann gesagt, er werde den ganzen Vorfall vergessen.

Dr. Kent Newman, der die Untersuchung durchführte, meinte: »Ich glaube, daß der Junge wahrheitsgemäß berichtete, was ihm zugestoßen ist.«

Dr. Leo Sprinkle von der Universität von Wyoming in Laramie ist derselben Meinung; seine Tests haben erwiesen, daß sich die meisten Begegnungen mit Außerirdischen gegen den Willen der betroffenen Menschen zugetragen haben und daß diese hinterher zumeist völlig verschreckt und höchst aufgewühlt gewesen seien. Sie litten oft unter physischen Nachwirkungen und Gedächtnisverlust.

Dr. Sprinkle sagte: »Ich weiß nicht, ob die Begegnungen dieser Leute körperlicher oder transzendenter Art waren, doch ist es meine persönliche und auch berufliche Neigung, den Behauptungen der Leute Glauben zu schenken.«

Dr. Alfin Lawson von der California State University, Long Beach, ist vorsichtiger. Nachdem er eine Anzahl Entführter unter Hypnose befragt hatte, meinte er: »Die Geschichten sind zumindest teilweise wahr. Doch das heißt nicht, daß ihre Erlebnisse unbedingt wirklich körperliche Erlebnisse sind – nicht mehr, als Halluzinationen das sind.«

Der Preis der Leidenschaft

Bewohner anderer Planeten haben Männer und Frauen während Besuchen auf der Erde entführt, um Sex mit ihnen zu haben. Das ist die unglaubliche Behauptung von Barry King, einem Forscher der *British UFO Research Association*.

Er berichtete den Fall einer Frau aus Taunton, Somerset. Sie behauptete, in der Nacht in der Nähe ihres Hauses mit dem Auto unterwegs gewesen zu sein und plötzlich sei der Motor ausgefallen. Sie stieg aus, um einen Blick unter die Motorhaube zu werfen, da wurde sie von hinten ergriffen und fiel in Ohnmacht.

Als sie wieder zu sich kam, war sie nackt und an einen Tisch gefesselt, eine blaue Decke bedeckte sie. Drei Männer, die alle blaßblaue Umhänge trugen und etwa einen Meter sechzig groß waren, blasse Haut und runde, gefühllose Augen hatten, führten eine medizinische Untersuchung durch. Dann verließen zwei von ihnen den Raum.

Frau X behauptete, der dritte der Männer habe ein kleines, heftzweckenähnliches Gerät an ihrem Oberschenkel befestigt, das sie halb lähmte und ihr die Lider schwer werden ließ. Dann vergewaltigte er sie, ruhig und ohne Gefühlsregung. Frau X wurde wieder ohnmächtig, sie erwachte auf der Straße neben ihrem Wagen liegend. Der Motor lief vorbildlich.

»Sie fuhr nach Hause und erzählte ihrem Mann die ganze Geschichte«, sagte King. »Sie ist eine nüchterne Frau, und ich bin überzeugt, daß sie die Wahrheit sagt. Ich glaube, solche Dinge passieren öfter, als wir ahnen. Viele Opfer würden sicher nur sehr ungerne darüber reden.«

Ein brasilianischer Farmer zögerte verständlicherweise, von seiner intimen Begegnung zu sprechen – bis er gezwungen war, sich wegen radioaktiver Kontamination bei den Behörden zu melden.

Der Mann hatte eine außergewöhnliche Geschichte zu erzählen. Er behauptete, eine leuchtende, eiförmige Kapsel sei in der kalten, sternenklaren Nacht des 15. Oktober 1957 in einem seiner Felder gelandet. Eine Gruppe menschenähnlicher Wesen in enganliegenden grauen Overalls und grauen Helmen zerrte ihn an Bord des Raumschiffes, entkleidete ihn, wusch ihn mit einer eiskalten

Flüssigkeit ab und entnahm dann seinem Kinn mit Hilfe eines Saugnapfes eine Blutprobe.

Nachdem sie ihn verlassen hatten, lag er nackt und verängstigt auf einer Liege. Dann erschien eine nackte Frau, eine Frau, wie er noch nie zuvor eine gesehen hatte. Weiche blonde Haare umrahmten ein dreieckiges Gesicht mit großen blauen, mandelförmigen Augen und einem leicht hervorstehenden Kinn.

Sie hatte eine wohlgeformte Figur, eine schmale Taille, breite Hüften und lange Beine. Der Gefangene dachte, das sei das schönste Wesen, das er je gesehen hatte. Sie lächelte ihn an, legte dann ihre Arme um ihn und begann, ihr Gesicht und ihren Körper an ihm zu reiben.

»Da ich mit dieser Frau, die mir nur allzu deutlich zu verstehen gab, was sie wollte, allein war, wurde ich sehr erregt«, berichtete der Mann später den Behörden. »Ich vergaß alles um mich herum, ergriff die Frau und erwiderte ihre Zärtlichkeiten.

Es war ein ganz normaler Geschlechtsakt, sie benahm sich wie jede andere Frau, sogar nach wiederholten Umarmungen. Doch wußte sie nicht, wie man küßt, außer ihre verspielten Bisse in mein Kinn hatten dieselbe Bedeutung.

Schließlich wurde sie müde und atmete schwer. Ich war immer noch erregt, doch nun verweigerte sie sich mir. Bevor sie mich verließ, drehte sie sich noch einmal um und deutete erst auf ihren Bauch, dann, mit einer Art Lächeln, auf mich, und als letztes in südlicher Richtung auf den Himmel.«

Zuerst erzählte der junge Farmer nur seiner Mutter von diesem eigenartigen Erlebnis. Er dachte, niemand anders würde dieser seltsamen Geschichte Glauben schenken. Er konnte selbst kaum glauben, daß es passiert war.

Doch in den folgenden Tagen verschlechterte sich sein Gesundheitszustand rapide. Übelkeit und Kopfweh hielten ihn im Haus. Seine Augen brannten, und er konnte nicht schlafen. Dann erschienen überall auf seinem Körper kleine rote Kreise.

Die ortsansässigen Ärzte, die ihn untersuchten, riefen einen Spezialisten aus Rio de Janeiro herbei. Er bestätigte ihre vorläufige Diagnose – der Farmer war radioaktiver Strahlung ausgesetzt gewesen. Und die dunklen Narben sowie die frische, zarte Haut an seinem Kinn seien ein Zeichen, daß er Blut verloren habe.

Der Arzt war überzeugt, daß sein Patient diese wilde Geschichte nicht erfunden hatte. Er berichtete skeptischen Polizeibeamten: »Es gibt weder direkte noch indirekte Anzeichen, die auf eine Geisteskrankheit hinweisen könnten.«

Über die Meere und weit weg

Einige Leute, die von UFOs entführt worden sind, haben sich Hunderte von Kilometern von der Stelle entfernt wiedergefunden, an der sie gegriffen worden waren. Der Kellner Carlos Diaz ging am frühen Morgen des 4. Januar 1975 von seiner Arbeit in Bahia Blanca, Argentinien, nach Hause, da wurde er plötzlich von einem pulsierenden Licht geblendet, und er hörte ein Geräusch, das wie das Heulen einer Sirene klang. Später sagte er, daß die Luft und sogar die Straße von heftigen Vibrationen erschüttert worden waren. Dann fühlte er, wie seine Füße den Boden verließen und er in die Luft gehoben wurde. Als er sich in ungefähr drei Meter Höhe befand, blickte er nach unten – und wurde ohnmächtig.

Er erwachte in einer Art strahlend leuchtender Kugel. Wie in einem Traum sah er drei ruhige, grünhäutige Kreaturen in seiner Nähe stehen. Sie rissen ihm einige Haarbüschel aus, doch tat es ihm nicht weh.

Vier Stunden, nachdem er von der Straße in Bahia Blanca hochgehoben worden war, wurde Diaz aufgefunden – er lag benommen neben einer Straße im achthundert Kilometer entfernten Buenos Aires. In seiner Nähe befand sich eine Tasche, die seine Arbeitskleidung und eine Zeitung, die er an diesem Morgen in seiner Heimatstadt gekauft hatte, enthielt. Er wurde auf schnellstem Wege in ein nahegelegenes Krankenhaus gebracht, die Ärzte meinten, er sei, wenn auch ein wenig geschockt, bei guter Gesundheit. Sie konnten nicht begreifen, wie man das Haar aus seiner Kopfhaut reißen konnte, ohne die Wurzeln zu verletzen.

Sieben Jahre früher waren Dr. Geraldo Vidal und seine Frau in der Nähe von Bahia Blanca mit dem Auto unterwegs, als etwas Sonderbares geschah. Stunden schienen in Sekundenschnelle zu verfliegen. Als der Bann gebrochen war, fuhren sie immer noch, doch die Straße und das Landschaftsbild hatten sich geändert. Sie hielten, um herauszufinden, wo sie sich befanden, und erkannten schließlich, daß sie in Mexiko waren.

Das Paar konnte nichts darüber sagen, weshalb sie fünftausend Kilometer von ihrer Heimat entfernt waren. Sie erinnerten sich weder an helle Lichter, noch hatten sie das Gefühl gehabt, in die Luft gehoben worden zu sein. Und sie waren ebenso erstaunt wie die mexikanischen Automechaniker, als sie die seltsamen Brandflecken auf der Karosserie ihres Autos entdeckten.

Jose Antonia da Silva erinnerte sich an mehr Einzelheiten von dem, was ihm geschehen war, als er am 9. Mai 1969 aus Vitoria, Brasilien, verschwunden war. Er konnte den Menschen eine erstaunliche Geschichte erzählen, die ihn vier Tage später zerzaust und in tranceähnlichem Zustand aufgriffen, als er im achthundert Kilometer entfernten Bebedouro herumspazierte.

Er sagte, etwa ein Meter zwanzig große Kreaturen hätten ihn vom Boden gehoben und zu einem anderen Planeten gebracht. Die ungläubigen Brasilianer mußten zugeben, daß ihm etwas Eigenartiges widerfahren sein mußte. Er war offensichtlich verängstigt, warf ständig nervöse Blicke Richtung Himmel und erschrak furchtbar beim Anblick heller Lichter.

Diese drei mysteriösen Reisen passierten alle während des UFO-Zeitalters nach dem Zweiten Weltkrieg, als die meisten Menschen in der Zeitung von außergewöhnlichen Begebenheiten gelesen hatten.

Doch was mag der Soldat gedacht haben, der im Jahre 1593 verwirrt über den Hauptplatz von Mexico City stolperte – ausgestattet mit einer Uniform und den Waffen eines Regiments, das mehr als fünfzehntausend Kilometer entfernt stationiert war?

Während der Befragung durch die Inquisition sagte er aus, er habe keine Ahnung, wie er nach Mexiko gekommen sei, er habe keine Erinnerung an eine Reise, nur den schwachen Eindruck einiger verschwundener Sekunden. Seine letzte Erinnerung war, daß er vor dem Präsidentenpalast von Manila auf den Philippinen Wache gestanden hatte und daß man ihm erzählte hatte, daß eben der Gouverneur ermordet worden war. Drei Monate später traf ein Schiff aus dem fernen Osten in Mexiko ein und brachte die Nachricht, daß der Gouverneur am 25. Oktober ermordet worden war – genau an dem Tag, als man den Soldaten auf dem Platz gefunden hatte.

Man wandte sich ebenfalls an die Inquisition, als ein Geschäftsmann im Jahre 1655 auf mysteriöse Weise in Portugal auftauchte und behauptete, sich nur Sekunden früher vor seinem Büro in Goa an der Ostküste Indiens befunden zu haben. Seine letzte Erinnerung bestand darin, daß er plötzlich vom Boden fortgerissen und in die Luft geschleudert wurde. Die Priester befanden, daß er über okkulte Kräfte verfügen müsse – und ließen ihn auf dem Scheiterhaufen verbrennen.

Im frühen 17. Jahrhundert, fast dreihundert Jahre vor der Erfindung des Flugzeugs, erzählte eine achtzehnjährige Nonne mit Namen Maria der Oberin in einem kleinen Kloster im spanischen Agreda, daß sie nach Mittelamerika geflogen worden sei. Während ihres dortigen Aufenthaltes habe sie einen Indianerstamm, der sich Jumano nannte, zum Christentum bekehrt, berichtete Schwester Maria. Während eines Fluges habe sie die Erde, eine sich drehende Kugel, unter sich gesehen.

Solche Worte klangen wie Gotteslästerei. Ihre Mitschwestern verbrannten das Tagebuch, in dem sie Einzelheiten der Reise festgehalten hatte, und Ordensväter legten ihr nahe, ihre Behauptungen zurückzuziehen. Sie lehnte ab.

Im Jahre 1622 erhielten Papst Urban VIII. und König Philip IV. von Spanien entrüstete Briefe. Sie kamen von Pater Alonzo de Benavides, einem Missionar aus New Mexico. Er fragte, warum man ihn mit einer Arbeit beauftragt hatte, die offensichtlich schon getan war. Die Indianer besaßen Rosenkränze und Kreuze und wußten, wie man eine Messe abzuhalten habe. Sie sagten, eine Dame in Blau habe ihnen das beigebracht. Weder der Papst noch der König konnten sich vorstellen, von was der Missionar sprach.

1630 kehrte Pater Benavides nach Europa zurück und

hörte die Geschichte von Schwester Marias Flügen. Er reiste nach Agreda und befragte sie ausführlich. Unglaublicherweise konnte sie ihm genaueste Beschreibungen der Dörfer, Menschen und Gebräuche, die er in New Mexico kennengelernt hatte, liefern. Sie berichtete ihm von Vorkommnissen und örtlichen Traditionen, die Außenseiter kaum erfahren konnten. Und als der Missionar einen Kelch zum Vorschein brachte, den die Indianer benutzt hatten, identifizierte Schwester Marias Oberin ihn sogleich als einen dem Kloster zugehörigen, der seit einiger Zeit vermißt wurde.

Die Nonne hatte die Geschichte eindeutig nicht erfunden, doch wie konnte sie sich zugetragen haben? Wenn wir diesen dokumentierten Vorfall nicht als katholischen Propagandaversuch abtun, ist die einzig mögliche Erklärung, daß sie an Bord eines UFOs gereist ist, ohne es gemerkt zu haben.

Von Außerirdischen angegriffen

Der Forstarbeiter Bob Taylor stand unter Schock und blutete, als er der Polizei von seiner seltsamen Begegnung in einem schottischen Wald berichtete. Er sagte, zwei bizarr aussehende Kreaturen hätten versucht, ihn in ihr Raumschiff zu zerren, doch er hätte mit aller Kraft gegen sie angekämpft. Er hatte keine Ahnung, ob er erfolgreich gewesen war.

Taylor, der fünfzigjährige Vater von sieben Kindern, arbeitete für die Development Corporation in Livingston, West Lothian. Am frühen Morgen des 9. November 1979, einem Freitag, waren er und sein friedlicher Irish Setter allein auf dem Dechmont Hill gewesen, als er plötzlich auf einen starken und eigenartigen Geruch nach Chemikalien aufmerksam wurde. Als er sich in Richtung einer Waldlichtung aufmachte, um nachzusehen, begann der Hund wütend zu bellen. Taylor trat zwischen den Bäumen hervor und stieß auf ein Objekt, das wie ein Raumschiff aussah.

Plötzlich kamen zwei Außerirdische heraus. Nach seinen Worten sahen sie aus wie Tretminen oder Reifen mit Armen. Sie steuerten langsam auf Taylor zu, griffen dann nach seiner Hose, rissen sie an den Nähten auf und hinterließen Kratzspuren an seinen Beinen. Der verängstigte Forstarbeiter versuchte, sie zu bekämpfen, dann fiel er in Ohnmacht. Als er wieder erwachte, waren sowohl die Kreaturen als auch das Raumschiff verschwunden, doch konnte er sich dumpf daran erinnern, im bewußtlosen Zustand in Richtung Raumschiff geschleift worden zu sein. Nach einer Weile schleppte sich Taylor die wenigen hundert Meter zu seinem Wagen; doch die Reifen blieben im Matsch stecken, als er wenden wollte, und so verließ er das Auto, um die zwei Kilometer zu seinem Haus zu Fuß zurückzulegen.

Die Polizei riegelte den Zugang zu dem Hügel ab, während man die Gegend nach Spuren absuchte. Taylors Wagen, dessen Motor noch lief, wurde gefunden – er hatte in seiner Angst vergessen, die Zündung abzustellen. Auf der Lichtung entdeckte man eine Reihe dreieckiger, tiefer Eindrücke im Boden und zwei parallele Raupenspuren. In der Nähe fand man zwei schmale Spurrillen, die von jemandem, den man gezogen hatte, stammen könnten.

Taylors Arbeitgeber Malcolm Drummond untersuchte die abgelegene Lichtung ebenfalls, er war erstaunt, daß es keine Spuren gab, die auf die dreieckigen Eindrücke zuliefen. Er sagte: »Bob Taylor ist nicht der Mann, der

Geschichten erfindet. Wenn er sagt, er sei von einigen Kreaturen angegriffen worden, dann muß da auch etwas gewesen sein. Bob war nach dem Vorfall schockiert und aufgeregt.« Die Polizei von West Lothian meint: »Wir nehmen diesen Fall sehr ernst. Die Spuren im Waldboden sehen aus, als ob sie von den Beinen einer Maschine verursacht worden seien.«

Später am selben Tag berichtete eine zweiundsiebzigjährige Glasgower Frau, sie habe einen blaßweißen Ball am Himmel gesehen. Mary Hunter aus Easterhouse sagte: »Ich rief einen Nachbarn, und wir beobachteten es eine gewisse Zeit. Ich bin sicher, gesehen zu haben, daß es sich geteilt hat und dann wieder zu einem verschmolzen ist, dann verschwand es überraschend.« Sie fügte hinzu: »Ich trinke nicht, deshalb können es auch keine Halluzinationen gewesen sein.«

DREI

Wir sind geneigt zu glauben, daß UFOs eine moderne Erscheinung sind. Tatsache ist, daß Wissenschaftler und Astronomen schon seit Jahrhunderten Sichtungen unerklärlicher Objekte am Himmel festgehalten haben. Bevor der Mensch nicht selbst das Fliegen gelernt hatte, konnte er sich keine Vorstellung davon machen, was diese Objekte sein mochten. Heute verhilft uns unser Wissen über die Raumfahrt zu neuen Interpretationen der alten Beobachtungen – und zu neuen Erklärungen für einige der erstaunlichsten Geheimnisse in der Geschichte.

Rätsel der Vergangenheit

Obwohl die Berichte über UFOs in den letzten vierzig Jahren beträchtlich zugenommen haben, kommen sie keineswegs nur im zwanzigsten Jahrhundert vor. Forscher haben über dreihundert Beobachtungen vor 1900 dokumentiert. Mönche von St. Albans in Hertfordshire sahen in der Nacht des 1. Januar 1254 »eine Art Schiff, groß, elegant geformt und gut ausgerüstet und von einer wundersamen Farbe«. Und im Jahre 1290 bemerkten der Abt und einige Mönche der Byland-Abtei in Yorkshire »eine große, runde silberne Scheibe«, die über ihnen schwebte.

Der Schriftsteller W. Raymond Drake aus Sunderland, Tyne and Wear, der viele Bücher über UFOs geschrieben hat, sagt: »Der Glaube, daß es Lebewesen im All gibt, die die Erde beobachten, existiert schon seit dem Mittelalter in der Vorstellung der Menschen.« Der wohl spektakulärste Vorfall dieser Zeit hat sich in Basel am 7. August 1566 zugetragen. Riesengroße leuchtende Scheiben bedeckten zum maßlosen Erstaunen der Bewohner der Stadt den Himmel.

Im März 1716 berichtete der berühmte britische Astronom Sir Edmund Halley, der dem weltbekannten Kometen seinen Namen gab, von einem hell erleuchteten Objekt, das er zwei Stunden lang über London schweben sah.

Lord Beauchamp behauptete, am 11. Dezember 1741 einen kleinen, ovalen Feuerball über London beim Abstürzen beobachtet zu haben. Zuerst habe er sich in etwa siebenhundert Metern Höhe befunden, dann habe er plötzlich rapide an Höhe verloren und sei ostwärts davongeflogen, sein langer Feuerschweif habe geraucht, als er mit großer Geschwindigkeit verschwand.

Und am 19. März 1748 beobachtete Sir Hans Sloane, späterer Präsident der Royal Society, ein blendendes, blauweißes Licht mit einem rötlichgelben Schweif, das über den Abendhimmel zog. Er sagte, es bewegte sich »langsamer als eine Sternschnuppe in gerader Linie«.

Eine Ansammlung fliegender, untertassenförmiger Objekte wurde am 7. September 1820 über der französischen Stadt Embrun beobachtet. Zeugen berichteten, daß sie auch ihre Flugrichtung gewechselt hätten, indem sie in einem perfekten Neunziggradwinkel um die Kurve geflogen seien, ohne ihre strenge Formation aufzubrechen. Und im Jahre 1882 sah der Astronom William Maunday eine riesige, sich schnell fortbewegende Scheibe, als er

Aufsehenerregende schwarze Kugeln wurden am 7. August 1566 über dem schweizerischen Basel gesichtet.

den nordöstlichen Horizont von Londons Greenwich Royal Observatory aus studierte. Sie flog am Mond vorbei, meinte er, dann änderte sie ihre Form in die einer riesigen Zigarre.

Auch in Amerika spielten sich im Laufe des neunzehnten Jahrhunderts eigenartige Dinge am Himmel ab. Am 22. Januar 1878 war John Martin, ein Rancher aus Texas, gerade im Süden von Denison auf Jagd, als er ein Objekt von der Sonne herunterkommen sah, das »die Größe einer überdimensionalen Untertasse« hatte.

Neun Jahre später, im April 1897, haben angeblich mehr als zehntausend Menschen ein Luftschiff über Kansas City in Missouri schweben sehen.

Charles Fort, der im Jahre 1833 auch ein »großes, fluoreszierendes Raumschiff« über den Niagarafällen beobachtet hatte, schrieb über die Beobachtung von Kansas: »Das Objekt erschien sehr plötzlich, dann hielt es und verharrte für zehn Minuten über der Stadt. Schließlich schoß es, nachdem es grünblaue und weiße Lichtblitze ausgesandt hatte, senkrecht nach oben ins All.« Dasselbe Raumschiff wurde auch über Iowa, Michigan, Nebraska, Wisconsin und Illinois beobachtet. Die Zeitung *Chicago Record* schrieb, daß es sogar in Feldern in der Nähe von Carlinville, Illinois, gelandet, jedoch wieder davongeflogen sei, als sich neugierige Städter näherten.

Alexander Hamilton, ein Mitglied des Repräsentantenhauses, hatte eine noch unglaublichere Geschichte zu erzählen. Er leistete einen Eid, daß er am 21. April 1897 von einem eigenartigen Lärm außerhalb seines Hauses in Leroy, Kansas, geweckt worden war und daß er dann ein hundert Meter langes, zigarrenförmiges Raumschiff mit einer auf der Unterseite befestigten Kabine in der Nähe seiner Farm landen gesehen habe. »Die Kabine«, sagte er, »war aus Glas oder einem anderen durchsichtigen Material, das sich immer wieder mit einem schmalen Balken fester Substanz abwechselte. Es war hell erleuchtet, und alles, was sich darin befand, war deutlich zu erkennen. Es wurde von sechs der eigenartigsten Wesen, die ich je gesehen habe, bevölkert. Sie unterhielten sich miteinander, doch konnte ich nicht ein Wort von dem, was sie sagten, verstehen.« Hamilton berichtete, er und zwei seiner Männer hätten sogar versucht, sich dem Raumschiff noch mehr zu nähern, doch hätten die Außerirdischen eine fremdartige Antriebskraft in Gang gesetzt, und das UFO habe sich in die Lüfte erhoben.

Sowohl Großbritannien als auch Neuseeland schienen im Jahre 1909 von UFOs geradezu überlaufen zu werden. Leute aus über vierzig Städten in Großbritannien berichteten von eigenartigen Objekten und Lichtern am Himmel, die meisten von ihnen wurden in der dritten Maiwoche gesehen. Ein Mann aus Caerphilly in Wales sagte, er habe zwei eigenartige Kreaturen in Pelzmänteln gesehen, als er am 18. Mai um 23 Uhr in der Nähe seines Hauses unterwegs war. »Als sie mich sahen, begannen sie, aufgeregt miteinander zu sprechen, dann eilten sie zurück zu einem großen, zylindrischen Objekt, das sich vom Boden erhob und verschwand.«

Die Objekte, die in Neuseeland beobachtet wurden, waren fast alle zigarrenförmig. Hunderte von Menschen meldeten sie sowohl über der Nord- als auch über der Südinsel, am Tage und in der Nacht, während der sechs Wochen von Ende Juli bis Anfang September. Im Februar 1913 war Kanada an der Reihe; UFO-Gruppen erschienen an sechs verschiedenen Tagen über Ontario.

In diesen Tagen, wo selbst die Luftfahrt noch in den Kinderschuhen steckte, waren das Weltall und die Raumfahrt reine Träume; Phantastereien, in denen man in den Romanen von H. G. Wells schwelgen konnte. Zwei Weltkriege waren nötig, um eine Basis für technische Erfindungen zu schaffen, die die Erforschung des Weltraumes möglich machte. Während der sechziger und siebziger Jahre erfuhr die Wissenschaft aus erster Hand über das Weltall. Und was man erfuhr, das warf auf manche Rätsel der Vergangenheit ein ganz neues Licht.

Die sibirische Raumfahrtkatastrophe

Es war der größte Raumfahrtunfall aller Zeiten. Ein havariertes Raumschiff wechselte den Kurs in Richtung auf den nächsten Planeten, seine atombetriebenen Motoren überhitzten sich unkontrollierbar. Die Mannschaft führte ein Rennen gegen die Zeit – und verlor. Nur einen Kilometer von der Oberfläche entfernt gab es einen blendend hellen Lichtblitz, und die Mannschaft und ihr Raumschiff explodierten und versanken in Vergessenheit. Und dies passierte auf der Erde … am 30. Juni 1908.

Das ist die letzte, überraschende Theorie der Wissenschaftler, die versuchen, eines der erstaunlichsten Geschehnisse des zwanzigsten Jahrhunderts zu erklären – den großen sibirischen Feuerball. Jahrelang kehrten Untersuchungsteams erfolglos von dem verwüsteten und trostlosen Schauplatz der Explosion am Fluß Tunguska zurück, sie vermochten die erstaunlichen Schäden nichts anderem als einem gigantischen Meteoriten zuzuordnen, der aus dem All gekommen war. Doch dann warfen technische Errungenschaften auf dem Gebiet der Rüstung und der Raumfahrt ein neues Licht auf die Angelegenheit.

Kurz nach Sonnenaufgang wurde der Feuerball das erste Mal gesehen. Planwagen, die sich mühsam ihren Weg durch Chinas Wüste Gobi bahnten, hielten an, um ihn am Himmel leuchten zu sehen.

Bald darauf wurden Menschen im südlichen Rußland auf das Ding aufmerksam, es handelte sich um eine zylindrische Röhrenform, die bläulichweiß leuchtete und einen vielfarbigen Kondensstreifen hinter sich herzog. Es sank immer tiefer. Dann, um 19.17 Uhr, erfolgte die Explosion. Den Bauern in diesem spärlich besiedelten, morastigen und bewaldeten Landstrich erschien es wie das Ende der Welt.

»Es gab einen gewaltigen Lichtblitz«, sagte der Bauer Sergej Semenow, der auf der Veranda seines Hauses in Warnawa, sechzig Kilometer südlich vom Zentrum der Explosion, saß. »Es wurde derartig heiß, daß ich aufstehen mußte, ich konnte nicht sitzen bleiben, wo ich war. Mein Hemd wurde mir fast vom Rücken gebrannt. Ein riesiger Feuerball bedeckte einen großen Teil des Himmels. Danach wurde es sehr dunkel.« In einem nahegelegenen Laden bedeckten die Kunden ihre Gesichter, um sie vor der immensen Hitze zu schützen. Sekunden später wurden sie in die Luft gehoben, da Druckwellen von großer Stärke das Dorf erreichten. Auch der Farmer Semenow wurde umgeworfen und verlor das Bewußtsein. Zimmerdecken knackten und knirschten, Fenster klapperten und klirrten. Erdbrocken wurden herausgerissen und hoch in die Luft geschleudert.

Näher am Tungaska waren die Auswirkungen noch verheerender. Der Führer der Tungus, Ilja Potapovich, hatte Verwandte, die eine Herde von tausendfünfhundert Rentieren besaßen. »Das Feuer kam und verbrannte den Wald, die Rentiere und die Lagerhäuser«, erzählte er den Wissenschaftlern später. »Nach dem Unglück machten sich die Tungus auf den Weg, um die Herde zu suchen, doch sie fanden nur die verkohlten Kadaver der Tiere. Nichts war von den Lagerhäusern übriggeblieben. Kleidungsstücke, Geschirr, Einrichtungsgegenstände … alles war verbrannt oder geschmolzen.«

Die Feuersäule, die nach der Explosion entstand, war noch in der etwa dreihundert Kilometer entfernten Stadt Kirensk zu sehen; ebenso die dicken schwarzen Wolken, die bis zu einer Höhe von fünfzehn Kilometern über Tunguska aufstiegen, als Dreck und Trümmer durch den Sog in die Luft geschleudert wurden. Die Donnerschläge, die die Explosion begleiteten, konnten noch in achtzig Kilometer Entfernung vernommen werden. Ein Seismograph in Irkutsk, achthundertfünfzig Kilometer südlich von Tunguska, registrierte Erdstöße im Ausmaß eines Erdbebens.

Orkanartige Windböen rüttelten an Fenstern, die sich fünfhundert Kilometer von der Explosion entfernt befanden. Fünf Stunden später stellten britische Wetterstationen heftige Luftbewegungen über der Nordsee fest. Nachdem Wissenschaftler auf der ganzen Welt ihre Aufzeichnungen verglichen hatten, stellte sich heraus, daß die Druckwellen der sibirischen Explosion zweimal die Erde umkreist hatten. Und als Forscherteams den Ort des Geschehens aufsuchten, wurde ihnen auch der Grund dafür klar.

Fast sämtliche Bäume in einem Umkreis von sechzig Kilometern waren umgerissen und verbrannt worden. Riesige Lärchenbestände waren entwurzelt und umgeknickt worden, als ob es sich bloß um Zweige gehandelt hätte. Auch der Boden sah völlig fremdartig aus. Leonid Kulik, der die frühen Untersuchungen im Auftrag einer sowjetischen wissenschaftlichen Hochschule geleitet hatte, berichtete: »Die Torfmoore der Region sind verwüstet, überhaupt macht die ganze Landschaft den Eindruck, daß sich hier eine Katastrophe verheerendsten Ausmaßes abgespielt hat. Weite Teile des Sumpfgebietes wurden erschüttert ... auch der feste Grund wurde in ringförmigen Wellen vom Ort der Explosion her aus dem Boden gerissen, wie Wellen in einem Gewässer.« Kuliks Untersuchungen ergaben, daß man die Explosion auf einem Gebiet gesehen oder gehört hatte, das viermal so groß wie Großbritannien ist.

Er revidierte seine ursprüngliche Theorie dahingehend, daß die Explosion nicht von einem einzelnen Meteoriten, sondern von einem ganzen Meteoritenschauer verursacht worden war.

Doch diese Hypothese warf Probleme auf. Jeder Meteor, der zuvor die Erde getroffen hatte, hatte einen Krater

Szenen wie diese in Hiroshima, Japan, nachdem die Atombombe abgeworfen wurde, sehen ähnlich aus wie die Verwüstungen in Tunguska, Sibirien. Dieser Zusammenhang führte zu der Erklärung, daß sich hinter den Geheimnissen, die diesen Ort umgaben, eine Atombombe verbarg.

hinterlassen. In Arizona wurde von dem größten bisher bekannten Meteoriten ein Loch, das zweihundert Meter tief und im Durchmesser einen Kilometer groß ist, verursacht. Es gab auch andere Ungereimtheiten. Obwohl die Bäume in kilometerweitem Umkreis umgeknickt waren, gab es einige, die aufrecht standen, und zwar dort, wo das Explosionszentrum gewesen sein mußte. Sie sahen kahl und seltsam aus, da sie ihr Laub und die Äste verloren hatten. Außerdem hatten einige Tungus berichtet, daß sie ungewöhnliche, glänzende Metallstücke gefunden hatten, die »stärker glänzten als eine Messerklinge und deren Farbe der einer silbernen Münze ähnelte«. Andere behaupteten, daß ihre Rentiere seit der Explosion von einer eigenartigen, bisher unbekannten Seuche befallen waren, die ihre Haut räudig machte.

Jahrelang diskutierten Wissenschaftler noch über den Feuerball. War es ein gasförmiger Komet, der nach einem Aufprall keinen Krater hinterlassen würde? War es ein Meteorit, der noch in der Luft explodiert war?

Dann, im August 1945, warfen die Amerikaner über Hiroshima eine Atombombe ab, die sechshundert Meter über der Erdoberfläche explodierte. Als der sowjetische Wissenschaftler Alexander Kazantsew die verwüstete Gegend sah, erinnerte er sich, daß er schon vorher ähnlich zerstörte Gebiete gesehen hatte – in Sibirien. In Hiroshima standen die Bäume noch, die sich direkt unterhalb des Zentrums der Explosion befunden hatten, während die etwas weiter entfernten, ebenso wie die Häuser, umgedrückt waren. Die pilzförmige Wolke, der blendende Lichtblitz, die Druckwellen, der schwarze Trümmerregen – all dies hatte man auch schon 1908 festgestellt, fast vierzig Jahre vor dem Zeitalter der Atombombe. Kazantsew war überzeugt, daß er die Lösung zu dem Rätsel von Tunguska gefunden hatte. Doch war er noch weit davon entfernt, das auch wissenschaftlich beweisen zu können. Deshalb machte er seine Kollegen in Form eines Romans auf die Möglichkeit aufmerksam. Er veröffentlichte eine Science-fiction-Geschichte in einem Magazin, das Phantasie und Fakten vermengte, in der er mutmaßte, daß ein atomangetriebenes Raumschiff vom Mars über Sibirien explodiert war.

Verschiedene Wissenschaftler übernahmen die Atombombentheorie, sie blieben jedoch auch für die Annahme, ein Meteorit sei die Ursache gewesen, offen. Sie verglichen den Vorfall in Tunguska mit den Auswirkungen, die amerikanische und russische Wasserstoffbomben-Tests gehabt hatten. Und im Jahre 1966 veröffentlichten die sowjetischen Forscher V. K. Zhurawlew, D. V. Demin und L. N. Demina einen Artikel, in dem sie endgültig erklärten, daß der sibirische Feuerball zweifelsfrei von einer Kernexplosion verursacht worden war. Weitere Studien, die sowohl in Rußland als auch in Amerika durchgeführt wurden, ergaben, daß die Energie der Explosion dreißig Megatonnen betrug – tausendfünfhundertmal soviel wie in Hiroshima.

Sowjetische Spezialisten untersuchten und verwarfen die Theorie, daß die Explosion von Antimaterie oder einem Schwarzen Loch im All verursacht worden war. In beiden Fällen hätte beim Aufprall ein Krater entstehen müssen, argumentierten sie. Professor Felix Zigel, ein Lehrer für Aerodynamik am Moskauer Institut für Luftfahrt, und der Geophysiker A. V. Zolotow untersuchten die Örtlichkeiten und das Geschehen ebenfalls, und sie fanden heraus, daß das zerstörte Gebiet nicht oval war, wie man angenommen hatte, sondern daß die Form mehr oder weniger einem Dreieck entsprach. Zolotow hatte den Eindruck, daß sich das explosive Material in »einem Container« befunden hätte, als es detonierte, und zwar sei dessen Material nicht explosiv gewesen.

Professor Zigel las Augenzeugenberichte über die zylindrische Form, den Feuerschweif, den sie hinter sich herzog und ihre Flugbahn, und er kam zu dem Ergebnis, daß das Objekt am Himmel ein »Manöver durchgeführt hatte«, daß es in einem fünfhundertfünfzig Kilometer weiten Kreisbogen die Richtung gewechselt hatte, bevor es explodiert war. Bodenproben, die am Ort der Explosion genommen worden waren, enthielten winzige, runde Kügelchen aus Silikat und Magnetit, einem magnetisierten Eisen.

Dr. Kasantsew, dessen Science-fiction-Roman den neuen Schwerpunkt der sowjetischen Untersuchungen bestimmt hatte, kommentierte: »Wir müssen zugeben, daß das Ding, das uns schon lange als der Meteorit von Tunguska bekannt war, in Wirklichkeit eine sehr große, künstliche Konstruktion war, die mindestens fünfzigtausend Tonnen gewogen haben muß. Wir glauben, daß es gerade zum Landeanflug ansetzte, als es explodierte.« Die Russen behaupteten, daß nach diesem Unfall jahrzehntelang keine UFOs mehr beobachtet worden waren. Als sie wieder auftauchten, waren die Raumschiffe kleiner und schienen besser steuerbar zu sein.

Das größte Unglück im All aller Zeiten? Falls dieses UFO bemannt gewesen war, waren dies nicht die einzigen Opfer der Explosion. Ärzte nehmen an, daß Tausende von sibirischen Bauern bei diesem Unfall ums Leben kamen. Die Bewohner der zerstörten Dörfer entlang des Flusses Tunguska wurden aufgrund ihres hohen Alters, das sie bei guter Gesundheit erreichten, bekannt. Viele lebten weit über ihren hundertsten Geburtstag hinaus. Doch nach 1908 stellten die ortsansässigen Ärzte eine stark ansteigende Rate von »frühzeitigen« Todesfällen fest, die von »seltsamen Krankheiten« hervorgerufen wurden. Doch zu der Zeit, als Teams sich mit der Theorie einer Atomexplosion befaßten und einige der schon vor längerer Zeit verstorbenen Toten exhumierten, hatte die Wissenschaft bereits einen Namen für diese seltsamen Krankheiten gefunden. Es war die Strahlenkrankheit.

Das Geheimnis des Unternehmers

Fast hundert Jahre lang blieb das, was der Unternehmer William Robert Loosley in einem englischen Wald gesehen hatte, ein Geheimnis und lag weggeschlossen in einer der Schubladen seines Schreibtischs. Doch als seine Ururenkelin ihren Speicher aufräumte und seinen Bericht entdeckte, mußten Experten die Schlußfolgerung ziehen, daß Buckinghamshire in einer Herbstnacht des Jahres 1871 möglicherweise von einer fliegenden Untertasse heimgesucht worden war.

Loosley war ein höchst ehrenhafter Bürger der Gemeinde High Wycombe, die nun eine florierende Stadt ist, zu jener Zeit war sie jedoch nur ein kleines Dorf. Am 4. Oktober erwachte der Zimmermann um 3.15 Uhr morgens, ihm war heiß, und er fühlte sich schlecht, so entschied er, ein wenig in seinem Garten spazierenzugehen, um sich abzukühlen. Was als nächstes passierte, hatte er sehr detailliert in seinem Manuskript festgehalten, das er weggeschlossen hatte.

Ein sternenähnliches Licht bewegte sich am Himmel, es war »heller als der Vollmond«. Dann gab es einen Donnerschlag – »eigenartig, da der Himmel klar war«. Das Objekt flog tiefer herab, hielt an und setzte dann seinen Abstieg fort, während es von einer Seite auf die andere schwankte. Es schien in den nahegelegenen Wäldern zu landen.

Am nächsten Morgen machte Loosley sich auf den Weg zu dem Landeplatz, und nach einer langen Suche stieß er auf etwas Metallisches, als er seinen Spazierstock in einen Haufen Laub bohrte. Er wühlte mit seinen Händen danach und holte eine seltsame Metallkiste hervor, fünfzig Zentimeter hoch und mit eigenartigen Knöpfen bedeckt.

»Fast sofort bewegte sich das Ding ein bißchen«, notierte

Loosley. »Mit dem Geräusch eines gutgeölten Schlosses öffnete es etwas, das wie ein Auge aussah, welches von einer Glaslinse bedeckt wurde und einen Durchmesser von ungefähr zweieinhalb Zentimetern hatte. Sekunden später öffnete sich ein weiteres Auge und sandte einen Lichtstrahl aus, dessen purpurne Farbe mich schwindelig machte.«

Dann erschien ein drittes Auge und stieß einen dünnen Stab aus, der ein wenig dicker als ein Bleistift war. Loosley beschloß den Ort zu verlassen, doch als er sich abwandte, machte die Maschine sich daran, ihm zu folgen, wobei sie drei schmale Spurrillen hinterließ.

Der Unternehmer kam auf eine Lichtung und bemerkte, daß der Boden dort mit ähnlichen Spuren bedeckt war.

Die Metallkiste hielt kurz an und ließ eine Klaue ins Unterholz schnellen. Das purpurfarbene Licht beleuchtete einen Körper, der wie der Leichnam einer Ratte aussah. Dann sprühte der Stab eine Flüssigkeit auf den Körper, und die Ratte wurde in eine Seitenklappe der Maschine gezogen, die sich für diesen Zweck geöffnet hatte.

Loosley ließ in seiner eiligen Flucht seinen Spazierstock fallen, und das Objekt hob ihn ebenfalls auf. Dann folgte es ihm auf eine andere Lichtung und begann, ihn »wie ein verlorenes Schaf« zu einer anderen, größeren Metallschachtel zu treiben.

Der Unternehmer befand sich am Rande der Panik. Er schaute auf und bemerkte eine seltsame, mondähnliche Kugel am Himmel, die anscheinend Lichtsignale aussandte. Doch bevor er den Code durchschaute, war sie verschwunden. Er rannte fluchtartig nach Hause.

Als er, unfähig ein Auge zuzutun, in dieser Nacht im Bett lag, sah Loosley durch das Fenster ein Licht auf die Lichtung fallen, die er am Tage aufgesucht hatte. Nach einer Weile erhob es sich wieder und verschwand in den Wolken. Zutiefst erstaunt, was dies alles bedeuten mochte, schrieb der verwirrte Mann seine Erlebnisse nieder und verschloß das Manuskript in seinem Schreibtisch.

Nachdem man es fast ein Jahrhundert später entdeckt hatte, befaßte sich der Science-fiction-Experte David Langford mit dem Dokument und schrieb später ein Buch darüber. Er sagte: »Das Manuskript hat jedem Zweifel an seiner Authentizität widerstanden. Der Mann kann die Geschichte unmöglich erfunden haben, da er schon im Jahre 1893 verstorben war, als es die von ihm in seinem Konzept beschriebenen technischen Geräte noch gar nicht gab.«

Spring-Heeled Jack –
Mensch oder Monster aus dem All?

War Spring-Heeled[*] Jack, das mysteriöse Monster, das das viktorianische England terrorisierte, in Wirklichkeit ein unverstandener Außerirdischer, der von einem UFO abgesetzt worden war? Mit dieser Frage beschäftigen sich zur Zeit diejenigen ernsthaft, die immer noch nach Antworten auf eines der erstaunlichsten Rätsel der Welt suchen.

Spring-Heeled Jack war ein Spitzname, mit dem ein gigantisches Monster tituliert wurde, das während einer achtundsechzig Jahre dauernden Schreckensherrschaft an vielen Orten zwischen London und Liverpool gesehen worden war. Frühe Berichte über eine schreckenerregende Figur, die über Barnes Common in London strich,

[*] spring-heeled: mit Sprungfedern an den Fersen (A.d.Ü.)

wurden als hysterischer Unsinn abgetan. Dann, im Februar 1837, öffnete die fünfundzwanzigjährige Jane Alsop auf ein lautes Klopfen hin die Tür ihres Hauses in Bearhind Lane, Bow. Sie sah schemenhaft eine Kreatur auf der Treppe stehen, die so groß war, daß sie ihre Kerze in die Höhe heben mußte, um ihr ins Gesicht sehen zu können.

Mit einem gequälten Schrei fiel der Besucher direkt auf sie, er zog sich jedoch zurück, als ihr Vater und ihre Schwestern aufgrund ihrer verzweifelten Schreie herbeieilten.

Später berichtete Fräulein Alsop der Polizei: »Sein Gesicht war grauenvoll. Seine Augen glichen Feuerbällen, und er spie blaue und weiße Flammen aus. Seine Hände erinnerten an Klauen, doch waren sie eiskalt.« Sie sagte, er trug ein Kleidungsstück, das wie eine Ölhaut unter einem schwarzen Mantel aussah, und er hatte ein Goldfischglas über seinen Kopf gestülpt.

Die Beschreibung stimmte mit Berichten anderer Frauen überein, die behaupteten, sie seien in Blackheath, Barnes Common und neben dem Kirchhof von Clapham attackiert worden. Dann gab es den nächsten, furchterregenden Vorfall. Lucy Scales und ihre Schwester hatten gerade das Haus ihres Bruders verlassen, da begegneten sie in Green Dragon Alley, Limehouse, einer seltsamen Kreatur.

Lucy sagte später, eine in einen Mantel gehüllte Figur sei aus der Dunkelheit auf sie zugesprungen und hätte Flammen ausgestoßen, die sie für kurze Zeit geblendet hätten. Ihre Schreie riefen ihren Bruder herbei, der die Frauen halb bewußtlos auf dem Kopfsteinpflaster liegend vorfand. Als er aufsah, sah er einen Giganten, der ihn weit überragte. Mit einem unglaublichen Satz sprang das

Wesen über eine fast fünf Meter hohe Steinmauer außer Sicht.

Im Januar 1838 bestätigte der Oberbürgermeister von London, Sir John Cowan, offiziell die Existenz des Ungeheuers. Während eines Treffens im Manison House verlas er einen Brief von einem völlig verängstigten Bürger aus Peckham, der beschrieb, wie ein fürchterliches Wesen meisterhafte Sprünge vollführte. Sofort füllte eine Menge ähnlicher Geschichten den Briefkasten der Polizei. Sie stammten von Menschen, die es aus Furcht vor Spott vorgezogen hatten zu schweigen. Die Zeitungen bezeichneten Jack als den Feind Nummer eins der Bevölkerung. Als die Berichte über Jack sich von London auch auf die ländlichen Gebiete ausdehnten, wurde eine Bürgerwehr organisiert und Belohnungen für denjenigen, der das Biest fangen sollte, ausgesetzt. Selbst der Herzog von Wellington, der damals fast siebzig Jahre zählte, machte sich zu Pferde auf den Weg, um ihm den Garaus zu machen.

Im Februar 1855 erwachten Menschen in fünf verschiedenen Städten in South Devon und bemerkten, daß es heftig geschneit hatte – und daß mysteriöse Fußspuren im Schnee zu finden waren, die meilenweit über Felder, auf Mauern entlang, über Dachfirste und durch abgeschlossene Hinterhöfe führten. Einige meinten, es sei der Teufel selbst. Einige schrieben sie einem geisterhaften, unbekannten Tier zu. Einige beschuldigten Spring-Heeled Jack als ihren Urheber.

Im Sommer 1877 erschien ein Wesen, das mit seiner Beschreibung übereinstimmte, bei einem Posten der Armee in Aldershot. Zwei Wachen, beides Scharfschützen, feuerten aus kürzester Entfernung, als er ihrer Aufforderung stehenzubleiben nicht nachkam. Er sprang in

On the tombstone, with upraised arms and rage in every feature, towered the terrific form of Spring-Heeled Jack. Freezer and Links stood transfixed; their ghastly burden slipped slowly to the grass, but they remained gaping, terror-struck. Vengeance had fallen!

SPRING-HEELED JACK

Auf dem Grabstein stand
der furchterregende Spring-Heeled Jack
mit erhobenen Armen
und Wut in jeder Faser seines Körpers.
Freezer und Links waren wie erstarrt,
ihre grausige Last glitt langsam zu Boden,
sie blieben, wie vom Dohner gerührt,
mit aufgerissenen Augen stehen.

Der Rächer war gekommen!

großen Sätzen davon … und vergoß kein Blut, obwohl er getroffen worden war. Der Londoner *Morning Post* zufolge war er »kein gewöhnlicher Sterblicher – wenn er überhaupt sterblich ist«.

Vier Monate später eröffneten Bewohner von Newport das Feuer, als sie Jack auf einem Dachfirst herumspazieren sahen. Wieder entkam er unverletzt. In Lincoln sprang er außer Reichweite, als ihm die Bürgerwehr nachsetzte. Schließlich erstaunte er am 10. September 1904 Hunderte von Zuschauern im Distrikt Everton in Liverpool mit einer Vorstellung außerordentlicher athletischer Künste, indem er von Haus zu Haus sprang, wobei er manchmal mehr als zehn Meter mit einem einzigen Sprung überwand. Dann, nach fünfzehn Minuten, schwang er sich problemlos über einige Reihenhäuser … und ward nicht mehr gesehen.

Jahrelang diskutierten Experten über Jack. War er, wie manche behaupteten, ein reicher Exzentriker, der seine teuflischen Scherze trieb? War er ein unbekanntes Tier? Ein Phantom? Dann, im Juli 1969, setzte Neil Armstrong als erster Mensch seinen Fuß auf den Mond, wobei er von Millionen Menschen im Fernseher beobachtet wurde. Einigen von ihnen fielen die unglaublichen, federnden Sprünge des Astronauten auf, und sie erinnerten sich an die Geschichte von Jack. Er war genauso gesprungen. Jane Alsop zufolge hatte er auch ähnliche Kleidung getragen – einen Overall und einen Helm. Vielleicht, so sagten sie, war er kein Mensch. Vielleicht war er ein Fremder von einem anderen Planeten, der von der Schwerkraft der Erde unbeeinflußt blieb. Und vielleicht hätte er die Menschen eine Menge lehren können – wenn sie ihn nicht mit Panik empfangen hätten.

Das verschwundene Dorf

Die Polizei versucht immer noch herauszufinden, wie ein ganzes tausendzweihundert Einwohner zählendes Dorf mitsamt seinen Toten aus den Gräbern in der Dunkelheit eines nördlichen Winters spurlos verschwinden kann. Das Rätsel begann im Jahre 1930, als der Trapper Armand Laurent und seine beiden Söhne einen eigenartigen Lichtschein über Kanadas nördlichen Himmel ziehen sahen. Laurent sagte, das riesige Licht habe kontinuierlich die Form gewechselt, so daß es einmal Zylinderform hatte, dann wieder wie eine riesige Kanonenkugel aussah.

Einige Tage später hielten einige Beamte der berittenen kanadischen Polizei bei Laurents Blockhütte an, um auf ihrem Weg zu dem See Anjikuni Schutz zu suchen. An ihrem Zielort sollte, wie einer von ihnen erklärte, »irgendein Problem aufgetaucht sein«. Der Polizist fragte den überraschten Laurent, ob das Licht, das er beobachtet hatte, auf den See zugeflogen war. Laurent konnte dies bestätigen.

Der Polizist nickte, ohne einen weiteren Kommentar abzugeben, und in den folgenden Jahren wurden die Laurents nicht mehr behelligt. Das war ein begreifliches Versehen. Die Royal Canadian Mounted Police (RCMP) war zu dieser Zeit schon mit dem seltsamsten Fall ihrer Geschichte beschäftigt …

Als ein anderer Trapper, der Joe Labelle hieß, mit seinen Tourenski in das Dorf Anjikuni lief, befiel ihn ein Gefühl unbestimmter Angst. Normalerweise war es eine lärmende Siedlung mit eintausendzweihundert Einwohnern, und auch heute erwartete er, daß die Schlittenhunde ihren üblichen Willkommensgruß bellen würden.

Doch aus den abgesperrten, verschneiten Hütten drang kein Laut, und aus keinem einzigen Schornstein stieg Rauch auf.

Als er an das Ufer des Sees Anjikuni kam, fand er Boote und Kajaks, die wie immer ans Ufer gebunden waren.

Doch als er von einer Haustür zur nächsten ging, stieß er nur auf unheimliche Stille. Und die geheiligten Gewehre der Männer lehnten immer noch an den Wänden der Hausflure. Kein Eskimo würde jemals sein Gewehr zu Hause zurücklassen.

Im Hütteninneren war gekochtes Karibu über lange erloschenen Feuern im Topf verschimmelt. Ein halb reparierter Parka lag über eine Pritsche gebreitet, zwei aus Knochen hergestellte Nadeln lagen daneben.

Doch Labelle konnte weder lebendige noch tote Lebewesen entdecken, aber auch keinerlei Anzeichen von Gewalt.

In gewissem Sinne war es ein ganz normaler Tag – wohl kurz vor der Mittagszeit –, doch hatte es eine plötzliche Unterbrechung im Tagesablauf gegeben, so daß das Leben und die Zeit zum Stillstand gekommen waren.

Joe Labelle machte sich auf den Weg zur Telegraphenstation, und sein Bericht tickerte in das Hauptquartier der Royal Canadian Mounted Police. Jeder verfügbare Polizist wurde in das Gebiet um Anjikuni abgestellt. Nach einer mehrstündigen Suche stießen die berittenen Polizisten auf die vermißten Schlittenhunde. Sie waren an Bäume in der Nähe des Dorfes gebunden, ihre Körper steckten in tiefen Schneeverwehungen. Sie waren vor Kälte und Hunger gestorben.

Und dort, wo sich der Friedhof von Anjikuni befunden hatte, wurde eine weitere erschreckende Entdeckung gemacht. Jetzt gab es hier nur leere, offene Gräber, aus denen, bei Temperaturen unter Null, sogar die Toten entfernt worden waren.

Es gab keine Spuren, die vom Dorf wegführten, und keine Verkehrsmittel, mit denen die Menschen möglicherweise hätten flüchten können. Da es der RCMP unfaßbar schien, daß tausendzweihundert Menschen einfach von der Erdoberfläche verschwinden können, setzte sie ihre Suche in größerem Rahmen fort. Schließlich dehnte sie sich über ganz Kanada aus und zog sich jahrelang hin. Doch auch ein halbes Jahrhundert später war der Fall noch ungelöst.

Könnte es sein, daß UFOs auch für andere Situationen, in denen auf eigenartige Weise Menschen verschwanden, verantwortlich sind? Im Jahre 1924 stürzten zwei erfahrene Piloten der Royal Air Force, sie hießen Stewart und Day, während eines kurzen Routinefluges über der irakischen Wüste ab. Als sie nicht wiederkamen, wurden Rettungsmannschaften ausgesandt. Schnell war das Flugzeug gefunden, und Fußspuren, die davon wegführten, zeugten davon, daß sich die beiden Männer zu Fuß zu ihrem Bestimmungsort aufgemacht hatten. Doch nach einer kurzen Wegstrecke hörten die Fußspuren einfach auf. Es gab keine Anzeichen eines Scharmützels, keine anderen Fußspuren im Sand, es gab überhaupt keine Spuren mehr. Die Spuren der Männer hörten nur plötzlich auf, ein Fuß vor den anderen gesetzt, woraus man schließen konnte, daß sie normal gegangen waren, als etwas passierte. Man sah die beiden niemals wieder.

Im Jahre 1900 machten sich drei Fischer von Lewis auf den Äußeren Hebriden auf den Weg, um drei Leuchtturmwärter auf den Flannan Isles abzulösen. Der Leuchtturm befand sich in einwandfreiem Zustand. Es gab keine An-

zeichen von Zerstörung oder einem Unfall, keine Unord-
nung, keine Zeichen von Panik, Boote fehlten nicht, Benzin war nicht ausgelaufen, keine Nachrichten … und keine
Männer. Die drei Wärter waren einfach vom Erdboden
verschwunden.

Im Jahre 1909 ging der elfjährige Junge Oliver Thomas
während einer Weihnachtsfeier bei sich zu Hause in
Rhayader kurz nach draußen – und verschwand für immer. Die ausgelassen Feiernden stürzten hinaus, als sie
einen erschreckten Schrei vernahmen, der direkt vom
Himmel über dem Haus zu kommen schien, doch sie
konnten nichts entdecken.

Leben auf anderen Planeten

Viele Wissenschaftler glauben, daß das menschliche Leben aus dem All gekommen ist – es entwickelte sich aus
Viren und Bakterien, die gigantische Kometen auf die
Erde gebracht hatten. Sir Fred Hoyle, der zwanzig Jahre
lang Professor der Astronomie an der Universität von
Cambridge gewesen war, wurde ausgelacht, als er diese
Theorie im Jahre 1940 als erster aufstellte. Doch heutzutage sind Wissenschaftler auf der ganzen Welt der Meinung, daß er recht hatte.

Hoyle war einer der ersten, der enorme Staubwolken
entdeckte, die lautlos durch den Weltraum schwebten
und die Zutaten der Lebensformen enthielten. Er behauptete, daß vor vier Milliarden Jahren ein Komet durch eine
dieser Wolken gestoßen sei und dabei Viren und Bakterien aufgenommen hatte, die zu kleinen, gefrorenen Wassertropfen in seinem Schweif wurden.

Als der Komet – unser erstes UFO – in die Erdatmosphäre

eintrat, schmolzen die Wassertropfen aufgrund der Reibungswärme, und die lebenerzeugenden Zellen regneten in die Nebel des sich abkühlenden Planeten ab, wo sie im Lauf der Zeit Pflanzen, Tiere und Menschen entstehen ließen.

Dr. Chandra Wickramasinghe von der Universität Cardiff glaubt, daß Millionen von Kometen, »schmutzige Schneebälle« aus gefrorenen Gasen und Staub, die Erde bombardiert hatten und daß sie vom Zufall zusammengestelltes Erbgut bei sich trugen, das hier die Wurzel des Lebens darstellte.

Er unterstrich auf einer internationalen Konferenz in Maryland, daß der griechische Philosoph Anaxagoras schon im Jahre fünfhundert vor Christus ähnliche Ideen gehabt hatte; er behauptete, daß die Samen von Pflanzen und Tieren im Universum schwebten, bereit zu gedeihen, wo auch immer sie auf eine passende Umgebung stießen.

Mit Hilfe neuer technischer Möglichkeiten hat man herausgefunden, daß die Staubwolken des Weltraums chemische Elemente wie Methan, verschiedene Säuren, Form-

Der Planet Venus, von Mariner 10 aus aufgenommen.

aldehyd und andere Substanzen enthalten, die für die Bildung von einfachen Zellen von entscheidender Bedeutung sind. Eine Wolke wies Spuren von Zellulose auf – der lebende Verbindungsstoff molekularer Strukturen.

Könnten Kometen auch auf anderen Planeten und in anderen Formen Leben erzeugt haben? Dr. Sherwood Chang vom *Ames Research Centre* in Mountain View, Kalifornien, sagt, daß Millionen von Kratern auf Mars und Venus hauptsächlich durch Kometeneinschläge entstanden seien. Und dies sind die Worte von Dr. Wolfram Thiemann von der Universität Bremen: »Chemische Evolution findet zweifellos auch auf anderen Planeten und im interstellaren Raum statt. Es finden sich immer mehr Beweise, daß es noch weitere erdähnliche Planeten im Weltraum gibt.«

Sir Bernard Lovell, einer der führenden Astronomen der Welt, glaubt, daß es in unserer Galaxie, der Milchstraße, ungefähr hundert Millionen Sterne gibt, die die richtige chemische Zusammensetzung und Temperatur besitzen, um organische Entwicklung zu ermöglichen; und es gibt Milliarden weiterer Galaxien im Weltall. Die Aussichten, daß die Erde nicht der einzige Planet ist, auf dem Lebensformen existieren, sind somit … astronomisch.

Kollisionen und Explosionen
im Weltraum

Andere Planeten haben an der Entstehung von Leben auf der Erde entscheidend mitgewirkt – sie sind sogar, soweit wir wissen, für die Form der Erde verantwortlich. Das ist die umstrittene Theorie, die Immanuel Welikowsky, ein in Rußland geborener Arzt und Psychoanalytiker, der nach Amerika emigriert war, im Jahre 1950 in seinem Buch »Kollidierende Welten« veröffentlichte.

Welikowsky behauptete, daß die verheerenden Katastrophen, die in der Bibel beschrieben werden und die auch in altertümlichen Schriften der Maya, Chinesen, Mexikaner und Ägypter auftauchen, durch Erschütterungen im Universum hervorgerufen wurden, die erst die Venus und dann den Mars in Umlaufbahnen befördert hatten, deren Entfernung zur Erde zu gering waren.

Nach Welikowsky war die Venus einst ein Teil Jupiters, bis sie durch eine große Explosion vor mehr als viertausend Jahren in den Weltraum katapultiert wurde. Sie hielt auf die Sonne zu, leuchtete strahlend hell und zog einen Schweif aus Dunst und Gasen hinter sich her. In der Mitte des fünfzehnten Jahrhunderts vor Christus erreichte die Erde die äußeren Bereiche dieses Schweifes, und ein feiner roter Staub färbte unseren Regen. »Alles Wasser im Nil verwandelte sich in Blut«, steht im zweiten Buch Mose geschrieben. Es folgten Meteoritenschauer, und, den mexikanischen Annalen von Cuauhtitlan zufolge, regnete es »kein Wasser, sondern Feuer und glühendheiße Steine«.

Als die Gase Verbindungen eingingen und zu Petroleum wurden, »ertranken die Menschen in einer klebrigen Flüssigkeit, die vom Himmel fiel«, heißt es im Buch Popol-Vuh, dem geheiligten Buch der Maya. Andernorts wurde das

Petroleum durch den Sauerstoff in der Erdatmosphäre entzündet, und zwischen Sibirien und Südamerika wurde von einem grauenhaften Feuerregen berichtet.

Schließlich, sagt Welikowsky, war die Erde vollständig der Gravitationskraft des neuen Planeten ausgesetzt, wodurch die Neigung der Erdachse eine Änderung erfuhr. Wirbelstürme und Überflutungen vernichteten Inseln, ebneten Städte ein und veränderten das Gesicht der Kontinente. »Himmel und Erde tauschten ihre Plätze«, schrieben die Cashinaua aus Westbrasilien. Die Perser waren zutiefst beeindruckt, als eine drei Tage andauernde Nacht auf eine ebenso lange Periode der Helligkeit folgte.

Das war zu der Zeit, meint Welikowsky, als Moses die Israeliten durch die geteilten Meere führte. Absonderliche gravitatorische und elektromagnetische Kräfte, ebenso wie Erschütterungen der Erdoberfläche, ließen Wasserberge auf beiden Uferseiten des Meeres entstehen. Als die Ägypter ihre ehemaligen Sklaven verfolgten, gab es zwischen Erde und Venus eine gewaltige elektrische Entladung, die Wassermassen flossen wieder zurück und ertränkten sie.

Die wenigen Überlebenden dieser weltweiten Katastrophen sahen dem Tod durch Verhungern ins Auge. Doch plötzlich fiel Speise vom Himmel – Manna ergoß sich aus dem Himmel über die Israeliten, Ambrosia über die Griechen und das honigartige Madhu über die Hindus. Welikowsky glaubt, dies sei entweder durch Bakterienaktivität oder bei elektrischen Entladungen in der Erdatmosphäre entstanden, die Auswirkungen auf die Kohlenwasserstoffe im Schweif der Venus gehabt hatten.

Gerade als die Erde sich an ihre neuen Jahreszeiten gewöhnt hatte, zog die Venus um tausendvierhundert vor Christus wieder vorbei, die Auswirkungen waren ähnlich zerstörerisch. Dann gelangte sie in eine Umlaufbahn, wo sie unsere Vorfahren in Frieden ließ. Doch im achten Jahrhundert vor Christus zog sie zu nahe an Mars vorüber und warf den kleineren Planeten aus der Bahn, er wurde in eine Umlaufbahn gedrängt, die sich mit derjenigen der Erde nicht vertrug. Wieder kam es zu geophysischen Unruhen, die in der Bibel in den Schriften der Propheten Jesaja, Hosea, Joel und Amos wie auch in der Ilias von Homer niedergelegt sind. Wieder mußte der Kalender umgestellt werden, da ein Jahr nicht mehr genau aus zwölf 30-Tage-Monaten bestand.

Welikowsky sagte, Mars sei bis 687 vor Christus alle fünfzehn Jahre zurückgekehrt, das letzte Mal habe er immense Unruhen hervorgerufen; nach den chinesischen Bambusschriften seien »Sterne wie Regen gefallen, und die Erde bebte«. In einigen Gebieten der Erde fiel die aufgehende Sonne zurück unter den Horizont, da sich die Neigung der Erdachse abermals änderte. Dann gerieten sowohl Venus als auch Mars in stabile Umlaufbahnen, die nicht länger Einfluß auf die Erde hatten.

Diese umstrittene Theorie erklärte einige der alten Mythen, Legenden und geschichtlichen Begebenheiten, nicht zuletzt die, warum Mars die Venus als vorherrschende Gottheit bei Römern und Griechen ersetzt hatte. Doch im Jahre 1950 versetzte sie die Wissenschaftler in Wut. Ein Direktor eines Planetariums, der Welikowsky unterstützte, wurde entlassen.

Welikowsky hatte nicht nur anerkannte wissenschaftliche Prinzipien angezweifelt, auch Darwins Theorie einer geordneten Evolution hatte er verhöhnt. Doch in den folgenden dreißig Jahren, während denen die Raumfahrt viele neue Erkenntnisse über Venus und Mars enthüllte, erwiesen sich seine Theorien immer wieder als richtig.

Man machte sich lustig über ihn, da er behauptete, die Venus besäße einen kometenähnlichen Schweif, sie sei viel heißer als die Erde, und ihre Atmosphäre sei wesentlich schwerer als die der Erde. Amerikanische und russische Untersuchungen ergaben, daß seine Behauptungen der Wahrheit entsprachen. Er wurde verlacht, da er der Meinung war, die Oberfläche des Mars bestehe aus einer Unzahl von Kratern und seine Atmosphäre enthalte die seltenen Edelgase Argon und Neon. Wieder erwiesen Untersuchungen im Weltraum, daß er recht behalten hatte. Weder Venus noch Mars sind wirklich nichtidentifizierte Flugobjekte, doch die Gewalt, die sie entwickelten, schockierte und verwirrte unsere Vorfahren. Und selbst heutzutage gibt es fliegende Objekte, die wir identifizieren können, doch sind sie genauso erstaunlich wie UFOs.

Der Tag,
an dem es Tiere regnete

Es ist durchaus bekannt, daß die Natur es Fröschen, Fischen, Mäusen und Schnecken verbietet, sich in die Lüfte zu erheben. Doch ohne vernünftigen Grund und ohne Erklärung sind all diese Geschöpfe vom Himmel gefallen.

Im Sutton Park von Birmingham staunten im Juni 1954 Menschen, die in überfüllten Straßen ihre Einkäufe erledigten, über einen Regen winziger, blasser Frösche. Sie plumpsten von Regenschirmen und Hüten, fielen in Einkaufskörbe und hüpften in solchen Mengen auf der Straße und auf den Gehsteigen herum, daß kreischende Frauen in Geschäfte stürmten, um ihnen zu entkommen. Als der Schauer ebenso plötzlich endete, wie er begonnen hatte, waren schon Hunderte der kleinen Kreaturen zerquetscht oder auf andere Weise getötet worden, und weitere Hunderte hatten sich in das Kanalsystem, in Alleen und Gärten davongemacht.

Doch dieser Regen war nichts, verglichen mit dem, was sich Jahrhunderte früher auf Sardinien abgespielt hatte. Alten ägyptischen Büchern aus der Bibliothek von Alexandria zufolge, hatte ein Froschregen auf der Insel drei Tage lang angehalten. Frösche füllten die Straßen und Teiche auf, blockierten Türen und strömten in die Häuser. Die Menschen konnten nichts unternehmen, um die Invasion zu beenden. Ein griechischer Schreiber hielt fest: »Sämtliche Gefäße waren mit Fröschen gefüllt. Man fand sie geröstet und gekocht in jedem Gericht, das die Sarden zu sich nehmen wollten. Die Menschen konnten das Wasser nicht benutzen, da es gänzlich mit Fröschen angefüllt war, und sie konnten nirgendwo ihre Füße hinsetzen, da sich überall Haufen von Fröschen auftürmten. Diejenigen, die eingingen, verursachten einen Geruch, der die Menschen aus dem Lande vertrieb.«

In dem amerikanischen Staat Kentucky regnete es im März 1876 aus einem klaren blauen Himmel Fleischklumpen bis zu einer Größe von zehn Quadratzentimetern. Ein erstaunter Feldarbeiter erlaubte sich dreist, einige von ihnen zu verspeisen, und er sagte, sie schmeckten wie Hammel. Im Mai 1890 überflutete ein Schauer hellroten Regens die Stadt Messignadi in Kalabrien, Süditalien. Das italienische meteorologische Institut identifizierte die Flüssigkeit als Vogelblut.

Im Februar 1859 fielen Fische, die bis zu fünfzehn Zentimeter lang waren, in einem dichten Schauer auf Aberdare in Südwales. Sie bedeckten die Dächer der Häuser, und die Kinder schaufelten sie auf den Straßen zur Seite.

Proben, die zum Britischen Museum gesandt wurden, identifizierte man als Elritzen, sie wurden im Zoo im Londoner Regent's Park ausgestellt.

Ein schreckliches Gewitter fegte im Mai 1881 über die englische Stadt Worcester hinweg. Ein Esel, der einen Wagen zog, wurde in Whitehall von einem Blitz erschlagen, und Hagelkörner rissen Laub von den Bäumen und drückten die Getreideernte zu Boden. In der Cromer Lane rannte der Gärtner John Greenhall schutzsuchend auf eine Hütte zu, von dort aus beobachtete er verblüfft, daß der Hagelschauer plötzlich zu einem Niederschlag von Schnecken wurde. Sie schlugen auf dem Boden auf und zerfetzten die Blätter seiner Pflanzen, manche Bereiche des Erdbodens bedeckten sie kniehoch. Als das Unwetter weitergezogen war, kamen die Stadtbewohner herbei und sammelten die Weichtiere stundenlang auf. Ein Mann füllte zwei Eimer mit ihnen. Ein anderer hob ein riesiges

Das erste gefilmte UFO

Zwei schweizerische Astronomen aus Basel beobachteten ein spindelförmiges Objekt, das von einem leuchtenden Ring umschlossen wurde, als es am 9. August 1762 an der Sonne vorbeiflog. Sein Äußeres stimmte mit dem des Objektes überein, das von Hunderten von Menschen in den 1880ern über Mexiko gesehen wurde. Von dem Photo, das Professor Bonilla dort am 12. August 1883 im Observatorium von Zacatecas durch ein Teleskop machte, wird angenommen, daß es das erste Photo von einem UFO ist.

Schneckenhaus auf und entdeckte, daß es von einem Einsiedlerkrebs bewohnt wurde.

Ein Regen von Sprotten, Stinten und Wittlingen prasselte im Jahre 1666 zu Ostern in der Grafschaft Kent nieder. Einige Händler waren so frech, sie aufzusammeln und in Maidstone und Dartford zu verkaufen. Horden von gelben Mäusen plumpsten im Jahre 1578 in Bergen, Norwegen, vom Himmel. Tausende fielen ins Meer und wurden bei der nächsten Flut ans Ufer geschwemmt. In norwegischen Legenden heißt es, daß diese Regenschauer der natürliche Weg sind, die periodisch auftretenden Massenselbstmorde der Lemminge, bei denen sich die Tiere über die Klippen in den Ozean stürzen, auszugleichen.

Was kann der wahre Grund für diese wundersamen Niederschläge aus lebenden Kreaturen sein? Die am meisten verbreitete Erklärung ist jene, daß sie bei Wirbelstürmen und Wasserhosen irgendwo anders auf der Erdoberfläche angesaugt und dann vom Wind davongetragen worden sind, um dann an den Stellen wieder zu Boden zu fallen, wo man es am wenigsten erwarten würde. Doch angenommen, es wäre so, warum werden dann die Frösche nicht von Bestandteilen aus ihrem Lebensraum wie zum Beispiel Schilf, Schlamm oder Kaulquappen begleitet? Wie kann der Wind beispielsweise nur Sprotten oder Wittlinge aus einem Ozean, der die verschiedensten Fischarten enthält, isolieren?

Charles Fort, ein amerikanischer Schriftsteller des neunzehnten Jahrhunderts, glaubte, daß solche Regen aus Lebewesen aus einer Art riesigem Sargassosee stammen, der irgendwo in der Atmosphäre lokalisiert ist. Diese periodischen Schauer füllten dezimierte Bestände wieder auf und verteilten Arten auf neue Gebiete der Erde. Leider ist es bisher noch niemandem gelungen, den in der Luft schwebenden See aufzustöbern.

Falls es Kometen waren, die die Menschen auf die Erde gebracht hatten, könnten sie dem Planeten möglicherweise weiterhin lebenden Regen bescheren?

Gottheiten aus dem Weltall

Die Menschheit konnte von den sonderbaren, leeren Einöden in der südlichen Küstenregion Perus keinen Gebrauch machen. Es gibt kein Leben in diesem staubtrockenen Flachland, das sich vom Pazifik bis zu den schneebedeckten Anden ausdehnt. Doch im Jahre 1939 blickten zwei Männer aus einem Flugzeug auf dieses Stück Land herab, und sie entdeckten komplexe Figuren und geometrische Muster von erstaunlicher Präzision, die sich meilenweit durch die trockene Wüste erstreckten. Und seit diesem Zeitpunkt haben sich die Menschen gefragt: War dies einst ein Landeplatz für Außerirdische? Könnte es sich um einen intergalaktischen Stützpunkt für gigantische UFOs handeln, die vielleicht in vorgeschichtlicher Zeit die Vorfahren der Menschen auf die Erde gebracht haben?

Archäologen und Wissenschaftler konnten die plötzliche, dramatische Weiterentwicklung und den technischen Fortschritt, den der Homo sapiens vor etwa zehn- bis fünfzehntausend Jahren durchgemacht hatte, bis jetzt noch nicht erklären. Es gibt keinen genetischen Schlüssel für die sprunghafte Verdoppelung der Größe des menschlichen Gehirns. In der Kette, die Experten verfolgen, scheint es mehr »Missing links« (fehlende Glieder) als Schlüssel zu geben.

Doch einige sagen, die Schlüssel wären vorhanden ... in den Wüsten der Welt und in den Legenden der frühen Zivilisationen. Diese deuten auf gottähnliche Besucher aus dem All hin, die den primitiven Menschen neue Fähigkeiten und technisches Wissen eingegeben haben, die sich vielleicht sogar mit ihnen gepaart hatten.

Die erstaunlichen Muster, welche die peruanische Wüste in der Nähe der Stadt Nazca überziehen, erstrecken sich über ein fünfundfünfzig Kilometer langes und eineinhalb Kilometer breites Gebiet. Die Ebene besteht aus einem gelblichen Boden, der mit einer dünnen Steinschicht bedeckt ist. Jede Linie war dadurch entstanden, daß man die dünne Schicht Steine entfernt hatte. Diese Aufgabe war vergleichsweise einfach, doch die nirgends unterbrochene Genauigkeit der Linien ist erstaunlich, da sie sich gleichmäßig über Meilen hinzieht, über den Horizont hinaus, und sogar über Löcher im Boden und kleine Hügel hinwegführt. Ihre Präzision kann es mit allen, durch moderne technische Mittel erzeugten Pläne aufnehmen. Und die Linien zeigen sich nur deutlich auf Fotos, die aus sehr großer Höhe aufgenommen worden sind.

Wissenschaftler, die ihnen unter großen Anstrengungen zu Fuß folgten, konnten keinen Grund für ihr Vorhandensein ausmachen. Sie führten nirgendwohin und stimmten mit keiner astronomischen Konstellation überein. Doch von weit draußen im All gesehen, wären Wüsten offenkundig die günstigsten Landeplätze auf einem Planeten, der soviel Wasser auf der Oberfläche hat wie die Erde. Als Amerika Astronauten auf den Mond schickte, wählte man als Landeplatz unseren Wüsten entsprechende Gebiete aus. Es gibt also Gründe anzunehmen, daß UFOnauten möglicherweise dasselbe taten.

Neben die Linien und Muster von Nazca sind Vögel, Spinnen und Fische auf den Wüstenboden gezeichnet. Auch diese Zeichnungen sind, von der Erde aus gesehen, so gut wie unsichtbar. Wissenschaftler tun sie als antike Huldigungsobjekte ab. Aber genau dies können sie wirklich gewesen sein – eine Aufforderung an die Götter aus dem All, die Erde noch mal zu besuchen.

Der Vogel ist mit an Sicherheit grenzender Wahrscheinlichkeit die einzige andere, den frühen Peruanern bekannte Kreatur, der es gelang, die Schwerkraft durch Fliegen zu überwinden; und ihr Wüstenvogel hat einen Schwanz, der sich auffächert, wie der Kondensstreifen einer Rakete. Die Spinne sieht aus wie die spindelbeinige Mondlandefähre der Amerikaner. Und die Fische? Sie könnten möglicherweise die Götter selbst repräsentieren.

An den Rändern einer anderen Wüste, der Sahara, lebt ein urzeitlicher Stamm, den westliche Forscher erst vor

*Die zweite Pyramide von Chephren deutet die Majestät und
die Mysterien an, die die Erbauung dieser mächtigen
Bauwerke umgeben.*

einem guten Jahrhundert entdeckten. Die Dogonen aus
Mali beten immer noch intelligente, fischähnliche Amphibien an, die, wie sie versichern, aus dem All kamen. Sie
bezeichneten sich angeblich selbst als die »Nommos«, sie
landeten in einer wirbelnden und sich drehenden Arche,
und sie benötigten Wasser zum Leben.
Sie berichteten den Dogonen, daß sie von einem kleinen,
aber schweren Stern stammten, der Sirius hieß und den
hellsten der Himmelskörper auf einer elliptischen Bahn
umkreiste. Die Forscher, die der Geschichte der Stam-
mesangehörigen lauschten, nickten mit amüsierter Über-
heblichkeit.

In den fünfziger Jahren machten Astronomen, denen die modernsten Radioteleskope zur Verfügung standen, eine erstaunliche Entdeckung. Sie fanden den kleinen, schweren Stern, der eine elliptische Umlaufbahn aufwies, wie die Dogonen ihn beschrieben hatten. Er war so klein, daß mechanische Teleskope ihn bisher nicht ausmachen konnten. Wie konnte also dieser nordafrikanische Stamm von seiner Existenz wissen?

Die Dogonen waren nicht die einzigen Menschen, die in vorgeschichtlicher Zeit Besuch aus dem Weltraum bekamen. Die Sumerer nannten ihre Götter die »Oannen«, und diese waren ebenfalls Amphibien. Sie weihten die Menschen, die in den Tälern von Mesopotamien zwischen Euphrat und Tigris lebten, in die Geheimnisse der Mathematik, des Schreibens und der Astronomie ein. Dieses Land ist schon lange als der Entstehungsort menschlicher Zivilisation anerkannt.

Berossus, ein babylonischer Priester, beschrieb den Oannengott als halb Mensch, halb Fisch. Er tauchte ins Meer »um alle Nächte in der Tiefe zu verbringen, da er amphibisch war«. Nach einer Legende der Philister kam der Gott aus einem Ei, das vom Himmel in den Euphrat gefallen war. Wie die Gottheiten der Dogonen hatten auch die Oannen eine Verbindung zu Sirius. Ihre Anbeter verehrten die Zahl Fünfzig – die genaue Umlaufdauer des Sterns, wie die Dogonen sagen.

Die Theorie, daß Weltraumbewohner unsere Vorfahren besucht haben, wird durch die Kunstwerke vieler antiker Völker bekräftigt. Im Jahre 1950 öffneten Archäologen in Palanque, Mexiko, das Grab eines alten Priesters der Maya. Auf den Zeichnungen war deutlich die Figur eines Mannes in einer Raumkapsel zu erkennen. Er war von Hebeln und anderer Maschinerie umgeben, und an der

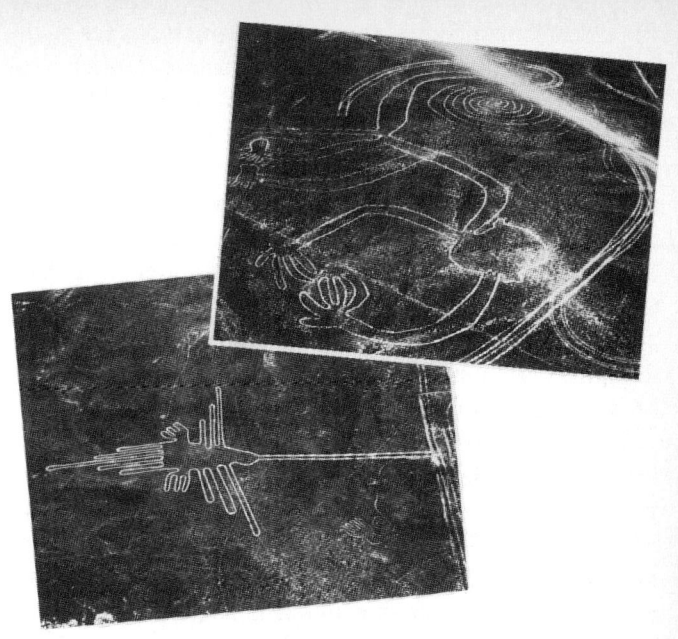

Zwei der erstaunlichen Muster (oben: Affe; unten: Kolibri), die in der peruanischen Wüste in der Nähe der Stadt Nazca zu sehen sind.

Rückseite des Raumschiffes war ein feuriger Schweif zu sehen, der schwach rauchte.

In Höhlen unter dem Gebirgszug Tassili N'Ajjer in der Sahara, an der heutigen Grenze zwischen Algerien und Libyen, ist eine Gemäldefolge erhalten, die das tägliche Leben eines Stammes beschreibt, der dazu gezwungen wird weiterzuziehen, da wandernde Sanddünen seine Oase verschütteten. Die Zeichnungen zeigen Wasserbüffel, Vögel und Verbände bewaffneter Jäger.

In diesen Verbänden waren eindeutig auch Kreaturen, die

wir nun als Weltraumfahrer identifizieren können. Sie sind nicht größer als die Jäger, doch tragen sie Raumfahrtanzüge und Helme – runde Kopfbedeckungen mit Antennen.

Mysteriöse Zeichen auf dem Boden der kargen Wüste Gobi in der Mongolei verwirrten Entdecker und Archäologen jahrhundertelang. Sie waren weder durch Feuer, noch durch Schwarzpulver oder einen anderen bekannten Stoff entstanden. Wissenschaftler fanden identische Spuren im Sand der Wüste Nevada in Amerika ... nachdem die Vereinigten Staaten im Jahre 1944 ihren ersten Atomversuch durchgeführt hatten. Hatte in grauer Vorzeit ein atomangetriebenes UFO die Wüste Gobi besucht? Im Himalaya singen indische Priester immer noch die Ramayana, um die Götter zu preisen, die in »Vimanas«, eigenartigen fliegenden Maschinen, die von Quecksilber und Windböen angetrieben wurden, auf die Erde gekommen waren. Die Worte der Hymne besagen, daß »sich auf Geheiß der Götter die prachtvollen Streitwagen mit den Geräuschen eines Gewitters auf einem wunderbaren, heller als die Sonne leuchtenden Lichtstrahl auf die Spitze eines Wolkenberges bewegten ...«

Solche Entdeckungen brachte die Wissenschaftler zu der Annahme, daß vielleicht auch andere Wunder der Menschen der Antike mit den Fähigkeiten und dem Wissen außerirdischer Besucher erklärt werden können. Wie haben die alten Ägypter ihre Pyramiden gebaut, und wie haben sie die anscheinend magischen Kräfte der Pyramidenform entdecken können? Wer baute die gigantischen Steinfiguren auf den einsamen Osterinseln, und warum? Woher stammt die geheimnisvolle Weisheit der alten griechischen Orakel?

Selbst fromme Christen fangen an, darüber nachzudenken, ob sich auch ihre Religion auf Besucher aus dem Weltraum begründet. Im Alten Testament, im Buch Hesekiel, beschreibt der hebräische Prophet, wie er im sechsten Jahrhundert vor Christus eine seltsame Wolke vom Himmel herniedergehen und in der Wüste neben dem Fluß Chebar in Babylon landen sah. Sie war kupferfarben, was die Farbe des glühenden Metalls ist, und wurde »von loderndem Feuer umhüllt«. Vier Objekte kamen aus der Wolke hervor, jedes war ein Rad in einem weiteren Rad und hatte einen Ring aus Augen; und daraus kamen wiederum Gestalten hervor, die wie Menschen aussahen, die Anzüge aus blinkendem, glattem Kupfer und eine »kristallene Himmelsfeste« auf den Häuptern trugen. Er hätte einen Astronauten des zwanzigsten Jahrhunderts beschreiben können.

Der amerikanische UFO-Forscher Raymond E. Fowler ist nicht der einzige, der solch beschreibende Passagen dazu benutzt hat, um zu ergründen, inwieweit die biblischen Legenden der Wahrheit entsprechen. Eine Feuersäule leitete Moses durch die Wüste, und der Prophet Elias wurde in einem feurigen Streitwagen in den Himmel getragen. Beide wurden später deutlich mit Jesus auf dem Berg gesehen, und sie strahlten ein Leuchten aus, während sie mit der »Wolke«, auf der sie standen, Kontakt hielten.

Im neuen Testament verkündeten die himmlischen Heerscharen den Schäfern auf dem Felde durch eine »Säule aus Feuer und Stimmen«, daß Christus zu Bethlehem geboren sei; und ein heller »Stern im Osten« führte die weisen Männer aus dem Morgenland zu der Krippe, wo das Kind lag, das von einer Jungfrau geboren worden war. Jesus hatte magische, geheimnisvolle Kräfte und stieg auf einer Wolke zum Himmel auf. »Wenn ich euch von irdischen Dingen berichte, und ihr glaubt mir nicht«, sprach er zu seinen Jüngern, »wie wollt ihr dann glauben, wenn ich vom Himmel berichte?«

Die »Engel« des Herrn waren Boten Gottes, die vom Himmel kamen – Daniel nannte sie »Wächter« –, und sie hatten die Erlaubnis, sich auf der Erde zu verheiraten und menschliche Speisen zu sich zu nehmen. Waren sie wirklich Außerirdische, die mit einem UFO gekommen waren und den Auftrag hatten, ein primitives Volk zu schulen oder zu »retten«? War das blendende Licht, das Saulus auf der Straße nach Damaskus bekehrt hatte, ein UFO, das Jesus zurückbrachte, um seine Botschaft zu wiederholen? Und wird die Zweite Parusie*, mit schrecklichen Erscheinungen und Zeichen am Himmel und einem Heer aus Wolken und Engeln, wirklich eine Invasionstruppe von Außerirdischen in UFOs sein?

* Die vom Urchristentum als nahe bevorstehend erwartete Widerkunft Christi zur Abhaltung des Endgerichts (A.d.Ü.).

Weltraum-Reliquienschrein

Die britische Hausfrau Phyllis Henderson glaubt, Jesus sei der Pilot einer fliegenden Untertasse vom Saturn gewesen. Sie machte die Garage ihres Hauses in Warrington, Cheshire, zu einer Kirche, nachdem sie der Ätherischen Gesellschaft, *einer Bewegung, die George King ins Leben gerufen hatte, beigetreten war. Dieser hatte behauptet, Jesus sei ihm erschienen, als ein UFO Holdstone Down, Devon, während der frühen fünfziger Jahre heimgesucht hatte.*

Phyllis, neunundfünfzig Jahre, und ihr Ehemann Stuart, zweiundsechzig Jahre, erhielten eine befristete Genehmigung, die es ihnen erlaubte, ihre aus Ziegelsteinen und Asbest hergestellte Garage als Gedenkstätte und Reliquienschrein zu verwenden. Die Nachbarn beschwerten sich, daß ihre Messen zu laut seien. »Diese Beschwerden sind reiner Unsinn«, sagte Phyllis. »Unsere Kirche zählt nur sieben Mitglieder, und die machen nicht besonders viel Lärm.«

VIER

SCHRECKLICHE BEGEGNUNGEN

Wenn Staatsoberhäupter und die Armee Todesfälle verschwiegen haben, die es gegeben hat, als Menschen versuchten, UFOs herauszufordern, so hielten sie sich noch mehr zurück, wenn es um mögliche Bruchlandungen von UFOs ging. Trotzdem gibt es Gerüchte, daß einige fliegende Untertassen in den letzten dreißig Jahren auf die Erde gestürzt sind – und daß man außerirdische Körper aus ihnen geborgen hat …

Ein seltsames Wrack im Weltraum

Das Wrack eines Raumschiffs von einem anderen Planeten befindet sich auf einer Umlaufbahn um die Erde – und könnte die Körper von Außerirdischen enthalten. Das war die erstaunliche Behauptung russischer Wissenschaftler, die im Jahre 1979 für Schlagzeilen sorgte.

Der sowjetische Astrophysiker Professor Sergej Boschich erklärte, daß Forscher das Wrack zum ersten Mal in den sechziger Jahren zweitausend Kilometer über der Erde treiben sahen. Sie konnten zehn Bruchstücke ausmachen, zwei von ihnen waren etwa dreißig Meter breit und befanden sich in voneinander abweichenden Umlaufbahnen. Die festgestellten Daten wurden in hochmoderne Computer eingespeichert, um das Alter des Wracks zu berechnen.

»Wir fanden heraus, daß sie alle am selben Ort und Tag ihren Ursprung hatten – am 18. Dezember 1955. Es hat offensichtlich eine mächtige Explosion gegeben.« Die erste Rakete der Menschen wurde im Jahre 1957 in den Weltraum geschossen.

Ein weiterer führender, russischer Astrophysiker, der Forschungsarbeiten durchführte, Professor Alexandr Kazantsew, erläuterte, daß die beiden großen Bruchstücke Auskunft über die Form und die Größe des Raumschiffes gaben. »Wir nehmen an, daß es mindestens sechzig Meter lang und dreißig Meter breit war. Es besaß kleine Kuppeln für Teleskope, eine schüsselförmige Antenne für die Kommunikation und Bullaugen.

Seine Größe läßt darauf schließen, daß es mehrere Decks hatte, wahrscheinlich fünf. Wir nehmen an, daß sich an Bord immer noch außerirdische Körper befinden.«

Der Physiker Dr. Wladimir Azhazha aus Moskau widerlegte die Annahmen, es könnte sich um Trümmer eines Meteors handeln. »Meteore haben keine Umlaufbahn«, sagte er. »Sie stürzen ziellos ab und treiben unkontrolliert durch den Weltraum. Und sie explodieren nicht unvermittelt.

Sämtliche Beweise, die wir in den letzten zehn Jahren gesammelt haben, weisen auf eine Schlußfolgerung hin – es handelt sich um ein havariertes außerirdisches Raumschiff. Es muß Geheimnisse enthalten, die wir uns nicht einmal annähernd vorstellen können.«

Der russische Geologe, ein Spezialist für Explosionen, fügte hinzu: »Es kann sich nicht um das Wrack eines irdischen Raumschiffs handeln – die Explosion fand zwei Jahre, bevor wir den ersten Satelliten, Sputnik I, ins All schickten, statt.

Eine Rettungsmission sollte durchgeführt werden. Die

Fähre, oder was davon übrig ist, sollte hier auf der Erde wieder zusammengesetzt werden. Die Vorteile, die die Menschheit daraus ziehen könnte, dürften unvorstellbar sein.«

Führende amerikanische Wissenschaftler waren über die Informationen zuerst erstaunt, dann zeigten sie sich sehr interessiert. Dr. Henry Monteith, ein Physiker, der in den Sancia-Laboratorien in Albuquerque, New Mexico, streng geheimgehaltene Atomforschung betrieb, sagte, weitere Untersuchungen müßten unbedingt durchgeführt werden.

»Die Geschichte der Russen klingt natürlich durchaus glaubhaft«, fügte er hinzu.

»Es ist sehr aufregend – wir könnten sogar einen Spaceshuttle hinaufschicken. Falls es ein außerirdisches Raumschiff ist, wäre dies der Fund des Jahrhunderts. Es würde die Existenz intelligenten Lebens irgendwo anders im Universum endgültig beweisen.«

Dr. Myran Malkin, der Direktor der Spaceshuttle-Abteilung für Raumfahrttechnik der NASA, sagte: »Falls die Russen auf uns zukommen, würden wir einen gemeinsamen Bergungsversuch durchaus begrüßen.«

Und der Kernphysiker Stanton Friedman meinte: »Falls es uns möglich sein sollte, die Bruchstücke zu bergen, könnten wir es eventuell schaffen, die Stücke wieder zusammenzusetzen.«

Die Reaktion der Briten war weniger überschwenglich. Dr. Desmond King-Hele, ein Weltraumforscher am Royal Aircraft Establishment in Farnborough, Hants, sagte: »Es gibt mehr als viertausend Trümmer von Wracks, welche die Erde umkreisen. Jedes ist zur Identifikation mit einer laufenden Nummer versehen. Uns würde die Nummer dieses Wracks interessieren. Es ist möglich, das Alter eines Wracks nach einer gewissen Anzahl von Beobachtungen zu bestimmen.

Wie die Amerikaner würden auch wir es gerne sehen, daß die Russen die Informationen auch für uns zugänglich machen.«

Der amerikanische Physiker William Corliss erinnerte an einen Artikel, den der Astronom John Bagby im Jahre 1969 in der amerikanischen Zeitschrift *Ikarus* veröffentlicht hatte – zu einer Zeit, als die Regierungsbehörden gerade versichert hatten, daß UFOs nicht existierten.

Er schrieb, daß zehn kleine »Möndchen« die Erde umkreisten, nachdem sie von einem Mutterkörper abgebrochen waren. Und er ermittelte das Datum der Trennung der Körper … es war der 18. Dezember 1955.

»Bagby konnte die Explosion nicht erklären«, sagte Corliss. »Er war nur daran interessiert zu beweisen, daß es sehr wohl diese Objekte dort draußen gab, doch stellte er sie als Naturerscheinung hin. Es war vermutlich das Sicherste, was man zu dieser Zeit tun konnte …«

Andere UFOs sind zwar erfolgreich in die Erdatmosphäre eingetreten, nur um dann auf die Oberfläche des Planeten zu stürzen, wie einige amerikanische Wissenschaftler behaupten. Doch es ist fast unmöglich, ihre Behauptungen durch Beweismaterial zu belegen, sagen sie, da die Regierungen sämtliche Vorfälle dieser Art geheimzuhalten versuchen.

Das Mysterium der Anden

Nie wurde für das dichte Sicherheitsnetz, das ab Januar 1964 plötzlich das Gebiet um Mendoza im westlichen Argentinien abschirmen sollte, eine Begründung angegeben. Doch gab es jahrelang kursierende Gerüchte, die besagten, daß ein UFO in dieser Gegend am Fuß der Anden an Geschwindigkeit verloren hätte und abgestürzt sei, und es habe winzige, mit leuchtenden Anzügen bekleidete Außerirdische an Bord gehabt. Ein Foto, das dem Magazin Flying Saucer Review *auf geheimem Wege zugestellt worden war, zeigte ein mysteriöses, zigarrenförmiges Objekt, etwa vier Meter lang, das im kargen Hochland lag.*

Das Geheimnis
der toten Außerirdischen

Es war der schrecklichste Sturm, der New Mexico in den letzten Jahren heimgesucht hatte. Wind und Regen wüteten die ganze Nacht, und mitten in dem Spektakel vernahm der Rancher Bill Brazel den Klang einer seltsamen Explosion. Als die Dämmerung einsetzte, sattelte er sein Pferd und ritt aus, um nachzusehen, ob seinen Schafen etwas passiert war. Was er an diesem Morgen des 3. Juli 1947 fand, machte seine Ranch weltberühmt – und warf eine Streitfrage bezüglich UFOs auf, die bis heute noch nicht geklärt ist.

Seine Felder waren von kleinen Holzbalken und dünnen Metallplatten bedeckt. Das Holz sah aus wie Balsaholz und war auch ebenso leicht, doch war es trotzdem von ungewöhnlicher Härte, nicht brennbar und bruchfest. Einige Stücke waren mit fremdartigen Hieroglyphen bedeckt. Das Metall sah aus wie Alufolie, man konnte es jedoch weder eindrücken noch verbiegen. Dann bemerkte Brazel eine riesige zerschmetterte Scheibe. Als er näher heranritt, entdeckte er noch etwas viel Erstaunlicheres. Neben dem Objekt lagen Wesen, die jedoch keine Menschen waren. Einige von ihnen lebten, doch sprechen konnten sie nicht. Brazel galoppierte auf schnellstem Wege zu seinem Haus zurück und rief den Sheriff. Dieser alarmierte das in der Nähe gelegene Roswell Army Air Field.

Der Geheimdienstbeamte Major Jesse Marcel leitete das Untersuchungsteam. Während die Krankenwagen die verbrannten Körper abtransportierten und Lastwagen der Armee kamen, um die Wracktrümmer einzusammeln, ließ er das betroffene Gebiet sofort abriegeln, und er schärfte dem Rancher Brazel ein, niemandem von dem, was er gesehen hatte, zu erzählen.

New Mexico war zu der Zeit die Hochburg der amerikanischen Atom-, Raketen-, Luftfahrt- und Radarforschungen. Roswell war die Heimat der 509 US Air Force Bomb Group, den einzigen kampferprobten Atombombern der Welt. Marcel hatte keine Ahnung, was das havarierte Raumschiff gewesen sein könnte, doch wußte er, daß es nicht absichtlich über einer Verteidigungszone abgestürzt war.

Seine Versuche, die Affäre geheimzuhalten, scheiterten am 8. Juli, als Walter Haut, der für die Öffentlichkeitsarbeit zuständige Offizier des Stützpunktes, eine Meldung in die Zeitung setzte, die sein Kommandeur, Colonel William Blanchard, nicht autorisiert hatte. Die Meldung lautete: »Die Gerüchte um die fliegende Scheibe wurden gestern Wirklichkeit, als der Geheimdienst der 509 Bomb Group mit Hilfe einiger ortsansässiger Rancher in den Besitz einer solchen Scheibe gelangte.

Irgendwann in der letzten Woche war die Scheibe in der Nähe von Roswell gelandet. Sie wurde auf dem Gelände des Ranchers eingesammelt, im Roswell Army Air Field untersucht und von Major Marcel an eine höhere Stelle weitergeleitet.«

Telegraphenleitungen verbreiteten die Neuigkeit blitzschnell an Zeitungen in der ganzen Welt, und die Armee wurde unter Druck gesetzt, mehr Einzelheiten preiszugeben. Doch die Reporter erfuhren, daß sich die Geschichte in der Zwischenzeit etwas gewandelt hatte. Eine Flut von Dementis kam von Roswell und Washington.

Ein alteingesessener Offizier der Air Force versicherte der Öffentlichkeit über eine texanische Radiostation, daß die Wrackteile von einem verunglückten Heißluftballon stammten. Zeitungsartikel wurden verfaßt, welchen ein Bild von ihm und einem anderen Offizier beigefügt war, auf dem sie einen Ballon untersuchten.

Diese offizielle Nachricht dämpfte die Neugier, was sich in Roswell zugetragen hatte, recht schnell. Doch einige UFO-Forscher waren unzufrieden. Schließlich nahm Charles Berlitz, der Autor des Buches über das Rätsel des Bermudadreiecks, die Spur auf. Und im Jahre 1980 veröffentlichte er ein mit Coautor William Moore verfaßtes Buch, in dem er die Regierung anklagte, sie würde die Realität verfälschen – das Gefährt von Roswell sei ein Raumschiff mit einer Besatzung von sechs Außerirdischen gewesen.

Er zitierte Grady »Barney« Barnett, einen Pionier, der seinen Freunden erzählt hatte, daß er einer der ersten gewesen sei, der die Gegend am Morgen des 3. Juli erreicht hatte. »Ich war gerade auf Streife«, sagte Barnett, »als ich ein Licht bemerkte, das von einem großen, metallischen Objekt reflektiert wurde. Das Ding war scheibenförmig und hatte einen Durchmesser von neun bis zehn Metern.

Während ich es betrachtete, näherten sich noch Leute aus einer anderen Richtung. Sie berichteten mir später, daß sie einer Gruppe von Archäologen angehörten. Sie hatten einige tote Körper, die auf den Boden gefallen waren, untersucht. Ich glaube, daß diese Körper auch in der Maschine gewesen waren, die wohl bei einer Explosion oder dem Aufprall zerschmettert worden war. Ich versuchte, näher heranzukommen, um zu sehen, wie die Körper aussahen. Sie waren menschenähnlich, doch Menschen waren es nicht.

Ihre Köpfe waren rund, die Augen klein, und sie hatten keine Haare. Im Vergleich zu uns waren sie ziemlich klein, und im Verhältnis zu der Körpergröße waren ihre Köpfe größer als unsere.

Ihre Kleidung schienen mir grau gefärbte Einteiler zu sein. Reißverschlüsse, Gürtel oder Knöpfe waren nicht zu entdecken. Sie waren wohl alle männlichen Geschlechts, es waren recht viele. Ich war so nahe herangekommen, daß ich sie berühren konnte. Während wir sie ansahen, fuhr ein Armeeoffizier in einem Lastwagen vor und übernahm die Kontrolle. Er bedeutete uns, daß die Armee die Verantwortung übernehmen werde und legte uns nahe, uns zu entfernen.

Die Militärpräsenz wurde verstärkt und die Gegend abgeriegelt. Man befahl uns, das Gebiet zu verlassen und niemandem von dem, was wir gesehen hatten, zu erzählen – es sei unsere patriotische Pflicht zu schweigen.«

Berlitz und Moore erfuhren die Geschichte jedoch nicht von Barnett persönlich. Er starb im Jahre 1969. Freunde, denen er im Jahre 1950 von seinem Erlebnis erzählt hatte, rekonstruierten seine Version der Geschehnisse. Auch der Rancher Brazel war schon lange tot, doch sein Sohn Billy konnte davon berichten, wie sein Vater die Trümmer gefunden hatte.

»Vater sträubte sich sehr, davon zu sprechen«, sagte Billy. »Das Militär hatte ihm ein Schweigegebot auferlegt, und er nahm es sehr ernst. Ich weiß nicht, was dieses Schiff gewesen ist, doch mein Vater sagte, die Armee habe ihm versichert, daß sie vollkommen sicher seien, daß es nicht von Erdenbewohnern gemacht worden war.

Er erzählte mir, daß die Besatzungsmitglieder des Schiffes immer noch am Leben gewesen seien, doch ihre Rachen seien durch die Gase, die sie eingeatmet hatten, so verbrannt worden, daß sie nicht sprechen konnten. Sie wurden nach Kalifornien überführt und mit Atemgeräten am Leben gehalten, doch sie starben, bevor man heraus-gefunden hatte, wie man mit ihnen in Kommunikation treten könnte.«

Berlitz und Moore zitierten auch einen Professor einer kalifornischen Universität, Dr. Weisberg, der sagte, er habe die Scheibe untersucht. »Sie hatte die Form eines Schildkrötenpanzers, innen befand sich eine Kabine, die ungefähr fünf Meter breit war. Die Inneneinrichtung war schwer beschädigt. Es gab sechs Besatzungsmitglieder, und eine Autopsie enthüllte, daß sie, außer in der Körper-größe, den Menschen entsprachen.

Ein Körper befand sich an einer Art Kontrollpult, das mit Hieroglyphen beschrieben war. Die Symbole sahen selt-sam aus. Es handelte sich keinesfalls um eine bekannte Sprache. Nichts wies auf einen Propeller oder Motor hin. Keiner konnte verstehen, wie das Ding angetrieben wur-de.«

Baron Nicholas von Poppen, ein Fotograf aus Los Angeles, behauptete, er habe einige Fotos von dem havarierten Schiff gemacht, nachdem zwei Männer des militärischen Geheimdienstes dieses Anliegen an ihn herangetragen hatten. Er sagte, sie hätten ihm einen außerordentlich gut bezahlten, streng geheimen Auftrag angeboten – und die Warnung ausgesprochen, daß er, sollte er irgend etwas von dem, was er gesehen und fotografiert hatte, publik machen, deportiert werden würde.

Von Poppen, der ein neues System der fotografisch-me-tallurgischen Analysen entwickelt hatte, sagte, man habe ihn zu dem Luftwaffenstützpunkt Roswell gebracht, wo er Hunderte von Fotos zu machen hatte, die er jeden Abend übergeben mußte. Er beschrieb das Raumschiff als etwa zehn Meter und die Kabine als ungefähr sieben Meter breit. Der Boden war mit Plastikfliesen bedeckt, die mit

Symbolen versehen waren. Vier Sitze befanden sich vor einem Kontrollpult, das von Knöpfen und Hebeln strotzte, »und auf jedem Sitz saß ein kleiner, schmaler Körper, immer noch angeschnallt, ihre Größen variierten zwischen achtzig Zentimetern bis einen Meter sechzig.«

Der Baron fügte hinzu: »Die Gesichter der vier waren alle ziemlich weiß. Sie trugen glänzend schwarze Kleidungsstücke ohne Taschen, die an Fuß und Hals eng anlagen. Ihre Schuhe waren aus demselben Material gefertigt und schienen sehr weich zu sein. Ihre Hände waren menschenähnlich, wenn auch weich wie die von Kindern. Sie hatten fünf Finger, normal aussehende Gelenke und sorgfältig gefeilte Nägel.«

Berlitz und Moore sagten, von Poppen habe ein Negativ von dem Raumschiff beiseite geschafft und in einen Safe geschlossen, mit der Auflage, diesen erst nach seinem Tode zu öffnen. Als er im Jahre 1974 neunzigjährig starb, war keine Spur des Negativs zu entdecken.

Die Autoren behaupten, Major Marcel sei im Jahre 1978 noch einmal über den Roswell-Vorfall interviewt worden, nachdem er in den Ruhestand getreten war und sich nach Houma, Louisiana, zurückgezogen hatte. Auf die Frage, ob das Wrack, das er auf der Ranch eingesammelt hatte, wirklich ein Wetterballon gewesen sei, antwortete er: »Nein, das war es nicht.«

Er fuhr fort: »Ich war zu der Zeit genauestens mit allem, was sich in der Luft abspielte, vertraut, ob in- oder ausländisch. Außerdem kannte ich so ziemlich jede Art von Wetterballon oder Radargerät, die vom Militär und zivilen Einrichtungen benutzt wird. Dies Ding war etwas, was ich noch nie zuvor gesehen habe, und es war mit Sicherheit nicht von Menschen erbaut. Es war garantiert kein Wetterballon.«

Warum hatte er dann gesagt, es sei einer gewesen? Marcel sagte, der Brigadegeneral Ramey habe diese Geschichte publik gemacht, um »die Presse von der Armee fernzuhalten«. Berlitz behauptete, daß die Körper und das Wrack unter Geheimhaltung mit Zügen und Lastwagen durch das ganze Land gebracht worden seien, damit sie in verschiedenen wissenschaftlichen Zentren untersucht werden konnten.

»Es ist uns gelungen eine Reihe von Menschen, die sich noch deutlich an den Absturz erinnern können, Techniker, welche die außerirdische Maschine, und Leute, die die Körper untersucht haben, aufzuspüren«, sagte er. »Dafür, daß die ganze Geschichte eine bloße Legende sein soll, sind sich ihre Berichte zu ähnlich.«

Berlitz glaubt, man habe die Tatsachen aus militärischen Gründen verschwiegen und um Panik in der Bevölkerung zu vermeiden. Falls es einer Nation möglich sein sollte, die Art des Antriebes der Scheibe herauszufinden, habe sie damit einen beträchtlichen Vorteil gegenüber feindlicher Raketentechnik.

Nur die Präsidenten durften das militärische Geheimnis erfahren. »Eisenhower, Kennedy und Johnson nahmen es mit ins Grab, Nixon, Ford, Carter und Reagan müssen damit leben.« Berlitz erinnerte sich, daß Jimmy Carter versprochen hatte, der Öffentlichkeit das Wissen der Regierung über UFOs zugänglich zu machen, sollte er gewählt werden. Als der Autor das Weiße Haus anrief, sagte man ihm, daß die Öffnung der UFO-Akten nicht ausdrücklich garantiert worden sei.

Berlitz kommentierte: »Sein Schweigen beweist zweifellos, daß er etwas erfahren hat, was ihn überzeugte, daß es günstiger ist, nichts über die ganze Angelegenheit verlauten zu lassen.«

UFO-Bruchlandungen

Hat man andere UFO-Bruchlandungen vertuscht? Die Geheimniskrämerei der Behörden macht es unmöglich zu bestätigen, daß außerirdische Raumschiffe in die Hände von menschlichen Forschern gefallen sind.

In den späten vierziger Jahren verbreitete sich das Gerücht, daß eine fliegende Untertasse in der Nähe der Stadtgrenze von Mexico City abgestürzt sei und daß das Wrack – und die Körper der drei, mit einem silbernen Anzug bekleideten Besatzungsmitglieder, die alle nur einen Meter groß waren – auf Lastwagen geladen worden und zu Studienzwecken in die Vereinigten Staaten gebracht worden sei.

Raymond E. Fowler, ein UFO-Spezialist, der sich besonders auf Neuengland konzentrierte, erhielt, als er in Boston einen Vortrag über UFOs hielt, Informationen, welche die Gerüchte möglicherweise bestätigen könnten.

In seinem Buch, *UFOs: Interplanetarische Besucher*, herausgegeben im Jahre 1979, sagt er, daß ein Vikar einer Kirche in Boston ihm erzählt hatte, daß er momentan für den Marine-Geheimdienst im Pentagon arbeite.

Ein Kollege in Mexiko wurde einberufen, um bei den einen Flugzeugabsturz betreffenden Untersuchungen, behilflich zu sein.

Als er eintraf, war die Gegend abgeriegelt und Militärangehörige luden Bruchstücke eines ovalen Objektes und dessen Besatzung auf Lastwagen … Schnell wurde er von einem Vorgesetzten des Geländes verwiesen, außerdem erhielt er die Anweisung, nicht über das zu sprechen, was er gesehen hatte.

Fowler verfolgte die Spur von dem ehemaligen Kollegen

des Geistlichen bis nach Belfast, Maine, wo dieser im Ruhestand lebte. Er leugnete ab, irgend etwas über diesen Vorfall zu wissen, und er sagte, seinem Freund müsse ein Fehler unterlaufen sein. Doch der Pfarrer beharrte auf seiner Geschichte. Fowler schloß daraus, daß der Mann sein Geheimnis aus Furcht nicht preisgeben wollte, da er seine Rente von der Navy bezog.

Fischer von der Ubatuba-Bucht in Brasilien behaupteten, im Jahre 1957 eine fliegende Untertasse explodieren und ins Meer stürzen gesehen zu haben. Sie wiesen auch Bruchstücke aus feinstem Magnesium vor, das, wie sie sagten, aus dem Wrack stammte. Die Behörden waren skeptisch, auch wenn sie sich nicht erklären konnten, wie einfache Fischer in den Besitz von Magnesium gelangen konnten, das, wie spätere Tests zeigten, mit einer Methode hergestellt worden war, die im Jahre 1957 noch nicht erfunden war.

Zehn Jahre später erfuhr Fowler von einem Vorfall, bei dem es sich um einen anderen UFO-Absturz handeln könnte. Er traf Mr. und Mrs. Marsden, die sich daran erinnerten, im Winter 1953/54 nach Mattydale, einem Vorort von Syracuse, New York, gefahren zu sein. Es war Sonntag. Um etwa drei Uhr morgens stießen sie auf vier oder fünf Polizeistreifenwagen mit Blaulicht. Sie bremsten ab, da sie glaubten, es hätte einen Unfall gegeben. Die Straße war frei, doch ein Gegenstand in einem nahegelegenen Feld zog Bill Marsdens Aufmerksamkeit auf sich. Er berichtete Fowler:

»Ich sah ein Objekt, das etwa sieben Meter Durchmesser hatte und im Zentrum ungefähr fünf Meter hoch war. Auf seiner Oberfläche waren phosphoreszierende Lichter in verschiedenen Farben angebracht. Diese Lichter waren hell genug, um eine ganze Anzahl Männer sichtbar zu machen, die das Objekt umkreisten und es untersuchten. Einige waren uniformiert, andere nicht. Einer trug eine große Kamera an einem Riemen oder so etwas Ähnliches mit sich herum und fotografierte.«

Am Montag morgen rief Mr. Marsden bei der Redaktion der lokalen Zeitung an und fragte, warum es über diesen Vorfall keine Reportage gebe, dann rief er bei der Polizeistation an. Er behauptete, der zuständige Beamte hätte ihm gesagt: »Ja, wir wissen Bescheid, doch handelt es sich um ein militärisches Geheimnis, und wir dürfen nicht darüber sprechen.« Aber als sich die Zeitung bei der Polizei und bei der Air Force erkundigte, sagte man, daß es einen solchen Zwischenfall nie gegeben hätte. Der Sheriff leugnete auch, daß irgend jemand Mr. Marsden von einem »militärischen Geheimnis« berichtet hätte. Mr. Marsden ließ den Vorfall auf sich beruhen, obwohl er am nächsten Tag das Feld untersucht und Einkerbungen und Reifenspuren gefunden hatte.

Als Fowler im Jahre 1967 in der Polizeistation Untersuchungen anstellte, sagte man ihm, daß die einzigen Objekte, die im Winter 1953/54 vom Himmel gefallen seien, ein Wetterballon, ein Tank eines Flugzeuges, ein Flugzeug und eine mit Sand gefüllte Bombenattrappe, die ein Flugzeug aus Versehen abgeworfen hatte, gewesen waren. Keines dieser Objekte stimmte mit dem überein, was Mr. Marsden gesehen hatte – doch er blieb bei seiner Geschichte.

Bizarre Autopsien

Nach Aussage des Forschers Leonard Stringfield wurden in Amerika insgesamt mehr als dreißig Körper aus verunglückten UFOs geborgen. Bei vielen wurde eine Autopsie durchgeführt, und alle wurden entweder im Wright-Patterson-Air-Force-Stützpunkt in Ohio oder im unterirdischen Air-Force-Komplex in der Nähe von Colorado Springs aufbewahrt.

Stringfield, demzufolge die Außerirdischen zwischen einem und knapp zwei Meter groß, schlank und mit überdimensionalen, unbehaarten Köpfen ausgestattet sind, stellte seine erstaunlichen Behauptungen auf, nachdem er mit zwei Ärzten und sechs Mitgliedern der Air Force gesprochen hatte, die mit der Bergung und Untersuchung der Körper während der letzten dreißig Jahre zu tun hatten. Er fügte hinzu, daß eine Spezialeinheit, genannt die »Blue Berets«, in ständiger Bereitschaft steht, sofort auszurücken, falls ein UFO abstürzen sollte.

Sämtliche Informanten Stringfields baten um Anonymität, und er weigerte sich, ihre Identität preiszugeben, selbst als man ihn über sein Buch befragte. Er behauptete, folgendes hätte man ihm gesagt:

Ein Arzt, der in den frühen fünfziger Jahren eine Autopsie beaufsichtigte, beschrieb den Körper des Außerirdischen als knapp eineinhalb Meter groß. Er hatte einen großen, birnenförmigen Schädel mit Schlitzaugen. Augenlider, Ohrläppchen, Zähne und Haare fehlten.

Einem ehemaligen Major und Pilot der Air Force fielen im Jahre 1952 Körper von Außerirdischen in einem unterirdischen Raum in Wright-Patterson auf, nachdem die Air Force ihren Piloten geheime Befehle gegeben hatte, alle außerirdischen Raumschiffe abzuschießen.

Ein weiterer Pilot der amerikanischen Air Force beobachtete, wie im Jahre 1953 in Wright-Patterson drei Kisten angeliefert wurden. Man sagte ihm, sie enthielten die Körper der Besatzungsmitglieder einer fliegenden Untertasse, die in Arizona abgestürzt war. Ein Offizier berichtete, daß die menschenähnlichen Wesen noch am Leben waren, als das Rettungspersonal ankam, doch starben sie kurz darauf, obwohl die Sauerstoffzufuhr nicht unterbrochen wurde.

Ein Offizier des militärischen Geheimdienstes erblickte im Jahre 1966 in Wright-Patterson neun eingefrorene Körper außerirdischer Wesen, und man sagte ihm, daß von ihnen ungefähr dreißig vorhanden seien, die in verschiedenen, der Regierung unterstellten Gebäuden aufbewahrt werden. Derselbe Mann erfuhr später, daß in der Gegend von Ohio, Kentucky und Indiana zwischen 1966 und 1968 fünf UFOs abgestürzt waren.

Ein General der Air Force und Mitglied der Luftpolizei, der nur seinen Vornamen – Carl – angab, sagte, man habe ihm eine Augenbinde angelegt und ihn an einen geheimen Ort gebracht, um einen Raum zu bewachen. Als er hineinspähte, erblickte er drei kleine Körper, etwa einen Meter groß, mit ungewöhnlich großen Köpfen.

Ein Arzt, der bei einer Autopsie anwesend war, sagte, die Körper besäßen keinen Verdauungstrakt und keine Geschlechtsorgane. Und ihr Blut sei farblos.

Stringfield, dessen Behauptungen von *Mutual UFO Network* in Seguin, Texas, veröffentlicht wurden, berichtete auch von einigen Außerirdischen, denen es gelungen war, zu entkommen.

Ein Colonel erzählte ihm, daß er im Jahre 1968 einigen seltsamen Kreaturen begegnet war, die im Air-Force-Stützpunkt Nellis in Nevada aus einer fliegenden Untertasse herausgekrochen kamen. Ein Lichtstrahl lähmte ihn, und er konnte nur zusehen, wie die Wesen wieder in ihrem Schiff verschwanden und abhoben.

Anderen Außerirdischen gelingt es nicht so gut, Kontrolle über die Menschen, die sie treffen, zu gewinnen. Selbst wenn ihre Raumschiffe sicher gelandet sind, müssen sie sich auf der Erde neuen Gefahren stellen.

Abprallende Pistolenkugeln

Eine Gruppe von Farmer-Ehepaaren erstaunte die Polizei in Hopkinsville, Kentucky, als sie um Mitternacht in die Station stürzten. Sie berichteten, sie hätten eben mit Pistolen und Gewehren auf koboldartige Besatzungsmitglieder eines UFOs gefeuert – doch ihre Kugeln seien an den Kreaturen abgeprallt.

Der Abend des 21. August 1965, einem Sonntag, wurde für eine Familie in Kelly, das aus ein paar versprengten Höfen zehn Kilometer entfernt von Hopkinsville besteht, zu einem Alptraum. Die Langfords von der Sutton Farm, acht Erwachsene und drei Kinder, kamen gerade von einem Gottesdienst zurück, da entdeckte eines der Kinder ein hell leuchtendes Objekt, das hinter einer Scheune landete. Die Bewohner von nahegelegenen Farmen hatten es auch gesehen, doch die Familie meinte, es sei nur eine Sternschnuppe gewesen.

Dann, um etwa acht Uhr abends, begannen die Hunde im Hof zu bellen. Zwei der Männer gingen zur Tür, um nachzusehen, und entdeckten in fünfzig Meter Entfernung ein Wesen in einem silbrig leuchtenden Anzug, ungefähr einen Meter groß, das auf sie zukam. Es hatte einen riesigen Kopf, lange Arme, die fast bis auf den Boden reichten, und lange Finger mit Schwimmhäuten und Krallen. Die Männer ergriffen ein Gewehr Kaliber 12 und eine Pistole Kaliber 22 und feuerten aus kurzer Distanz. Das Wesen stürzte zu Boden, doch zur Überraschung der Männer kam es gleich wieder auf die Beine und lief davon.

Die verängstigte Familie schloß sich in ihrem Haus ein, löschte alle Lichter im Haus und knipste das Licht auf der Veranda an. Plötzlich schrie eine der Frauen auf. Sie blickte aus einem der Wohnzimmerfenster und sah in ein Gesicht, das sie anstarrte; es hatte weitgeöffnete Schlitzaugen hinter dem Visier eines Helmes. Die Männer stürzten in das Zimmer und schossen, doch wieder rannte die Kreatur davon, obwohl sie getroffen war.

In den nächsten zwanzig Minuten feuerten sie fast fünfzigmal auf die fünf Außerirdischen, doch keine der Kugeln konnte sie aufhalten. Der Nachrichtensprecher Bud Ledwith, der die Familie am nächsten Morgen interviewte, meinte: »Jedesmal, wenn eine der Kreaturen getroffen war, stolperte sie, fiel zu Boden oder lief schutzsuchend davon. Sämtliche Schüsse, die trafen, klangen, als würden sie gegen einen Eimer schlagen.

Die Wesen verursachten kein Geräusch. Das Unterholz hätte brechen müssen, als sie hindurchliefen, doch man hörte keine Schritte.

Die Wesen waren anscheinend gewichtslos, da es auch mehr danach aussah, als würden sie von den Bäumen herunterschweben, anstatt zu fallen.«

Wenn eine Kugel oder ein Lichtstrahl die Außerirdischen traf, ließen sie ihre Arme, die sie normalerweise erhoben hatten, sinken und rannten davon. Zwar kamen sie immer wieder zurück, doch machten sie keine Anstalten, in das Haus einzudringen, sie standen nur davor und starrten es an. Nach zwanzig Minuten verschwanden die Wesen in der Nacht. Doch die verschreckten Familienmitglieder blieben noch weitere zwei Stunden zu Hause, bevor sie es wagten, das Haus zu verlassen und zur Polizei zu fahren. Beamte, welche die Farm aufsuchten, konnten keine Spur der Außerirdischen entdecken.

Es handelte sich um eine erstaunliche Geschichte, doch einzig Bud Ledwith schien daran interessiert zu sein, sie genauer zu untersuchen. Ein Offizier beschäftigte sich kurz damit, um sie in ein Buch, das die Air Force über UFOs führte, einzutragen, da er gerade in der Gegend war und in den Radionachrichten etwas über den Fall gehört hatte. Diverse Punkte seines Berichtes erwiesen sich später als fehlerhaft. Nachdem er Frau Lenny Langford, eine der betroffenen Frauen, interviewt hatte, berichtete er, daß sie, ihre Söhne, deren Frauen und einige Freunde an jenem Abend eine Messe der Holy Roller Church besucht hatten und »emotional instabil« waren, nachdem sie sich dort in Trance versetzt hatten. Tatsächlich gehört Frau Langford der Trinity Pentecostal Church an, deren Gottesdienste völlig normal verlaufen.

Andere Wissenschaftler versuchten herauszufinden, ob möglicherweise zur fraglichen Zeit ein Wanderzirkus in der Gegend gastiert hatte, da sie anscheinend glaubten, die Farmer hätten ausgerissene Affen gesehen. Schwebende Affen? Affen in schußsicheren Westen?

Bud Ledwith glaubte, daß seine Zeugen die reine Wahrheit sprachen, daß sie einfache Leute waren, die keinen Grund hatten, sich einen solchen Streich auszudenken. Außerdem betonte Dr. Allen Hynek, dessen Zentrum für UFO-Forschung später den Fall übernahm, daß die Familie damit keinen Gewinn machen könnte und daß sie sehr »unter neugierigen Geschäftemachern, Re-

Dämonen und dämonische Raumschiffe

Aggressives Verhalten der Menschen gegenüber UFOs ist nichts Neues. Dem Air Force Academy Textbook *zufolge wurden um das Jahr 1000 v. Chr. vermeintliche Raumschiffe in Irland als Schiffe von Dämonen behandelt,* »*und um das Jahr 840 v. Chr. wurden in Lyon, Frankreich, Raumfahrer, ›die mit Sicherheit außerirdischer Art waren‹ ermordet.*«

portern und sensationslüsternen Besuchern zu leiden hatten«.

Der Fall diente später als Beispiel in dem geheimen Handbuch der Air Force, das sich mit UFOs befaßte – er zeigte auf, daß Menschen für Außerirdische eine Gefahr darstellen können! In dem Büchlein hatte man den Satz hinzugefügt: »Niemals versuchten die vermeintlichen Außerirdischen zurückzuschießen, obwohl man den Eindruck gewinnt, daß es den beschriebenen Kreaturen Spaß machte, den Menschen Angst einzujagen.«

Die Familie entschied, daß sie nicht länger auf der Farm leben könne und verkaufte sie.

Wachsame Bürgerwehr

In Virginia führte das UFO-Fieber im Januar 1965 zur Bildung einer örtlichen Bürgerwehr. Der *Richmond Times-Despatch* zitierte Sheriff John Kent vom Bezirk Augusta, der meinte, die Berichte über UFOs seien »völlig außer Kontrolle geraten« und »stellten eine Gefahr für die Bevölkerung dar«.

Diese Meinung teilte der Oberste Justizbeamte Robert Button nicht. Als ein Richter aus Fredericksburg ihn um Rat fragte, antwortete er: »Meines Wissens gibt es kein Gesetz, das den Bürgern verbietet, auf kleine grüne Männchen zu schießen, die aus dem All kommen und in unserem Staat zu landen belieben.«

Im März 1966 schoß ein Mann, der in der Nähe von Bangor, Maine, mit dem Auto unterwegs war, auf ein UFO. Er bemerkte die metallene, ovale Form über einem Feld, stieg aus seinem Auto aus, um nachzusehen, und nahm seine Pistole aus dem Handschuhfach mit. Als das mysteriöse Flugobjekt auf ihn zukam, wobei es die Büsche streifte, eröffnete der Mann das Feuer und hörte seine Kugeln von dem Metall abprallen, als das Raumschiff ihn überflog, bevor es mit unglaublicher Geschwindigkeit außer Sicht geriet.

Nicht jedermann verhielt sich so abweisend. Nach einer Reihe von UFO-Sichtungen in seiner Gemeinde ließ der Bürgermeister von Brewer, Maine, eine riesige Reklametafel aufstellen, die außerirdische Raumfahrer dazu einlud, in der Stadt zu landen.

Kugelsicher

Am 26. Juni 1972 schoß die Polizei von Beaufort, Südafrika, aus nur acht Meter Entfernung, als ein leuchtendes, metallisches Objekt zu landen versuchte. Doch die Kugeln nützten nichts. Die Maschine flog einfach mit einem summenden Geräusch davon.

FÜNF

Polizisten, die von seltsamen Objekten am Himmel berichten, werden von den UFO-Enthusiasten als willkommene Mitstreiter angesehen. Wenn so gut ausgebildete, verläßliche Zeugen bereit sind, die Existenz des Unerklärlichen zuzugeben, argumentieren diese, wie kann man uns dann »Spinner« titulieren? In den letzten Jahren haben sich Polizisten auf der ganzen Welt mit eigenen Augen davon überzeugen können, daß es möglicherweise Außerirdische von anderen Planeten gibt.

Die gegrillte Polizei

Streifenpolizist Gene Bertrand tat, was jeder gute Polizist in einem Notfall, bei dem er einem feindlichen Eindringling gegenübersteht, tun würde – er ließ sich auf ein Knie fallen und zog seinen Revolver. Doch hatte er es nicht mit einem gewöhnlichen Eindringling zu tun. Die Kreatur, die da auf ihn zukam, stammte nicht von dieser Welt.

Bertrand war ins Hauptquartier in Exeter, New Hampshire, gerufen worden, um der Geschichte eines Jugendlichen nachzugehen, der »völlig verschreckt von einem Objekt, das ihn verfolgt hatte«, nach Hause gekommen war. Norman Muscarello wollte am frühen Morgen des 3. September 1965 von Amesbury per Anhalter auf der Route 150 nach Hause fahren, da erschien plötzlich ein

203

rot leuchtendes Objekt in einem Feld neben der Straße und kam auf ihn zu.

Bertrand kannte den Jungen. Er sagte: »Er ist wirklich hart im Nehmen, da muß ihn schon etwas sehr erschreckt haben. Er konnte kaum seine Zigarette halten und war so weiß wie die Wand.« Mit einem Streifenwagen fuhren sie zu dem Feld. Sie parkten und blieben einige Minuten im Auto sitzen. Nichts geschah.

»Ich schickte einen Funkspruch ins Hauptquartier und sagte, daß hier draußen nichts zu sehen sei«, erinnerte sich Bertrand. »Sie baten mich, kurz über das Feld zu gehen, bevor ich mich wieder auf den Weg machte. Ich muß zugeben, ich kam mir dabei ein wenig dämlich vor, nach Mitternacht über fremden Besitz zu spazieren und nach fliegenden Untertassen zu suchen.

Wir marschierten los, ich leuchtete mit meinem Suchscheinwerfer in der Gegend herum, da rief Norman plötzlich: ›Achtung, da kommt es!‹ Ich drehte mich um und wollte meinen Augen nicht trauen. Ich sah einen Gegenstand, groß wie eine Scheune, mit rot blinkenden Lichtern. Es schwebte unmittelbar über den Bäumen, und es schwankte ziemlich.

Dann sah es so aus, als kippe es ab, schließlich kam es direkt auf uns zu. Automatisch ließ ich mich auf ein Knie fallen und zog den Revolver, aber ich schoß nicht. Ich erinnere mich, daß mir der Gedanke kam, daß Schießen nicht sehr sinnvoll sei, daher rief ich Norman zu, er solle zurück zum Auto laufen. Er war wie gelähmt. Ich mußte ihn mehr oder weniger zurückzerren.

Das Ding befand sich so ungefähr in dreißig Metern Höhe. Es war leuchtend rot und besaß eine Art Lichthof. Ich dachte, wir würden bei lebendigem Leibe verbrannt, doch strahlte es keinerlei Hitze aus, und ich konnte kein

Geräusch vernehmen. Ich hörte jedoch einige Pferde in einem nahegelegenen Stall wiehern und gegen die Wände ihrer Boxen treten. Sogar die Hunde in der Gegend begannen zu winseln. Mein Verstand sagte mir ständig, so etwas könne es gar nicht geben – und doch befand es sich genau vor meinen Augen.«

Bertrands Partner, Streifenpolizist Dave Hunt, kam an, als sich das UFO noch in Sichtweite befand. Länger als zehn Minuten standen die drei da und beobachteten es verblüfft. »Es flog im Gleitflug, wabbelte und vollführte Manöver, die kein Flugzeug fertigbringt«, berichtete Bertrand. »Auf einmal schoß es über die Bäume Richtung Hampton davon.«

Als die Polizisten wieder in ihrem Büro saßen, um einen Bericht zu verfassen, wanderten Bertrands Gedanken zurück zu der Frau, die er eine Stunde früher auf der Route 101 getroffen hatte. Sie saß »völlig durcheinander« in ihrem parkenden Auto, da sie angeblich von einem leuchtend roten Objekt gejagt worden war. Er hatte sie nach Hause geschickt, ohne sich viele Gedanken zu machen. Nun wußte er, was sie gesehen hatte.

Auch andere hatten es gesehen. Nicht lange, nachdem die Männer zurück in die Polizeistation gekommen waren, rief ein Telegraphist aus Hampton an. Ein Mann, der in einer öffentlichen Telefonzelle stand, behauptete, von einer fliegenden Untertasse verfolgt worden zu sein … und sie befand sich immer noch in seiner Nähe. Die Leitung wurde unterbrochen, bevor er Genaueres sagen konnte, und obwohl die Beamten versuchten, seinen Standort festzustellen, gelang es ihnen nicht.

Offiziere der Air Force, die den Fall untersuchten und dabei Bertrand und Hunt befragten, legten ihnen nahe, über das, was sie gesehen hatten, nicht zu sprechen, so daß es nicht in der Zeitung erscheinen würde. Doch hatte ein Lokalreporter die Geschichte bereits erhalten.

Da es der Regierung unmöglich war, diese Vorfälle geheimzuhalten, versuchte sie, die Tatsachen mit einer Reihe eigentümlicher Argumente abzustreiten. Das Pentagon machte zuerst eine Wetterinversion, die die »Sterne und Planeten tanzen und blinken ließ«, für die Sichtungen verantwortlich. Die Beamten Bertrand und Hunt protestierten; sie meinten, daß eine solche Behauptung ihren guten Ruf als verantwortungsbewußte Polizeibeamte aufs Spiel setzte. Dann behauptete das Pentagon, daß Big Blast Coco, eine in großer Höhe stattfindende militärische Übung, verantwortlich war. Die Stadt Exeter lag in dem Gebiet, das überflogen worden war, sagten die obersten Befehlshaber, und sie fügten noch hinzu: »Als das betreffende Flugzeug, das der Verwechslung anheimgefallen war, die Stadt überflog, hatte es wohl gerade die normalen Positionslichter eingeschaltet, außerdem Antikollisionsscheinwerfer und womöglich Tragflächenbeleuchtung und Landescheinwerfer.«

Doch auch darauf konnte Bertrand antworten. Er schrieb einen weiteren Protestbrief, der lautete: »Da ich vier Jahre lang bei der Air Force beschäftigt war, wo ich mit dem Auftanken aller Arten von Militärflugzeugen zu tun hatte, kann ich unmöglich das, was wir gesehen haben, mit irgendeiner militärischen Operation verwechselt haben … Unmittelbar nachdem das Objekt verschwunden war, überflog uns ein Flugzeug, höchstwahrscheinlich eine B-47, in großer Höhe, und sie hatte mit dem Ding, das wir vorher gesehen hatten, keinerlei Ähnlichkeit.«

Die beiden Polizisten betonten außerdem, daß sie das Objekt um drei Uhr morgens gesehen hatten, also knapp eine Stunde nach Ende der Militärübung.

Unwillig gab die Air Force nach – doch nur ein wenig. »Die frühen Sichtungen … sind auf die Militärübung Big Blast Coco zurückzuführen«, lautete ihr endgültiges Statement, »die folgenden Beobachtungen von den Beamten Bertrand und Hunt, die nach zwei Uhr stattfanden, werden als nichtidentifiziert eingestuft.«

Selbst so kleine Zugeständnisse wie dieses waren ein großer Fortschritt für die Verteidiger der UFOs, die jahrelang durch die Sturheit der Behörden, die sich weigerten, die eventuelle Existenz derartiger Dinge zuzugeben, frustriert wurden.

Im folgenden März wurde Exeter abermals von einem UFO heimgesucht. An einem Sonntag abend sah ein Sergeant, der gegen 22 Uhr die Haustüren in der Stadt überprüfte, ein sich schnell fortbewegendes weißes Licht, das gen Westen flog.

Er stieg auf einen Hügel, um einen besseren Überblick zu bekommen, und sah ein Ding, das einem leuchtenden Ei ähnelte, an dessen Unterseite rote, weiße, blaue und grüne rotierende Lichter befestigt waren. Es bewegte sich langsam vor und zurück. Plötzlich ließ es sich fallen, um über Stromleitungen zu schweben.

Der Sergeant funkte an das Hauptquartier, daraufhin kam ein Leutnant mit einem Fernglas. Er hatte sich immer eine gewisse Skepsis gegenüber UFOs bewahrt, obwohl seine eigenen Männer im letzten September einige gesehen hatten. Nun, als er selbst das eiförmige Objekt mit der leuchtend weißen Kugel durch sein Fernglas betrachtet hatte, war er überzeugt. Der Polizist Bertrand und ein Zeitungsreporter sahen das UFO ebenfalls. Doch diesmal verursachte es keinerlei Aufregung. Die Stadt hatte genug damit zu tun, den schlechten Ruf, der durch die früheren Sichtungen entstanden war, loszuwerden.

Keine Fotos bitte

Der Polizeichef Jeff Greenhaw verlor seine Frau und seinen Beruf wegen eines Dings, von dem er behauptet, es in der Nacht des 17. Oktober 1963 gesehen zu haben. Trotzdem blieb er bei seiner Geschichte.

Kurz nach zehn Uhr abends nahm er bei sich zu Hause in Falksville, Alabama, einen Anruf entgegen. Eine Frau sagte, sie habe ein UFO mit blinkenden Lichtern in einem westlich der Stadt liegenden Feld landen sehen. Greenhaw, sechsundzwanzig Jahre, hatte zwar zu dieser Zeit gerade keinen Dienst, doch er beschloß, dem Fall trotzdem nachzugehen. Seinen Fotoapparat nahm er mit.

Als er einen Feldweg zu dem außerhalb gelegenen Landeplatz entlangfuhr, sah er eine Kreatur mitten auf dem Weg stehen. Sie hatte in etwa die Größe eines großen Menschen, doch war sie mit einem silbrigen Anzug bekleidet, der aussah, als sei er aus dünnem Blech. Eine Antenne schien ihm direkt aus dem Kopf zu sprießen. Als das Wesen auf Greenhaw zukam, schoß er mit Blitzlicht eine Serie von vier Fotos, dann schaltete er das Blaulicht auf dem Autodach ein. Die Kreatur drehte sich um und rannte davon, »schneller als jeder Mensch, den ich je gesehen hatte«.

Greenhaw war bereit, seine Fotos, die schemenhaft die Silhouette einer einem Astronauten ähnelnden Kreatur erkennen ließen, zu veröffentlichen. Doch schon nach weniger als vier Wochen sollte er seinen Entschluß schwer bereuen. Seine Frau verließ ihn, da sie nicht in der Lage war, sich mit der Bekanntheit in der Öffentlichkeit und den auftretenden »Nebeneffekten« abzufinden. Greenhaws Automotor explodierte, dann ging sein Klein-

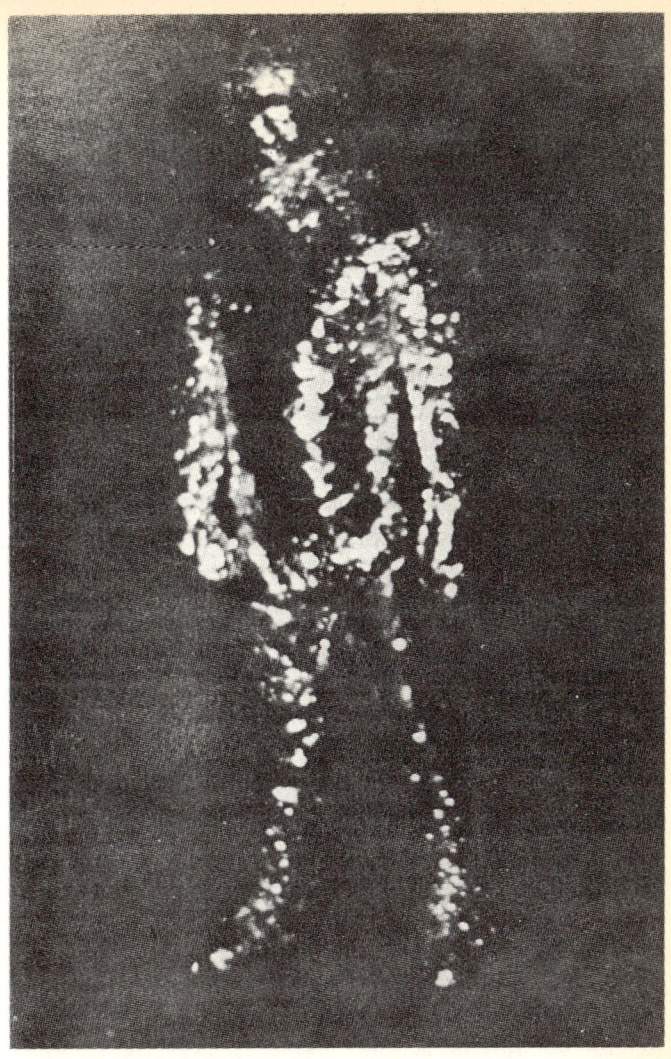

Dieses Besatzungsmitglied eines UFOs wurde am 17. Oktober 1963 von Polizeichef Jeff Greenhaw in Alabama fotografiert.

bus in Flammen auf. Schließlich wurde ihm am 15. November nahegelegt, den Dienst zu quittieren.

Ob er wirklich einen Außerirdischen gesehen hatte oder nur auf einen Scherz hereingefallen war, den jemand, der ihm zürnte, inszeniert hatte, ist bis heute ungeklärt. Viele weitere Leute meldeten in dieser Nacht eigentümliche Lichter, doch trotz dieses Beweises waren Greenhaws Vorgesetzte davon überzeugt, daß seine Glaubwürdigkeit nachgelassen hatte.

Verfolgung eines Unbekannten

Der schwarze Chevrolet fuhr wesentlich schneller als erlaubt an dem Verwaltungsgebäude von New Mexico in Socorro vorbei. Streifenpolizist Lonnie Zamora ließ den Motor seines Einsatzwagens anspringen und bog in die Old Rodeo Street ein, um den Wagen zu verfolgen. Er merkte sich seine Abfahrtszeit für den Bericht – es war 17.45 Uhr am 24. April 1964. Zamora sollte den Verkehrssünder zwar nicht einholen, doch blieb ihm dieser Tag zeitlebens in Erinnerung.

Als er an der Stadtgrenze beschleunigte, bemerkte er eine Flamme am Himmel, die sich wohl knapp zwei Kilometer südwestlich von ihm befand. Er hörte ebenfalls eine Art Donner. Der Lärm kam aus der Richtung eines Dynamitlagers. War es explodiert? Er entschloß sich, die Verfolgung aufzugeben und nachzusehen.

Er verließ die Straße und bog in einen Feldweg ein. Die sich nach oben verjüngende blauorangefarbene Flamme schien mit der sinkenden Sonne zu verschmelzen. Er verlor sie aus den Augen, als er sich abmühte, sein Auto einen kleinen Hügel hinaufzusteuern. Dreimal mußte er zurückfahren und einen anderen Weg wählen, da Kies und lockere Steine den Rädern keinen Halt gaben.

Von der Spitze des Hügels aus sah Zamora sich nach dem Lager um. Da fiel ihm ein ungefähr hundertfünfzig Meter entferntes leuchtendes Objekt ins Auge. »Zuerst glaubte ich, es sei ein Auto, das sich überschlagen hatte«, erinnerte er sich. »Ich dachte, daß es vielleicht von einigen Kindern umgekippt worden war. Zwei Leute in weißen Overalls standen dicht neben dem Ding. Einer drehte sich um und machte den Eindruck, als würde er mein Auto beobachten. Er war so überrascht, daß er in die Höhe sprang.«

Der Polizist fuhr näher heran, da er seine Hilfe anbieten wollte. Als er das nächste Mal einen Blick auf das Ding warf, waren die beiden Personen – kleine Erwachsene oder Kinder – verschwunden. Die ovale Form war weißlich, ähnlich wie Aluminium. Zamora hielt seinen Wagen an, um ans Hauptquartier durchzugeben, daß er aussteigen würde, um bei einem Unfall behilflich zu sein.

Als er das Mikrofon niederlegte, hörte er zwei oder drei laute Schläge, »als ob jemand einen Hammer benutzen oder eine Tür heftig zuschlagen würde«. Dann begann das Donnern wieder, es wurde lauter, und die Frequenz steigerte sich. »Es war auf keinen Fall ein Flugzeug«, berichtete der Polizist der Untersuchungskommission. »Ich weiß, wie sich Flugzeuge anhören.«

Nun sah er auch die blauorangefarbene Flamme wieder, und das Objekt stieg senkrecht in den Himmel auf. Er bemerkte, daß es oval war und seine Oberfläche glatt aussah, doch bemerkte er weder Türen noch Fenster, nur ein etwa einen Meter großes rotes Zeichen. Als der Lärm sich verstärkte, drehte sich Zamora um und flüchtete – »ich dachte, das Ding würde gleich explodieren«.

Er rannte an seinem eigenen Auto vorbei, stolperte, als er mit dem Bein an die hintere Stoßstange stieß, rannte weiter und warf immer wieder einen Blick über die Schulter, um nachzusehen, was passierte. Das Raumschiff stieg langsam immer höher und verließ das einsame Tal, in dem es gelandet war. Der Polizist sprang über eine Hecke und warf sich auf den Boden, den Kopf bedeckte er mit seinen Armen.

Als das Donnern aufhörte, spähte er vorsichtig über die Spitze des Hügels. Das Objekt entfernte sich in etwa vier bis fünf Metern über dem Boden schnell Richtung Südwesten. Plötzlich stieg es weiter nach oben und flog mit hoher Geschwindigkeit, jedoch ohne ein Geräusch oder Rauch zu verursachen, davon und verschwand schließlich hinter einer nahen Gebirgskette. Zamora funkte seine Geschichte an den diensthabenden Beamten im Quartier, woraufhin ein zweites Einsatzfahrzeug am Ort des Geschehens erschien. Die Verstärkung bemerkte »Landungsspuren«, die sich ungefähr zehn bis zwölf Zentimeter tief in den harten Boden gegraben hatten. Die umstehenden Büsche und das Gras waren angekohlt und versengt.

Das Untersuchungskommando der Air Force erschien ein paar Tage später mit der Absicht, für das, was der Streifenpolizist Zamora gesehen hatte, eine natürliche Erklärung zu finden. Sie bemühten sich sehr, an der Behauptung festzuhalten, daß ein von Menschen gebautes Luftfahrzeug in der Gegend gewesen war, doch ohne Erfolg. Kollegen beschrieben Zamora als einen soliden, beliebten Bürger, nüchtern und redlich. Zyniker sagten, daß in der Nähe des Landeplatzes wohnende Menschen nichts gesehen und gehört hätten, daß die Verbrennungen durch eine Zigarette entstanden sein könnten, daß

Die akrobatische Scheibe

*Der Detektiv Norman Collinson beobachtete ein schei-
benförmiges Objekt, das im April 1976 über der Stadt
Bury, Lancashire, bei einer unglaublichen Geschwindigkeit 90-Grad-Drehungen vollführte. Der Detektiv,
der später zum Inspektor avancierte, sagte: »Nach
einer Weile flog es mit sogar noch höherer Geschwindigkeit davon, es erreichte den Horizont in gerade
zwei Sekunden.«*

die »Landungsspuren« mit einer kleinen Schaufel oder
durch Herumschieben von Felsbrocken hergestellt sein
könnten und daß der Grund dem Bürgermeister der Stadt
gehörte, dem das öffentliche Aufsehen und die durch den
UFO-Bericht angelockten Touristen sicher nur angenehm
wären.
Andere Forscher mußten wohl oder übel zugeben, daß
Zamora wahrscheinlich wirklich ein Objekt unbekannter
Herkunft gesehen hatte. Einer von ihnen war Dr. Allen
Hynek, der, als er später über den Spott, den einige
Kritiker über UFO-Berichte verbreiteten, sprach, meinte:
»Es ist schon paradox, daß die Aussage von Polizisten, die
in vielen Fällen dazu ausreicht, einen Menschen auf den
elektrischen Stuhl zu schicken, in Situationen wie dieser
oft völlig verachtet wird.«
Ähnliche Sichtungen eines weißlichen, aluminiumarti-
gen, ovalen Gebildes wurden in diesem Frühjahr aus allen
Ecken der Vereinigten Staaten gemeldet. Sie wurden in

La Madera, New Mexico, sowie in Helena, Montana, und Newark, New Jersey, gesehen. Der letzte Zeuge berichtete auch von eigenartigen Kreaturen in der Größe von Kindern, die er neben dem gelandeten Raumschiff gesehen hatte.

Verwirrte Polizisten

Eine Polizistin und ihr männlicher Kollege erblickten ein langes, zigarrenförmiges Objekt, das am 29. November 1979 um 3.25 Uhr morgens fast zweihundert Meter über dem Akademikerviertel von Rickmansworth in Herfordshire schwebte. Es leuchtete auf ganzer Länge strahlend hell, und auf seiner Ober- und Unterseite waren rote Lichter angebracht. Es verursachte kein Geräusch. Die Polizistin Anne Louise Brown, einundzwanzig Jahre, gab später zu: »Ich ängstigte mich zu Tode, als es unser Auto überflog. Was es war, weiß ich nicht, doch auf jeden Fall war es zu groß und zu hell für ein Flugzeug oder einen Stern. Ich sagte meinem Kollegen, er müsse übergeschnappt sein, wenn er es melden wolle. Ich war mir sicher, daß die Leute uns für verrückt erklären würden.«
Minuten später sahen zwei andere Polizisten, beide Männer, das gleiche Ding über dem nahegelegenen Chorley Wood und verfolgten es in ihrem Wagen, nachdem sie das Hauptquartier benachrichtigt hatten. Geräuschlos flog es außer Sicht, doch zwei Stunden später entdeckten sie es wieder.
Die Polizei von Herfordshire versicherte sich beim Luftverkehrskontrollzentrum West Drayton, daß sich keine Flugzeuge im fraglichen Luftraum befanden. Inspektor

214

Die Lichtsäule

Der Inspektor Desmond Condon gehörte zu der großen Anzahl von Menschen, die eine Lichtsäule, die sich im November 1977 mit einer Länge von fast einem Kilometer über Earlsfield im südwestlichen London erstreckte, gesehen haben. »Die Säule war perfekt«, sagte er. »Sie leuchtete in einem bläulichen Dunst und verharrte länger als eine Stunde regungslos auf ihrem Platz. Ich habe noch nie etwas Ähnliches gesehen.«

George Freakes meinte: »Dies muß man eingehend untersuchen. Wir sind überzeugt, daß die Polizisten etwas gesehen haben – sie sind sehr verläßliche Leute –, doch bis jetzt kann sich noch niemand genau erklären, was es wohl gewesen sein könnte.«

Als ein UFO am 25. November 1980 über Will County, Illinois, südlich von Chicago gelegen, vor Sonnenaufgang gesichtet wurde, nahmen Polizeibeamte von mehreren Stationen die Verfolgung auf. Und das mysteriöse Ding leitete sie kreuz und quer durch die Gegend.

Die beiden Hilfssheriffs Karl Sicinski und Jay Mau sahen das UFO als erste, es befand sich in etwa fünfhundert Meter Höhe und war drei Kilometer entfernt. Erst trieb es Richtung Süden, dann schoß es nach Osten davon, drehte nach Norden ab und flog schließlich in südöstlicher Richtung davon.

»Es war schneller als jedes Flugzeug, das ich bisher gesehen habe«, sagte Sicinski, der während seiner Zeit bei der

US Navy Kampfflugzeuge geflogen hatte. »Ich habe nie ein Luftfahrzeug gesehen, das auf derart kleinem Raum manövrieren konnte wie dieses Ding. Es war riesig und leuchtete strahlend hell. Seine Form entsprach der einer auf der Seite liegenden Träne, und es strahlte ein rosaweißliches Licht aus.«

Polizisten in den benachbarten Städten Frankfort, New Lenox und Mokena hörten Sicinskis Funkspruch an das Hauptquartier mit und entdeckten ebenfalls das beschriebene Objekt. Sam Cucci, ein Polizist aus Frankfort, fuhr Richtung Westen auf das UFO zu, da sah er es aufsteigen, heller werden und dann die Helligkeit seiner Lichter dämpfen.

»Plötzlich entschwand es aus meinem Gesichtsfeld«, erinnerte er sich. »Ich erkundigte mich bei zwei anderen Streifenwagen, wo es sei, und sie sagten: ›Es ist hinter dir.‹ Hastig wendete ich das Einsatzfahrzeug in Richtung Osten und nahm mit Hilfe von zwei anderen Einheiten die Verfolgung mit einer Geschwindigkeit von ungefähr hundert Stundenkilometern auf. Ich schaltete meinen Suchscheinwerfer ein, doch das UFO schwenkte ab und löste sich förmlich auf, als ob es aus Licht wäre und jemand es ausgeknipst hätte.«

Die Polizisten Carl Bachman und Charles Proper beobachteten das UFO in New Lenox, als es im Zickzackflug mehr als zwanzig Minuten am Himmel kreuzte. »Ich werde diese Nacht nie vergessen«, meinte Bachman. »Es gibt dort draußen etwas, worüber wir nicht Bescheid wissen.« Proper sagte: »Es war ein helles Licht, und plötzlich stieg es senkrecht in den Himmel auf und verschwand. Es dauerte nicht länger als eine oder zwei Sekunden, bis es verschwunden war.«

Der Wachtmeister aus Mokena, der das UFO ebenfalls

gesehen hatte, sagte: »Man beginnt darüber nachzudenken, wer uns dort draußen beobachtet.«

Im März 1981 gab es neue Nachrichten von einer höchst sonderbaren Begegnung, in die ein Polizeichef verwickelt war. Miguel Costa, bei der Polizei in Melo, Uruguay, im Dienst, fuhr mit seiner Frau Carmen und seinen Freunden Armando und Maria Pena einen Feldweg in der Nähe von Tacuarembo entlang, da leuchtete plötzlich ein riesiger Körper, der orangefarbene und gelbe Lichter aussandte, vor ihnen in der Morgendämmerung auf.

Costa hielt das Auto an und betätigte instinktiv die Lichthupe. »Das UFO zögerte, dann flog es auf und ab, als wolle es auf unser Aufblenden antworten«, berichtete der Polizeichef.

»Sobald wir uns wieder auf den Weg machten, hielt es sich in unserer Nähe. Ich stoppte das Auto abermals und blinkte mit dem Fernlicht. Und wieder antwortete das UFO mit Auf- und Absteigen. Noch einmal setzten wir unseren Weg fort, und das UFO blieb bei uns, immer knapp einen Kilometer entfernt. Dabei blieb es für die nächsten fünfzig Kilometer. Dann passierte das Seltsamste dieser Verfolgungsjagd.

Wir starrten alle aus dem Fenster, als die Scheibe plötzlich auf den Boden zuschoß, als wolle sie zerschmettern. In ungefähr fünfzig bis hundert Meter Höhe über dem Boden hielt sie inne, und wir konnten deutlich ihre kuppelförmige Gestalt mit einer großen, flachen Unterseite erkennen. Die Oberseite war rötlich gefärbt, doch unten erstrahlte sie in einem blendenden Weiß.«

Da Costa sich durch die neue, niedrige Flugbahn des Raumschiffs ein wenig bedroht fühlte, wendete er das Auto und fuhr zurück Richtung Tacuarembo, der nächstgelegenen Stadt. Das blendende Licht des UFOs war ständig durch die Heckscheibe zu sehen. Costa fuhr an den Straßenrand und hielt unter ein paar Bäumen.

»Wir gingen zu einer kleinen Lichtung und sahen nach oben«, berichtete der Polizist. »Eine zweite Scheibe flog in einiger Entfernung hinter der ersten her. Sie berührten sich nie, doch anscheinend gehörten sie zusammen. Sie flogen mal hoch und mal tief, und die Wolken begannen, sich zu formieren.

Die Scheiben flogen über den Wolken und ließen sie erstrahlen, als seien sie mit einem Heiligenschein versehen. Dann entfernten sie sich, wurden kleiner und kleiner, bis sie schließlich verschwunden waren. Es dämmerte. Länger als neunzig Minuten waren sie über uns gewesen. Wir sahen uns an, ohne zu sprechen. Wir konnten immer noch nicht glauben, was wir gesehen hatten.«

Polizeichef Costa machte eine kleine Pause, dann fügte er hinzu: »Früher habe ich nie an UFOs geglaubt, doch ist mir klar, daß ich hier etwas ganz Besonderes und Unglaubliches gesehen habe.«

Folge diesem UFO!

Fünf Polizisten haben Ende 1979 ein vielfarbiges fliegendes Objekt über der schottischen Stadt Dumfries schweben sehen. Zwei von ihnen beschrieben ihr Erlebnis später auf einer Pressekonferenz.

Die Polizisten wurden von einer Flut von Anrufen überschüttet, die von heimkehrenden Besuchern der Pubs stammten. Sie beobachteten einen riesigen Gegenstand länger als zwanzig Minuten, bevor er über den nahegelegenen Hügeln davonglitt.

Der Beamte Bill McDavid, neununddreißig Jahre, sagte,

er sei an das Ding bis auf eineinhalb Kilometer herangekommen. Es war größer als jedes Flugzeug und schwebte in etwa zweihundert Meter Höhe. Seine Form entsprach ungefähr der eines Flugzeuges, und fünf oder sechs Lichter leuchteten an verschiedenen Stellen.

Polizist James Smith sagte: »Bis jetzt habe ich nicht an UFOs geglaubt. Zur fraglichen Zeit regnete es, und die Wolken hingen sehr tief. Dieses Gebilde verharrte für ungefähr zwanzig Minuten an einer Stelle, dann verschwand es Richtung Westen über die Hügel.«

Mary Blyth, zweiundzwanzig Jahre, und ihre Schwester Vicky, neunzehn Jahre, waren zwei der vielen Menschen, die die Polizei anriefen, nachdem sie das UFO gesehen hatten. »Die Lichter kamen von nirgendwo«, sagte Mary. »Wir standen da und starrten sie voller Verwunderung an.«

Die Wetterstation in Glasgow informierte, daß es nichts Ungewöhnliches sei, daß tiefhängende Wolken helle Lichter von der Erde reflektieren, doch fügte ein Sprecher hinzu: »Wenn ein Lichtschein, der von der Erde kommt, reflektiert wird, sieht er meistens aus wie ein gelblicher Schimmer. Ich habe noch nie von einer Anhäufung verschiedenfarbiger Lichter, wie sie hier beschrieben wurden, gehört. Was diese Leute wirklich gesehen haben, kann ich leider nicht erklären.«

Zwei Polizisten aus Minnesota entdeckten einen leuchtend weißen Ball, nachdem sie im September 1979 von einer Hausfrau und Computerprogrammiererin Karen Anondson aus Farmington gerufen wurden. »Es war mit Sicherheit ein UFO«, sagte der Polizist Dan Siebenaler von der Polizeistation Farmington. »Ich kenne mich mit dem nächtlichen Sternenhimmel aus, und dieses Ding gehörte dort nicht hin.« Steve Kurtz, ein Beamter der benachbarten Polizeistation in Apple Valley, sagte: »Es war etwas Unerklärliches, noch nie habe ich etwas Derartiges gesehen.«

Frau Anondson, zweiunddreißig Jahre, sagte, sie habe den Ball mindestens neunmal gesehen, als sie von der Arbeit nach Hause fuhr. »Es ist für mich bereits zur Gewohnheit geworden«, sagte sie. »Ich schaue mich danach um, wenn ich aus dem Büro komme.«

Ein paar Monate früher berichtete ein Hilfssheriff aus Minnesota von einer erschreckenden Begegnung mit einem UFO. Val Johnson fuhr in seinem Dienstwagen auf einer einsamen Straße in der Nähe von Warren, als er in knapp fünf Kilometern Entfernung ein helles Licht entdeckte. »Ich fuhr darauf zu, um herauszufinden, was es war«, erinnerte er sich. »Nachdem ich fast zwei Kilometer zurückgelegt hatte, kam das Licht auf mich zugeschossen. Es war extrem hell, so hell, daß es fast schmerzte.

Ich entsinne mich, wie die Bremsen blockierten, als ich sie durchtrat, außerdem erinnere ich mich an ein Geräusch von zerbrechendem Glas. Dann wurde ich für ungefähr eine halbe Stunde bewußtlos. Als ich wieder zu mir kam, rief ich über Funk um Hilfe.«

Beamte, die das Auto untersuchten, stellten fest, daß die Windschutzscheibe und ein Scheinwerfer zerbrochen waren, außerdem war die Motorhaube eingedrückt. Noch eigenartiger war die Tatsache, daß die beiden mit Sprungfedern befestigten, biegsamen Antennen auf dem Dach in einem Winkel von neunzig Grad abgeknickt waren. »Der Schaden an der Motorhaube, der Windschutzscheibe und an den Scheinwerfern könnte von Steinen oder Felsbrocken herrühren«, sagte der UFO-Forscher Allen Hendry. »Doch gibt es keine Erklärung, wie die Antennen, die

Das Phantom im Wald

Zwei Polizisten aus Hainault Forest, Essex, gingen am frühen Morgen im Mai 1977 einem Notruf nach, wobei sie ein zeltartiges Objekt entdeckten, das rot durch die Bäume leuchtete. Sie beobachteten sein rhythmisches Aufleuchten drei Minuten lang, dann verschwand es in der Dunkelheit.

extrem flexibel sind, so exakt abgeknickt werden konnten.«

Ärzte, die den Hilfssheriff nach seinem Abenteuer untersuchten, mußten Verbrennungen rund um die Augen behandeln. Sie waren von der gleichen Art wie diejenigen, unter denen Schweißer leiden, wenn sie keine Schutzbrille tragen.

Ein Dutzend Polizisten beobachteten im Februar 1980 über zwei Stunden lang ein UFO. Es erstaunte die Bewohner dreier Städte in zwei Verwaltungsbezirken mit seinen Kapriolen, die es am Himmel vollführte; erst schwebte es in der Luft, dann schoß es mit unglaublicher Geschwindigkeit in den unmöglichsten Winkeln herum.

Hilfssheriff Franklin Morris aus Winchester hörte zuerst über sein Funkgerät von der außergewöhnlichen Beobachtung; er beeilte sich, auf einen Hügel zu kommen, um einen guten Ausblick zu erhalten. »Zuerst dachte ich, es müsse ein Flugzeug sein, doch bewegte es sich völlig lautlos, es gab keinerlei Motorengeräusche. Es schwebte eine Weile, vielleicht drei oder vier Minuten. Dann entschloß es sich abzuheben, es bewegte sich so schnell, daß man ihm kaum mit den Augen folgen konnte. Ich habe in meinem Leben schon einige recht schnelle Flugzeuge gesehen, doch nie etwas in dieser Art.«

Die Polizisten Milton Yates und Gerald Glasner aus Winchester sahen helle rote und weiße Lichter auf sich zukommen, als sie im Osten der Stadt unterwegs waren. »Erst flog das Ding auf uns zu, hielt dann an und wartete zwei oder drei Minuten, schließlich schoß es mit gut tausend Stundenkilometern davon«, sagte Yates. »Nach der Art abzuheben, kann es kein Flugzeug gewesen sein. Es besaß weder Scheinwerfer, noch machte es Lärm, es gab nur diese blitzenden Lichter, und es rotierte. Ich bin mir ziemlich sicher, daß es ein UFO gewesen ist.«

Der Beamte Glasner fügte hinzu: »Es ähnelte nichts von dem, was es hier auf der Erde gibt. Die Geschwindigkeit, die Manövrierfähigkeit, diese blitzenden Lichter und die Stille waren erstaunlich.« Polizisten aus den nahegelegenen Städten Monteagle und Cowan beobachteten das UFO ebenso erstaunt. Sie erkundigten sich bei der Wetterstation in Nashville, doch die Angestellten konnten mit keiner natürlichen Erklärung aufwarten.

Zwei Polizisten aus Michigan jagten im März 1980 ein buntes, formloses Raumschiff mehr als fünfundzwanzig Kilometer weit, nachdem sie es am Himmel über Gladstone entdeckt hatten. »Es leuchtete orangefarben, hatte im Heck ein grünes Licht, oben und unten rote Leuchten und vorn ein blinkendes weißes Licht«, sagte der Polizeibeamte David Mariin, sechsundzwanzig Jahre.

Die Männer baten über Funk um Unterstützung, während sie den Lichtern fast eine Stunde auf gewundenen Straßen und durch dichten Wald folgten. Zwei weitere Polizeieinheiten nahmen noch an der Verfolgungsjagd teil, und die

Verhaftet diese Untertasse!

Der Polizist Chris Bazire und seine Kollegin Vivienne White entdeckten im November 1977 etwa zweihundert Meter über Salisbury Plain, Wiltshire, eine fliegende Untertasse. »Sie war rechteckig und hatte eine kuppelförmige Oberseite und einen flachen Boden«, berichteten sie. »Zuerst flog sie sehr langsam dahin, dann schoß sie plötzlich blitzschnell davon, wobei sie einen Kondensstreifen hinter sich herzog.«

Beamten in den anderen Wagen sahen alle das UFO, das über den Bäumen hin und her schoß, ihnen erst voranflog und dann mit einer unglaublichen Geschwindigkeit davonsauste.

»Meine Haltung gegenüber UFOs war früher eher skeptisch«, meinte Mariins Partner, Mark Hager, zweiundzwanzig Jahre. »Doch dies machte einen Gläubigen aus mir.« Die Männer erkundigten sich bei dem nahegelegenen Luftwaffenstützpunkt K. I. Sawyer, doch man sagte ihnen, daß sich auf den Radarschirmen nichts Außergewöhnliches gezeigt hätte. »Niemand dort hatte größeres Interesse«, berichtete Mariin. »Es kam mir fast so vor, als ob sie nicht wollten, daß die Öffentlichkeit etwas von dem Vorfall erfährt.«

Unter den Hunderten, die am 18. November 1980 über Kansas und dem nördlichen Missouri ein gigantisches geschoßförmiges Objekt vier Stunden lang am nächtlichen Himmel kreuzen sahen, befanden sich auch drei

Polizeibeamte. Der Hilfssheriff vom Verwaltungsbezirk Adair, Charles Cooper, und Bob Lober von der Autobahnpolizei in Missouri staunten, als es, ohne umzudrehen, zurückflog.

Und Polizist Mike Leavene sagte: »Ich habe noch nie etwas Derartiges gesehen.«

Menschen aus zweiundzwanzig Städten meldeten, daß sie das UFO im Zickzack über die beiden Staaten kreuzen sahen. Don Leslie, ein zweiundvierzigjähriger Schweißer aus Milan, Missouri, meinte: »Es war mindestens so groß wie ein Footballfeld.« Roger Bennett, vierzig Jahre, aus Huntsville, Missouri, sagte: »Es war so groß, daß ein B-52-Bomber dagegen wie ein Streichholz wirkte.«

Er fügte hinzu: »Es sah aus wie eine dicke, fette Zigarre, die in großer Höhe von Osten nach Westen flog. Als es sich über unseren Köpfen befand, konnte man ein fernes Dröhnen hören. Kurz bevor es über den Wolken verschwand, stieß es fächerartig sechs kleinere Objekte aus. Sie schossen in verschiedenen Richtungen davon.«

Lastwagenfahrer Randy Hayes, sechsundzwanzig Jahre, beobachtete, wie das UFO seine »Satelliten« aussetzte. Er sagte: »Sie waren rund und leuchteten bläulich. Das Mutterschiff war so groß, daß es eine Menge Sterne verdeckte.«

In Trenton, Missouri, machte der Fotografiestudent Rick Hull, neunzehn Jahre, eine Aufnahme von einem Lichterdreieck, das aussah wie ein Bumerang. Das UFO legte sich in die Kurve, wobei man »die Fenster einer Pilotenkanzel« erkennen konnte. Auch der Musiklehrer Buddy Hannaford und seine Frau Karla entdeckten die Lichter, die aussahen wie die »Beleuchtung im Passagierraum eines Flugzeugs«. Karla, die durch ein Fernglas blickte, erzählte: »Das Ding war deltaförmig oder dreieckig, es hatte zwei

Das brennende Kreuz

Zwei Polizisten aus Devon kamen 1967 in die Schlagzeilen, als sie helle Lichter in der Form eines pulsierenden Kreuzes jagten. Am 24. Oktober um vier Uhr morgens entdeckten die Beamten Roger Willey und Clifford Waycott das UFO über Hatherleigh, als sie auf Streife waren. Sie verfolgten es ein Stück weit auf schmalen Sträßchen, bevor es über die Felder davonschoß. Kritiker behaupteten, daß es sich bei diesem Ding auch um ein Flugzeug handeln könnte, das in der Luft aufgetankt hatte, was auch die Kreuzform erklären würde, das britische Verteidigungsministerium bestätigte, daß derartige Manöver in der Gegend durchgeführt worden seien. Doch waren sie bereits um 21 Uhr am vorhergehenden Abend abgeschlossen worden.

weiße Lichter und am Boden eine rote Signalleuchte. Es flog genau über unser Haus hinweg.«

Man entdeckte das Objekt in der Federal Aviation Administration Station im Norden der Stadt Kirksville, Missouri, auf Radar. Der Techniker Franklin West sagte: »Vier- oder fünfmal durchquerte es unseren Bereich. Ich würde seine Geschwindigkeit auf sechzig Stundenkilometer schätzen. Ich sage nicht, daß es eine fliegende Untertasse gewesen ist, sondern daß es ein nichtidentifiziertes Flugobjekt war, weil ich es nicht identifizieren konnte.«

SECHS

Fast aus jeder Ecke in der Welt gibt es Meldungen über UFOs. Doch einige Orte werden anscheinend wesentlich häufiger als der Durchschnitt besucht. In Großbritannien, Brasilien, Amerika und Europa gibt es bestimmte Gegenden, wo die Einwohner zahlreiche eigenartige Geschichten erzählen können. Haben UFOs demnach ausgewählte Ziele? Und wenn ja, warum?

Die Besuche in Warminster
Der Schrecken von Salisbury

Jahrhundertelang war Warminster nur ein kleines, unauffälliges Städtchen am Rande der Ebene von Salisbury. Wenig passierte, was das tägliche Einerlei seiner vierzehntausend Einwohner gestört hätte. Dann, am Morgen des 24. Dezember 1964, wurde der Leiter der Post, Roger Rump, der in der Hillwood Lane wohnte, von einem seltsamen Brummen unsanft aus dem Schlaf gerissen. Er hörte ein rasselndes Knirschen, als risse man die Dachziegel von seinem Hausdach. Das Ding war gekommen.

Zwei Wochen später wurden seine Nachbarn, Mr. und Mrs. Marson, dreimal in einer Nacht von einem Geräusch geweckt, das klang, als ob man »Kohle vor unser Haus schütten würde«. Dann wurde Mrs. Rachel Attwell, die Frau eines Piloten der Royal Air Force, um vier Uhr in der Nacht von einem eigenartigen Geräusch geweckt. Sie blickte aus ihrem Schlafzimmerfenster in Beacon View und sah ein zigarrenförmiges, leuchtendes Objekt am Himmel schweben, das größer und heller als ein Stern war. Mrs. Kathleen Penton, eine andere Hausfrau, die es auch bemerkt hatte, beschrieb es als »ähnlich einem Eisenbahnwaggon, der auf dem Kopf dahinflog, wobei alle seine Fenster beleuchtet waren«.

Schon bald suchten mehr und mehr Leute den Himmel über Wiltshire ab. Am 2. Juni 1964 beobachteten insgesamt siebzehn Menschen – darunter auch Mrs. Patricia Phillips, die Frau des Vikars von Heyetsbury, und ihre drei Kinder – das zigarrenförmige Ding am späten Abend länger als zwanzig Minuten. Ende 1965 hatten drei Menschen sogar Fotos davon gemacht. Und seltsame Dinge geschahen.

Ein Taubenschwarm fiel auf mysteriöse Weise vom Himmel. Der Naturforscher David Holton untersuchte die Körper und stellte fest, daß die Vögel von Schallwellen getötet worden waren, die hier auf der Erde unbekannt sind. Dann entdeckte ein Farmer, daß auf einigen Hektar eines Feldes, das er eigentlich brachliegen ließ, ein dichtes Gestrüpp gewachsen war – aus silbrigen Disteln, die bereits im Jahre 1918 in England für ausgestorben erklärt worden waren. Und in Warminster selbst wurde Harold und Dora Harlocks Garten in der East Street zu einer weiteren Attraktion des Gartenbaus, da dort gewöhnliche Disteln, die normalerweise knapp zwei Meter hoch wurden, vier Meter in die Höhe schossen.

Diese seltsamen Launen der Natur lockten scharenweise Zeitungsreporter und Fernsehteams in die Stadt. Und als sich die Nachrichten von den UFO-Sichtungen verbreiteten, wurde Warminster von Beobachtern aus ganz Großbritannien in ein Mekka verwandelt. Sie wurden nicht enttäuscht. Es gab kaum Monate, die ohne Sichtung vergingen. Die Monate wurden zu Jahren, und die Gegend der höchsten Aktivität wurde als Dreieck, das mehr oder weniger von Warminster, Winchester in New Hampshire und Glastonbury in Somerset begrenzt wurde, festgelegt. Die Einwohner gewöhnten sich an die neugierigen Besucher.

Eigenartige Lichter am Himmel, aufgeregte Tiere, stehengebliebene Autos und plötzlich verrücktspielende elektronische Geräte gehörten fast schon zur Tagesordnung. Dann, im November 1976, nahm das Ding Kontakt mit den Menschen auf.

Mrs. Joyce Bowles, zweiundvierzig Jahre, fuhr mit einem Freund der Familie, einem Landwirtschaftsleiter im Ruhestand, Ted Pratt, achtundfünfzig Jahre, in der Gegend nahe Winchester spazieren. Plötzlich hatte sie das Gefühl, »als würde sich das Auto in die Luft erheben«, bevor es ganz stehenblieb. Die beiden starrten in die undurchdringliche Dunkelheit der einsamen Straße. Dann schrie Mrs. Bowles in Panik auf. Eine riesige Kreatur mit rosafarbenen Augen blickte sie durch die Windschutzscheibe an. »Diese Augen waren grauenvoll, so hell wie die Sonne«, erinnert sie sich. »Sie gehörten zu einem Wesen, das wie ein gutgebauter Mann in einem silbernen Anzug aussah. Kurz bevor wir ihn sahen, hatte es ein Geräusch gegeben, das wie das Pfeifen eines Kessels klang. Nachdem er uns eingehend betrachtet hatte, ging er zu einem zigarrenförmigen, leuchtenden Raumschiff zurück, das nur einige Meter von uns entfernt über einem Feld schwebte. In dessen Innenraum konnten wir drei Gestalten erkennen. Nachdem das Wesen wieder eingestiegen war, flog das Raumschiff schnell davon.«

Mr. Pratt, der in Nether Wallop, Stockbridge, Hants,

wohnt, sagte: »Ich bekam Angst, als das Auto zu stocken begann, doch als die Figur mich anstarrte, wurde ich auf einmal ganz ruhig. Ich nehme an, daß das Wesen mir Kraft gegeben hat, mich um Mrs. Bowles zu kümmern, da sie sich in einem fürchterlichen Zustand befand. Es war eine nervenaufreibende Erfahrung.«

Dies war nur eine der vier Begegnungen dritter Art für Mrs. Bowles. Einige Wochen später fuhr sie wieder mit Mr. Pratt über Land, da hörten sie dasselbe schrille Pfeifen, und das Auto begann zu stottern.

»Plötzlich befanden wir uns beide in dieser Maschine«, entsinnt sich Mrs. Bowles. »Einer der Raumfahrer, der in meiner Nähe stand, war derselbe, den ich beim ersten Mal gesehen hatte. Überall blinkten und blitzten Lichter. Der Mann sagte uns, dies sei sein Feld, was auch immer er damit meinte. Einer seiner Kollegen zog ein Blatt Papier hervor, auf das alle möglichen Linien gezeichnet waren. In der Mitte befand sich ein Kreis, um den mehrere Ringe gezogen waren.

Die Männer trugen alle hohe, spitze Stiefel. Die Stiefel leuchteten, ähnlich wie die silbrigen Anzüge. In der Mitte ihrer Gürtel befand sich etwas Ähnliches wie ein glänzender Stein, und der Mann, der mir am nächsten war, drückte ständig diesen Stein oder berührte ihn zumindest. Ted meinte, es habe etwas mit dem Empfang von Botschaften zu tun.

Alles hörte sehr plötzlich auf. Es war so, als ob wir nach einer Ohnmacht wieder zu uns kämen. Wir fanden uns in meinem Auto wieder; irgendwo an einem Fluß, völlig verloren. Ein starker Lichtstrahl erleuchtete den Nachthimmel, dann wurde er immer kleiner und verschwand schließlich am Horizont.«

Einen Monat später, am 7. März, konnte Mrs. Bowles sich

bereits vorstellen, was passieren würde, als ihr Auto wieder einmal auf einer einsamen Landstraße streikte. Diesmal hatte sie Ann Strickland, eine Freundin, dabei, die ihre früheren Geschichten von Begegnungen mit den Raumfahrern stark angezweifelt hatte.

»Wir stiegen beide aus, dann sahen wir dieses ovale Ding, das hell leuchtete und ein summendes Geräusch produzierte«, sagte Mrs. Bowles.

»Ein Mann stieg aus und streckte seine Arme nach mir aus. Er kam direkt auf mich zu und nahm meine Hand. Er betrachtete Ann von oben bis unten. Sie war außer sich. Ich ebenfalls, doch zeigte ich es nicht.

Der Mann begann in einer fremden Sprache zu sprechen. Dann wechselte er in ein gebrochenes Englisch. Ich sagte ja, doch war ich mir nicht ganz sicher, was er gesagt hatte. Dann sagte er mir etwas, was ich sehr wohl verstand. Doch kann ich niemandem verraten, was es war. Ich traue mich nicht …

Der Mann sah aus wie ein anderer Raumfahrer, dem ich schon früher in der Gegend begegnet war, doch war sein Haar ein ganzes Stück länger. Es fiel ihm auf die Schultern wie bei einer Frau. Ich konnte eine Erhebung auf der Unterseite seiner Beine ausmachen, und er trug etwas, das aussah wie Gamaschen. Seine Berührung war warm, wie die eines Menschen.

Sobald er mir gesagt hatte, was er zu sagen hatte, drehte er sich um und ging zu dem Ding zurück. Wir beobachteten, wie es wieder aufstieg, wobei es in hoher Tonlage summte. Ann und ich waren eigentlich unterwegs gewesen, um ein paar Freunde zu besuchen, doch wir wendeten und fuhren auf der Stelle nach Winchester zu mir nach Hause zurück.«

Mrs. Strickland, fünfundsechzig Jahre, sagte: »Ich konnte

nicht verstehen, was der Mann zu Joyce gesagt hatte, und sie weigerte sich strikt, es mir zu erzählen, da sie es ihm versprochen hatte. Ich fiel fast in Ohnmacht. Ich war so überrascht und geschockt, ihn dort stehen zu sehen, und ich hatte große Angst. Noch nie zuvor habe ich etwas Vergleichbares durchgemacht. Ich fühle mich zu alt, um solche Schocks zu verkraften.«

Mrs. Bowles' Gesundheit litt nach dieser Begegnung. Sie bekam eine Lungenentzündung, dann schwollen ihre Hände an, sie mußte sogar ihren Ehering abnehmen, da sich in seiner Umgebung die Haut ablöste.

Einmal sollte sie noch eine solche Begegnung durchmachen müssen, diesmal im hellen Tageslicht. Im Juni 1977 war Ted Pratt wieder der Beifahrer, als das Auto, wie von einer mysteriösen Kraft ergriffen, in die Luft gehoben und außerhalb von Winchester auf einer Nebenstraße der Petersfield Road wieder abgesetzt wurde. Zwei Männer entstiegen einer silbrigen Maschine, die etwa zwanzig Meter entfernt war, und kamen auf sie zu. Sie unterschieden sich deutlich von den Wesen, denen Mr. Pratt bereits begegnet war.

»Sie hatten sandfarbenes Haar und trugen matte, metallene Anzüge«, erzählte er. »Sie sagten etwas, das klang, als ob sie der Menschheit helfen wollten – irgend etwas über Krieg. Sie streckten ihre Hände aus und ergriffen die unseren. Ich hatte furchtbare Angst. Sie signalisierten uns etwas mit ihren Händen, das ich nicht verstehen konnte. Sie sagten, sie befürchteten, daß die Menschheit sich selbst vernichten und die Atmosphäre verschmutzen würde.

Dann verabschiedeten sie sich einfach und verschwanden wieder in ihrem Raumschiff. Es brauste davon und war schnell außer Sicht. Wir standen völlig verstört da.

Ich glaube, wir haben ungefähr zehn Minuten mit diesen Wesen verbracht.«

Mrs. Bowles sagte: »So eine Art silberne Scheibe wurde mir in die Handfläche gedrückt. Später erschien an dieser Stelle eine eigenartige weiße Narbe. Sie sagten, sie würden wiederkommen, doch mir reicht es. Ich fühle mich wie eine gezeichnete Frau. Es bringt nichts, mit anderen darüber zu sprechen. Die Menschen glauben mir nicht.«

Es gab aber doch viele Leute, die Mrs. Bowles glaubten – Menschen, die auch Wesen getroffen hatten, die sie für Lebewesen aus dem Weltall hielten.

Der deutsche Fallschirmspringer Willy Gehlen hatte viele Jahre in der Armee gedient. Er wollte in Übung bleiben, und Mitte September 1976 war er auf dem Weg von seinem Haus in Bishops Castle, Shropshire, ins Fallschirmzentrum in Netheravon in der Nähe von Salisbury. Er entschied sich anzuhalten und in seinem Wohnmobil zu schlafen. Nachdem er vergebens nach einem Campingplatz gesucht hatte, steuerte er das Wohnmobil neben das Tor einer Farm in der Nähe von Upton Scudamore, einem Dorf, das drei Kilometer von Warminster entfernt an der Westbury Road liegt.

Er schlief bald ein, nachdem er alle Türen verschlossen hatte, doch wachte er früh am nächsten Morgen zitternd auf und bemerkte, daß die große Ladetür im Heck des Wagens offenstand. Er machte sie wieder zu, drehte den Schlüssel herum und verkroch sich noch mal unter seine Decken. Das gleiche passierte abermals.

»Normalerweise habe ich einen sehr leichten Schlaf und höre das leiseste Geräusch«, sagte er. »Doch habe ich niemanden diese Tür öffnen gehört. Da ich mich etwas durcheinander und unwohl fühlte, entschied ich mich, nicht mehr zu schlafen, und begann, mir auf meinem

Campingkocher eine Tasse Kaffee zu machen. Es war drei Uhr morgens.«

Dann, über das Geräusch eines in der Ferne vorbeifahrenden Zuges hinweg, vernahm Gehlen ein sonderbares Summen, »wie ein fliegender Bienenschwarm«, und bemerkte eine Gestalt, die hinter dem Farmtor in zehn Metern Entfernung dastand. »Schon die Größe dieses Wesens erstaunte mich – es war gut zwei Meter groß –, doch hatte ich keine Angst. Ich dachte, es sei der Farmer, der seine Tiere vor Viehdieben beschützen wollte, und ich begann zu erklären, daß ich hier nur diese Nacht campen wollte. Er antwortete nicht. Statt dessen leuchtete er mich mit einer quadratischen Taschenlampe an, die er in Brusthöhe hielt. Das Licht war dunkelorangefarben, und ich dachte, daß neue Batterien nicht schaden könnten.

Ich beschäftigte mich weiter mit meinem Kaffee, und als ich ungefähr eine Minute später wieder aufblickte, war er verschwunden. Dann hörte ich erneut das summende Geräusch und sah, wie ein großer Körper vom Boden abhob. An seiner Unterseite befand sich ein rosafarbener, pulsierender Schein, und ich beobachtete, wie er über die Felder verschwand. Er erhob sich in einem Winkel von fünfundvierzig Grad, doch ich dachte nur, der Farmer würde etwas einen Hügel hinaufziehen. Erst als es hell wurde, bemerkte ich, daß es gar keinen Hügel gab.«

Der verblüffte Exfallschirmspringer sprach in seiner Stammkneipe mit seinen Kameraden über den Vorfall, nachdem er nach Hause gekommen war. Als er ihren Ratschlag befolgte, einen UFOlogen aufzusuchen, wurde ihm klar, daß er womöglich einem Außerirdischen begegnet war.

Die Londoner Steve Evans und Roy Fisher haben seit 1971 mehrere Reisen in die Gegend von Warminster unternommen, da sie unbedingt UFOs sehen wollten. Sie behaupten, mindestens dreißig beobachtet und zwei nähere Begegnungen gehabt zu haben.

Die erste trug sich zu, als sie den Himmel von der Spitze des Cradle Hill aus beobachteten. Der Hügel ist einer von mehreren Aussichtspunkten nahe der Stadt. »Eine Art Kraftfeld bewegte sich schlangenartig durch das Gras, dabei knisterte es heftig, wie bei statischer Elektrizität«, berichtete Evans. »Es hielt genau auf Roys Füße zu, dann schwenkte es plötzlich nach rechts ab.

Die Schafe auf dem Feld spielten verrückt. Als es hell wurde, fanden wir flachgedrücktes Gras, als ob etwas gelandet war.«

Noch am selben Wochenende hatten die beiden Freunde auf dem Hügel des nahegelegenen Starr Hill eine Begegnung, die ihnen die Nerven raubte. Evans sagte: »Wir hatten das Gefühl, beobachtet zu werden. Ich warf einen Blick über meine Schulter und sah eine Kreatur in etwas Ähnliches wie einen weißen Overall gekleidet und mit einem weißen Hut auf dem Kopf, die auf ein paar Büsche zurannte. Ich verfolgte sie. Dabei machte ich eine Menge Lärm, als ich durch das Unterholz brach, doch ich schwöre, die Kreatur erzeugte nicht das geringste Geräusch. Nach einer Weile verlangsamte sie ihr Tempo, sah sich kurz um und verschwand zwischen den Büschen.«

Fisher fügte hinzu: »Als Steve losrannte, folgte ich ihm instinktiv, obwohl ich nicht wußte, hinter was ich da herlief. Ich erreichte die Büsche kurz nach ihm, da stieß mich jemand an und rannte davon. Weder sah noch hörte ich etwas, doch war es keine Einbildung. Er fühlte sich so kompakt an wie ein Mann von durchschnittlicher Größe und Gewicht.«

Auch Sally Pike und ihr Mann Neil sahen etwas Außergewöhnliches auf Starr Hill. Sie gehörten einer Gruppe von acht UFO-Beobachtern an, die zwei nichtidentifizierte, in großer Höhe fliegende Objekte ausgemacht hatten. Plötzlich hatten alle das Gefühl, daß die Luft auf einmal wärmer werden würde.

Sally fuhr fort: »Diese zwei Wesen erschienen. Sie waren gut zwei Meter groß, und sie sahen aus, als seien sie aus Rauch gemacht. Bis hinab zu ihren Taillen waren ihre Umrisse gut zu erkennen, dann verschwammen sie mehr und mehr.

Als Neil auf sie zuging, schien er einfach mit ihnen zu verschmelzen. Er selbst konnte sie nicht mehr erkennen, als er näher herangekommen war, doch wir sahen, wie er mitten durch die Kreaturen hindurchmarschierte und auf der anderen Seite wieder herauskam. Die Gestalten verharrten etwa eine halbe Stunde lang an der gleichen Stelle, doch schließlich verschwanden sie.«

Ken Rogers war von dem Geheimnis des Dinges von Warminster so gefesselt, daß er London verließ und dorthin zog, um die Geschehnisse direkt vor Ort mitzuverfolgen. Eines Nachts stieß er auf ein riesiges weißes Objekt, das einen Weg von Cradle Hill hinab versperrte.

»Es hatte das klassische Aussehen einer fliegenden Untertasse, die Umrisse waren perfekt«, erinnerte er sich. »Als ich näher herankam, wurde mir sehr heiß, und meine Hände begannen stark zu schwitzen. Ich lief geradewegs hindurch, was immer es auch gewesen sein mochte. Es sah aus wie Nebel, nur daß man jede Einzelheit in größter Klarheit erkennen konnte.«

Rogers, ein Direktor der *British UFO Society*, fügte hinzu: »Ich glaube, daß UFOs außerirdische Kampfeinheiten sind. Das scheint mir die plausibelste Erklärung für sie zu sein. Man muß sich nur daran erinnern, wie die Leute vor

Der Hügel von Glastonbury, Somerset,
im Südwesten Englands.

fünfzig Jahren schallend gelacht hatten, wenn man behauptet hatte, daß eines Tages Menschen auf dem Mond
landen würden. Ich denke, eine Spezies, die uns um vielleicht fünfzig Jahre voraus ist, würde solche Besuche
durchaus möglich machen können. Ich kann mir nicht
vorstellen, daß die UFOs uns etwas antun wollen, daher
habe ich keine Furcht. Ich glaube, sie studieren unsere
Entwicklung.«

Die Energie anzapfen

Warum hatte sich das Ding ausgerechnet Warminster ausgesucht? Diese Frage beschäftigte die UFO-Experten sehr. Die Stadt liegt in der Nähe eines großen Stützpunktes der Armee, und weite Gebiete der nahen Ebene von Salisbury werden vom Militär für Übungen verwendet. Viele der sogenannten UFO-Sichtungen der letzten Jahre konnten auf Leuchtraketen und andere militärische Gegenstände zurückverfolgt werden. Doch zahlreiche andere bleiben unerklärbar. Und ein Befehlshaber in der Armee gehört zu jenen, die die rätselhafte, zigarrenförmige fliegende Untertasse gemeldet haben. Sie hielt sein Auto im Jahre 1979 auf.

Auf der ganzen Welt wurden UFOs tatsächlich oft über Militärstützpunkten gesichtet. Das amerikanische Verteidigungsministerium gestand in geheimen Papieren zu, daß im Jahre 1975 unerklärliche Aktivitäten in der Luft über Raketenlagern und Nuklearzentren Anlaß zur Sorge gaben. Doch die Anzahl der verschiedenen Sichtungen über Warminster während so vieler Jahre ist einzigartig. Und wenn UFOs, wie viele Menschen glauben, mit intelligenten Wesen bemannt sind, so müßten sie wissen, daß es außer in der Ebene von Salisbury noch eine Menge weiterer wichtiger militärischer Ziele auf der Erde gibt.

Zwei andere Theorien für die Sichtungen, von denen es seit 1964 wöchentlich im Mittel zwei gibt, wurden aufgestellt. Gerade außerhalb des Dreiecks von Warminster liegt Stonehenge, das von vielen für einen altertümlichen »Computer« für Astronomen gehalten wird. Und Warminster selbst liegt auf der Kreuzung von dreizehn geheimnisvollen Linien, den mysteriösen geraden Linien, die durch Monumente, Gräber, Friedhöfe, Steinkreuze und andere antike Heiligtümer laufen.

Einige Wissenschaftler und Historiker glauben, daß das Netzwerk der geheimnisvollen Linien vor Jahrhunderten die Energie der Erde anzapfte und daß Stonehenge ein Kraftwerk für diese Energie war. Die Menschheit hat die Fähigkeit verloren, es zu nutzen, auch wenn manche Menschen behaupten, von einigen der uralten Steine Stromschläge zu bekommen. Könnte es sein, daß die Außerirdischen diese Energie anzapfen können oder daß sie deshalb von der Erde angezogen werden? Könnte es womöglich sein, daß sie den ehemaligen Bewohnern Großbritanniens während früherer Besuche Anleitungen zum Bau dieser Linien gaben?

Andere UFOlogen konzentrieren sich auf den Westen des Landes, um Gründe für die gesteigerten Aktivitäten über dem südlichen England zu finden. Die historische Stadt Glastonbury bildet ein Grenzstück des Dreiecks von Warminster. Legenden besagen, daß der Heilige Gral – der Becher, aus dem Jesus während des letzten Abendmahles getrunken hatte – von Joseph von Arimathia nach Großbritannien gebracht und im Jahre 60 n. Chr. unter dem Hügel von Glastonbury vergraben worden war. Viele Menschen, welche die hellen Lichter am Himmel über Glastonbury gesehen haben, glauben ernsthaft, daß sie die »zweite Ankunft« ankündigen.

Die brasilianischen Feuerbälle

Aus unbekannten Gründen bekommt Brasilien über-
proportional viel außerirdischen Besuch. UFOs werden
regelmäßig beobachtet, und sie kommen gleicherma-
ßen aus dem Meer und aus dem All. Am 27. Juni 1970
blickte Maria Machado, während sie das Mittagessen
zubereitete, aus dem Fenster ihres Hauses in Rio de
Janeiro und sah eine metallisch graue Scheibe mit einer
durchsichtigen Kuppel, die augenscheinlich auf dem Ozean segelte. Zwei Kreaturen in schimmernden Gewändern
bewegten sich auf dem Deck. Ihr Mann, vier Töchter und
ein Polizist betrachteten diese eigenartige Maschine
ebenfalls. Nach vierzig Minuten schwirrte sie über die
Wasseroberfläche und hob ab, dabei ließ sie ein weißes,
reifenähnliches Objekt zurück, das auf das Meer hinaus-
trieb.

Am 12. September 1971 behauptete der Schreibmaschi-
nenmechaniker Paulo Silveira, daß ihn zwei Wesen in
blauen Overalls ins Innere einer glänzenden Scheibe ge-
zerrt hätten. Er berichtete den Behörden, er habe sich
gerade auf dem Heimweg nach Itaperuna im Norden von
Rio befunden, da habe die Scheibe die Straße versperrt.
Ein heller Lichtstrahl sei hervorgeschossen und habe den
Automotor absterben lassen, dann ließen auch seine eigenen Kräfte nach.

Er hörte einen Motor starten, als die beiden Außerirdischen von der Größe ungefähr zehnjähriger Kinder ihn an
Bord schleppten; dann fiel er in Ohnmacht. Als er wieder
zu sich kam, bemerkte er, daß sie ihn wieder hinaustru-
gen. Sie legten ihn neben sein Auto, kehrten in ihr Raumschiff zurück und hoben ab. Ein anderer Autofahrer fand
ihn dort, schwindelig, geblendet und desorientiert, und

fuhr ihn ins Krankenhaus. Er hatte drei Stunden seines Lebens verloren.

Der Farmer Domingos Monteiro Brito behauptet, im Januar 1981 zwei Außerirdische getroffen zu haben, als eine graue, schimmernde Scheibe in der Dämmerung auf seinem Land auf der Insel Camaracu gelandet sei. Die Außerirdischen, die den Menschen sehr ähnlich sahen, stellten ihm in seiner Sprache eine Reihe von Fragen – wie viele Einwohner sein Dorf habe, ob es in der Gegend größere unbewohnte Gebiete gäbe –, doch er war zu verängstigt, um sich zu erinnern, ob er geantwortet hatte. Das Raumschiff hob wieder ab, doch die Kreaturen sagten ihm, daß sie zurückkommen würden.

Zu Beginn des Jahres 1980 erlebten die Einwohner des 30 000-Seelen-Städtchens Tres Coroas südlich von Rio die außergewöhnlichste Anhäufung von UFOs, die jemals verzeichnet wurde. Während zwanzig Tagen wurden Autos von Feuerbällen gejagt, entstanden plötzlich Stichflammen, ohne etwas zu verbrennen, und Heerscharen von eigenartigen Gebilden zischten durch und über die Stadt.

Der Besitzer eines Fahrradladens, Joao Jose de Nascimento, fuhr spät in der Nacht nach Hause, da tauchte ein Ding, das aussah wie Feuer, neben seinem Wagen auf und verfolgte ihn offensichtlich. Er sagte: »Es war sehr seltsam, und ich fürchtete mich. Ich fühlte, daß es mich entführen wollte.« Als er nach Hause kam, erzählte ihm sein Sohn Vicente, daß er ein weiteres UFO gesehen habe – es sei zwiebelförmig gewesen und habe am Himmel rotiert, und seine Lichter hätten ständig zwischen Orange, Grün und Blau gewechselt. Der Beamte Roberto Francisco Santana sagte, er habe den Schatten einer sehr schnellen fliegenden Untertasse gesehen, als er mit seiner Frau und seinen Kindern durch die Stadt fuhr. Dann entdeckte er zwei weitere Untertassen, die über der Stadt kreisten. »Während ich gebannt nach oben starrte, fuhr ich auf ein vor mir fahrendes Auto auf«, berichtete er. »Die Dinge, die wir gesehen hatten, waren sehr furchterregend.«

Der Kommandeur der Militärpolizei, Antonio das Gacas Santos, erzählte, er sei zu dem Haus eines Nachbarn gerannt, als er feststellte, daß sein Garten auf eigenartige Weise hell erleuchtet wurde. »Sehr deutlich erkannte ich eine Figur von der Größe eines Menschen, die ihre Arme ausgebreitet hatte. Einzelheiten konnte ich nicht ausmachen, doch hörte ich ein gedämpftes winselndes Geräusch, wie von einem Welpen. Mein Nachbar berührte die Kreatur, und sofort fiel er wie unter Schock rückwärts zu Boden. Ich fürchtete mich, doch es war kein normales Angstgefühl. Ich bekomme immer noch eine Gänsehaut, wenn ich daran denke.«

Dr. Gloria Machado, eine Psychiaterin aus Rio, beobachtete etwas, was sie sehr erstaunte, als sie und ihr Ehemann Mario, der Präsident der brasilianischen Vereinigung für Parapsychologie, in der Stadt ankamen. »Ich sah ein Feuer, das nichts verbrannte, und Lichtblitze, die sich in den Baumwipfeln entzündeten«, sagte sie. »Zu Hause sah ich eine Streichholzschachtel, die in der Mitte des Zimmers schwebte, Flaschen, die ohne Grund zerbrachen, durch den Raum fliegende Stühle …«

Ihr Mann überredete Leute, die ein hell erleuchtetes UFO beobachteten, zu dem Versuch, mit diesem in Kommunikation zu treten.

Er berichtet: »Wir fingen an, Buchstaben des Alphabets aufzusagen und vernahmen Geräusche, die hinter den

244

Lichtern hervorkamen. Der Buchstabe D kam langgezogen und hart zurück. Überall blinkten Lichter auf, und wir hörten etwas, das wie ein geschlagener Rhythmus klang. Dann wurde plötzlich alles nachtschwarz.« Der Rechtsanwalt Josefino de Carvalho, der das Experiment beobachtete, sagte:»Ich bin mir sicher, daß wir es mit intelligenten Wesen zu tun haben.« Und der Polizeichef Santos meinte: »Ich glaube nun, daß auf anderen Planeten in anderen Sonnensystemen Kräfte leben, denen es möglich ist, sich hier auf der Erde zu manifestieren.«

Durch die Fenster
zur Erde

Amerikanische Luftraumforscher glauben, zwei UFO-Fenster auf der Erde lokalisiert zu haben – die schläfrige Stadt Winsted in Neuengland, Connecticut, und das Rechteck von Michigan im Mittleren Westen.
Während der letzten zwanzig Jahre haben sich die Einwohner von Winsted an eigenartige Formen am Himmel gewöhnt. Im Februar 1967 gehörte ein Geschäftsmann zu den drei Zeugen, die ein Objekt gemeldet hatten, das eine Viertelstunde über der Stadt geschwebt war, bevor es mit rot und grün blitzenden Lichtern verschwunden war. Nur ein paar Nächte später hörten zwei Mädchen rasenmäherähnliche Geräusche aus einer Scheune kommen und sahen drei wie Menschen aussehende Wesen auf ihr Haus zugehen. Ein vorbeifahrendes Auto verjagte sie, und kurze Zeit später sahen die Mädchen – und ihr Nachbar – ein UFO von einem nahegelegenen Hügel aufsteigen.
Ende des Jahres beobachtete man ein kegelförmiges Objekt mit roten Lichtern an zwei aufeinanderfolgenden

Nächten, und einen Monat später entdeckte man ein Ding, das geräuschlos über ein paar Bäumen schwebte und rote und grüne Lichtblitze aussandte, bevor es mit hoher Geschwindigkeit davonzischte.

Die Beobachtungen im Jahre 1968 beinhalteten unter anderem eine extrem helle Kugel, einen Ballon in der Nähe des Mondes und ein orangefarbenes, mondähnliches Ding in einer Neumondnacht.

Im Jahre 1976 hörten dreizehn Pfadfinderinnen ein Winseln in hoher Tonlage, als sie vor der Stadt auf den Blueberry Mountain stiegen. Sie blickten auf und sahen eine silberne fliegende Untertasse mit flachem Boden und einem Durchmesser von ungefähr acht Metern. Sie war von einem purpurfarbenen Nebel umgeben und hatte auf der Oberseite eine rote Kuppel. Sie verharrte ungefähr dreißig Sekunden an derselben Stelle, bevor sie verschwand. 1977 sahen ein Polizist und drei weitere Personen ein UFO mit einer roten Kuppel geräuschlos über der Kläranlage der Stadt schweben und den Boden mit zwei gelblichweißen Lichtstrahlen abtasten. Im selben Jahr beobachteten einige Leute, wie ein paar UFOs in das Wasserreservoir der Stadt tauchten und spritzend wieder herausschossen.

Ted Thoben, ein UFO-Forscher aus Connecticut, gehört zu denjenigen, die glauben, Winsted sei ein Fenster, durch das die UFOs auf der Erde ankommen. Er sagt: »Diese Fenster sind Abweichungen von der normalen Magnetisierung, dort kommen diese Dinge dann hindurch.

Doch glaube ich nicht, daß sie von anderen Planeten kommen. Ich kann mir eher vorstellen, daß sie auf einer anderen Frequenz oder Vibrationsstärke leben, so daß wir sie die meiste Zeit nicht sehen können. Sie wohnen an den gleichen Stellen wie wir, und Orte wie Winsted sind die Knotenpunkte zwischen den unterschiedlichen Dimensionen.

Diese Theorie ist wesentlich logischer, als zu behaupten, UFOs kämen aus dem Weltall. Die Erde befindet sich nun einmal in den äußeren Bereichen der Milchstraße. Es leuchtet mir nicht ein, daß irgendwelche weitentfernten Planeten uns nach zweitausend Jahren immer noch so faszinierend finden sollten, daß sie derartige Anstrengungen auf sich nehmen, um hierher zu kommen, wo es doch noch so viele andere Planeten gibt.«

Die Bezeichnung »Rechteck von Michigan« wurde von David Fideler geprägt, der Vorsitzender des örtlichen Forscherverbandes für außergewöhnliche Ereignisse ist. Nachdem er Berichten von seltsamen Vorgängen zwischen Kalamazoo im Norden und der Staatsgrenze von Indiana im Süden nachgegangen war, konstatierte er: »Das Rechteck könnte durchaus eine Anhäufung von Fenstern sein – mit anderen Worten, ein Tor zwischen der normalen und der übernatürlichen Welt, wo die Unwirklichkeit tagtäglich in die Wirklichkeit strömt.«

Fideler hat seit dem Jahre 1897 eigenartige Objekte und Lichter, die am Himmel gesehen wurden, chronologisch aufgezeichnet. In jener Gegend häufen sich die Berichte über Phantomgestalten, die wie Panther aussahen, und von Bigfoot – einer Kreatur mit einem menschlichen Körper, der vollständig mit Haaren bedeckt ist. Außerdem hatte Bigfoot strahlend rot leuchtende Augen. Und Fideler sagt, bevor die Weißen am Michigansee angekommen waren, hätten ihn die Indianer »Magischer See« genannt. Er ist der Meinung, daß geophysische und elektromagnetische Störungen für die bizarren Ereignisse der Gegend verantwortlich sein könnten.

1897 beobachtete man unter anderem ein strahlend weißes Licht, einen riesigen Feuerball und ein mysteriöses
Luftschiff. Eine Frau berichtete auch von Stimmen, die
aus dem Himmel kamen. Im April dieses Jahres beobachteten mindestens ein Dutzend Menschen ein unerklärliches Licht, das sich über das Zentrum von Kalamazoo
bewegte.

1950 stürzte eine DC-4 mit achtundfünfzig Personen an
Bord ab – und Fideler sagt, zur fraglichen Zeit habe man
einen sonderbaren Lichtball am Himmel gesehen.

Im Jahre 1966 gehörte ein Polizist zu denjenigen, die ein
UFO, »das so hell war, daß man es nicht direkt anschauen
konnte«, beobachteten. Dann entdeckte man ein knapp
fünfzehn Meter langes UFO, das über einem Highway
kreuzte und mit seinen blinkenden Lichtern die Autofahrer blendete.

1970 gab es eine eigenartige Explosion, die man noch in
sechs Kilometern Entfernung vernahm, ein dreizehn Meter großes Loch wurde dabei in das Eis des Upper Scott
Lake gerissen. Einige Eisbrocken flogen dreißig Meter
weit ans Ufer.

Im Jahre 1974 jagten Streifenwagen eine Dreiviertelstun-
de lang hinter einem UFO her. Es erzeugte weiße und
farbige Lichtblitze, bewegte sich mit einer Geschwindigkeit von etwa sechzig Stundenkilometern und hielt sich
in ungefähr zweihundert Meter Höhe, bevor es verschwand. Zwei Jahre später wurde von einer dunstigen,
schimmernden Figur berichtet, die wenige Meter über
dem Boden dahinglitt, und im Jahre 1978 sandte ein
außergewöhnliches Objekt Lichtstrahlen auf das Kern-
kraftwerk Cook hinab.

Fideler meinte: »Aus diesem kleinen Gebiet gibt es zu viele
verwirrende Berichte in einer so langen Zeitspanne, als

daß man sie einfach als unzusammenhängende Zufälle abtun oder für die Hirngespinste von Narren halten könnte.«

UFOs – alle in einer Reihe

Im Jahre 1954 gab es über Mitteleuropa eine unvorhergesehene Anhäufung von UFO-Beobachtungen – und Aimé Michel, ein französischer Parapsychologe und Verfasser wissenschaftlicher Artikel, entdeckte einen faszinierenden Zusammenhang, als er die Berichte der verläßlichsten Zeugen studierte. Er zeichnete die Orte auf einer Landkarte ein, und sie ließen sich alle zu einer Linie verbinden, die durch die Städte Bayonne und Vichy lief.

Sie brauchen nichts als Liebe

Die Einwohner einer kleinen Stadt in der Wüste von Arizona behaupten, daß sie bereits seit über dreißig Jahren von UFOs besucht werden. Und sie brächten der Menschheit nur eine einzige Botschaft: »Wir lieben euch.« Die Stadt heißt Childs und liegt einsam am East Verde River zwischen Flagstaff und Phoenix. Clarence Hale, vierundsechzig Jahre, sagte: »Wir haben Hundertschaften von UFOs beobachtet – ich sah mein erstes im Jahre 1947. Wir sehen hier so viele, daß wir ihnen gar keine Beachtung mehr schenken.«

Seine Frau Mamie Ruth, zweiundsechzig Jahre, fügte hinzu: »Wir wissen, wann die Raumschiffe in der Gegend sind. Wir brauchen gar nicht mehr vor die Tür zu gehen, um sie zu betrachten. Ein Gefühl bemächtigt sich unser, es ist ein warmes und angenehmes Gefühl. Man kann es mit einer Art ›Liebe-Deinen-Nachbarn-Gefühl‹ aus dem tiefsten Inneren vergleichen, einem Gefühl der Menschlichkeit.

Wir glauben wirklich daran, daß die Außerirdischen mit den Erdenmenschen sprechen wollen. Das starke Gefühl von Liebe und Verbundenheit, das wir empfinden, ist ihre Art, mit uns in Kontakt zu treten. Sie versuchen, die Erde und das Universum zu verbessern – es gibt überhaupt keinen Grund, sie zu fürchten.«

Die Bewohner des Städtchens behaupten, den Behörden Beweismaterial für die Landungen von UFOs geliefert zu haben – Pulver und Strähnen silbernen »Engelshaares«. Der Leiter des Kernkraftwerks Cliff Johnson fand eines Morgens fünf Kreise aus diesem Pulver auf seinem frischgemähten Rasen, jeder hatte einen Durchmesser von ungefähr vier Metern.

»Das Pulver hatte eine gräulichweiße Farbe, bis ich es berührte«, berichtete er. »Dann wurde es schwarz wie Ruß. Es gab keinerlei Anzeichen, daß auch irgend etwas anderes gelandet sei, bloß diese Pulverkreise waren zu sehen. Einige hatten in der Mitte ein Aschehäufchen.«

Auch Clarence Hale entdeckte Pulverkreise, nachdem er ein »Sternenschiff« in der Nähe seines Hauses beim Landen beobachtet hatte.

»Es war ungefähr acht Uhr morgens, und ich sah es mit einer Geschwindigkeit von etwa fünfzig Stundenkilometer über den Gebirgszug kommen, es war ein großes, untertassenförmiges Schiff, vielleicht zweihundert Meter lang. Ich konnte Fenster und Bullaugen ausmachen, durch die Licht fiel. Das Schiff war silberfarben, wie Metall. Es landete und hob wieder ab. Als es davongeflogen war, fand ich die pulverisierte Asche.

Außerdem fand ich das ›Engelshaar‹. Es sieht aus wie ein

feines Spinnennetz, doch fühlt es sich synthetisch an. Es hing in den Büschen und Bäumen, nachdem das UFO abgehoben hatte. Eines Nachts sammelte ich etwa zehn Meter davon auf, doch als ich es in meiner Hand zusammenrollte, verschwand es einfach.«

Staatlichen und Universitätslaboratorien war es trotz intensivster Untersuchungen unmöglich, die chemische Zusammensetzung oder Herkunft des Pulvers zu bestimmen. Ein Topwissenschaftler von der *US Geological Survey* gab zu: »Es hat uns sehr erstaunt. Wir konnten nichts Entsprechendes auf der Erde finden.«

Die Bürger von Childs glauben, daß das »Engelshaar« dazu dient, die Menschen vor Schäden, die während der Abflüge auftreten könnten, zu bewahren. Kathy Soulages sagte: »Ich glaube, daß es sich um Verbrennungsreste handelt. Immer wenn ein Raumschiff irgendwo hinkommt, wo es jemanden verletzen könnte, stößt es dieses Material aus, um uns vor der Hitze zu schützen.«

Schrecken im Buschland

Seltsame Objekte am Himmel haben die Einwohner einer kleinen australischen Stadt länger als zwölf Jahre in Atem gehalten. Lastwagen und Autos wurden gejagt und bedroht, und einem Mann gelang es sogar, ein UFO mit seinem Gewehrschuß zu treffen.

Die Stadt heißt St. George und liegt fünfhundert Kilometer westlich von Brisbane. Max Pringle, der Herausgeber der örtlichen Zeitung, die von zweieinhalbtausend Einwohnern und in den umliegenden Farmen gelesen wird, sagte: »Seit 1967 gab es mehrere hundert Sichtungen, die meisten Berichte kamen von vertrauenswürdigen Bürgern, die nicht auf Sensationen aus sind. Niemand weiß, warum diese Dinge die Leute hier in Angst und Schrecken versetzen. Nur Gott kennt den Sinn, der sich dahinter verbirgt.« Pringle sagt, er habe sein erstes UFO im Jahre 1977 gesehen. »Es war orangefarben, hatte die Form eines Fußballs und zog ungefähr zweihundert Meter über dem Erdboden dahin«, erinnert er sich. »Auf seinem Dach befanden sich blinkende grüne Lichter, auf der Unterseite waren sie rot. Ich war sehr verblüfft. Noch nie habe ich so etwas gesehen.« Bis 1980 beobachtete er mindestens zwei Dutzend weitere UFOs.

Der Chef einer Lastwagenfirma, Jack Dyball, behauptet, im Jahre 1975 von einem silbergrauen Raumschiff gejagt worden zu sein, als er mit seinem Laster in der Nähe der Stadt unterwegs war. »Es kam direkt auf mich zu, dann zog es plötzlich in die Höhe und geriet außer Sicht«, schilderte er. »Ich sage Ihnen, es hat mich richtig erschreckt. Es war kein Flugzeug, denn es hatte keine Flügel. Ich dachte wirklich, gleich stößt es frontal mit mir zusammen. Als es nach oben wegflog, sah ich große blaue Flammen aus fünf Düsen auf der Rückseite kommen.«

Murray Beardmore, der Sohn eines Ranchers, gab im September 1978 einen Schuß auf ein orangefarbenes UFO ab. Es ließ rote und grüne Lichter aufblitzen, als es vor dem Lastwagen herflog, in dem er und zwei seiner Freunde saßen. Beardmore sagte, er habe den Lastwagen angehalten, habe sein Gewehr ergriffen und einen Schuß abgefeuert. Doch dann packte sie die Angst, und sie fuhren schnellstens zu ihm nach Hause, das UFO blieb ihnen auf den Fersen. Plötzlich fiel ihr Motor aus unerfindlichen Gründen aus. John Beardmore, der Vater des Jungen, sagte: »Mein Sohn war völlig durcheinander, als er hier ankam. Alle drei waren kalkweiß. Meine Schwester, meine Frau und ich sahen das Ding ebenfalls, ich stieg ins Auto, um es zu verfolgen, doch es verschwand.«

Das Dreieck
von Broadhaven
Fünfzig Beobachtungen in einem einzigen Jahr

Wer oder was sucht das Dreieck von Broadhaven heim? Das ist ein Geheimnis, das Wissenschaftler, militärische Forscher und UFOlogen verblüfft hat.

Das Dreieck liegt zwischen Swansea, Mittelwales und Broadhaven. Und es war Schauplatz von mehr UFO-Besuchen als irgendein anderer Ort auf der Welt. Innerhalb eines einzigen Jahres gab es mit Sicherheit mehr als fünfzig Beobachtungen.

Zuerst dachte man, die große Anzahl der Meldungen rühre von der starken Konzentration militärischer Einrichtungen in dieser Gegend her. Auf engem Raum liegen die Royal Aircraft Establishment Missile Range, RAF Brawdy, ein Truppenübungsplatz, die Pendine Ranges der Armee, ein Raketentestgebiet, ein Tieffluggebiet für Überschallflugzeuge und die Station für die Ortung von Unterseebooten beieinander. Die Sprecher dieser Einrichtungen sind über die Flut der Sichtungen erstaunt. Nur sehr wenige kann man auf militärische Übungen zurückführen.

Die Beobachtungen, die Billy und Pauline Coombs in ihrem Farmhäuschen gemacht hatten, hat auch die Experten verwundert. Sie saßen um ein Uhr morgens im Wohnzimmer ihres Hauses, Pauline drehte sich plötzlich um und schaute aus einem Fenster. Eine riesige, seltsame

Kreatur, die einen silbrigen Anzug trug, versperrte ihr die Sicht.

Zu entsetzt, um zu schreien, starrte Pauline das über zwei Meter große Wesen wie gelähmt an. Billy spürte ihre Furcht, drehte sich ebenfalls in seinem Sessel um und sah die monströse Silhouette. »Ach du liebe Güte! Was, um Himmels willen, ist das?« rief er.

»Es trug einen Helm mit einer Art leuchtendem Visier«, erinnert sich Pauline. »Ein Schlauch führte vom Mund zum Hinterkopf. Ich war wie erstarrt. Vor Schreck waren wir wie gelähmt.

Es strahlte so ein seltsames Licht aus, und als es das Fenster berührte, begann der Rahmen zu klappern, als sei die Hölle los – dabei war es windstill.

Als ich mich wieder beruhigt hatte, rannte ich die Treppe hoch, um nachzusehen, ob den Kindern etwas passiert war.

Billy brachte Blackie, unseren Labrador, nach draußen, doch er wurde verrückt vor Angst. Sechs Monate später mußten wir ihn einschläfern lassen.«

Die Coombs riefen über Telefon um Hilfe, doch als die Polizei bei ihnen auf der Ripperton Farm in der Nähe des Dorfes Dale, Dyfed, auftauchte, war der seltsame Besucher schon verschwunden. Das Paar rief auch bei den Nachbarn an, um zu berichten, was es gesehen hatte. Billys Chef, der Farmer Richard Hewison, fuhr zu ihnen hinüber, sobald er den Anruf erhalten hatte. »Sie waren völlig verängstigt«, berichtete er. »Vor Schreck hatten sie fast den Verstand verloren.«

Die Familie behielt zwei Andenken von dem Zwischenfall – einen verbrannten Fernseher und einen Rosenstock neben dem Fenster, der verkohlt war.

Der Schrecken am frühen Morgen des 24. April 1977 war

Die Grundschule von Broadhaven; auch die Gegend hinter der Schule, wo einst ein UFO gelandet war, ist zu sehen.

jedoch nicht die erste Begegnung mit dem Unbekannten, die Mrs. Coombs durchmachte. Zwei Monate früher, am 24. Februar 1977, fuhr sie mit dreien ihrer fünf Kinder vom nahegelegenen St. Ishmael um acht Uhr abends nach Hause. Einer der Jungen entdeckte plötzlich ein Licht, das mit großer Geschwindigkeit auf sie zuzukommen schien.

Als die Kinder vor Angst zu weinen begannen, trat die dreiunddreißigjährige Mrs. Coombs, der man nachsagt, ein nüchterner Typ zu sein, auf das Gaspedal. »Ich dachte, das Ding käme gleich durch die Windschutzscheibe«, erinnerte sie sich. »Doch flog es bloß über uns hinweg und zog eine enge Schleife.«

Das Raumschiff flog nun neben ihnen her und zischte mit einer Geschwindigkeit von hundertdreißig Stundenkilometern über die Hecken, Frau Coombs trat das Gaspedal weiterhin durch. Zehn Minuten dauerte diese eigentümliche Jagd über verlassene Landstraßen. Das Ding war nicht größer als ein Fußball, doch es glühte gelb, und aus seiner Unterseite kam ein Lichtstrahl.

Schließlich konnte man vom Auto aus das Farmhaus sehen ... da starb der Motor ab. Hysterisch riß Frau Coombs ihre Kinder vom Rücksitz und rannte ins Haus. Während sie ihre erstaunliche Geschichte erzählte, beobachtete ihr ältester Sohn, wie das Objekt verschwand.

Während des ganzen Jahres nach diesen Zwischenfällen machten unerklärliche Geschehnisse der Familie das Leben zur Hölle. Regelmäßig sahen die Kinder in den umliegenden Feldern helle Lichter landen, am nächsten Morgen fanden sie Brandflecken. Auf einem Ausflug an die Küste zur nahegelegenen St. Bride's Bay sahen sie zwei Gestalten in silbernen Anzügen und eine fliegende Scheibe, die, wie es aussah, in den Felsen verschwand. Zwei der Kinder trugen seltsame Verbrennungen davon. Fünf Fernsehapparate und acht Autos brannten auf mysteriöse Weise aus. Dann hörten die Zwischenfälle ebenso plötzlich auf, wie sie begonnen hatten.

Auch die Nachbarn der Coombs berichteten von eigenartigen Vorfällen. Eines Morgens blickte Mr. Hewisons Frau Josephine aus dem Schlafzimmerfenster und entdeckte ein fast zwanzig Meter großes Raumschiff neben ihrem Gewächshaus.

Sie sagte: »Es war so hoch wie ein Doppeldeckerbus, es gab keine sichtbaren Fenster oder Öffnungen. Es stand dort etwa zehn Minuten, dann hob es ab. Es hinterließ keine Spur. Nicht ein einziger Zweig war zerbrochen.«

Der junge Aushilfsverkäufer Stephen Taylor aus Haverfordwest hatte die vielleicht engste Begegnung mit einem Außerirdischen – ein Gebilde, das demjenigen, das die

Coombs erschreckt hatte, sehr ähnlich sah, erschien plötzlich an seiner Seite. Er befand sich spät in der Nacht auf dem Heimweg, da sah er vor sich eine schwarze Silhouette.

Er sagte: »Es war wohl ungefähr sechzehn Meter breit. Ich bemerkte dort, wo ich die Unterseite vermutete, ein gedämpftes Licht. Auf einmal kreuzte dieses Ding auf, direkt neben mir. Ich starb fast vor Angst. Es trug silberfarbene Kleidung. Seine Wangenknochen schienen mir ziemlich hoch.

Seine Augen sahen aus wie Fischaugen – ganz rund. Ich bedachte es mit einem Schwinger in die Seite und rannte davon. Ich weiß nicht, ob ich traf. Ich rannte die fünf Kilometer bis nach Hause. Als ich ankam, knurrte mein Hund mich an. Er wollte mich nicht an sich heranlassen.«

Louise Bassett, die Frau eines Restaurantbesitzers aus Ferryside, Carmarthen, sagte: »Eines Nachts fuhr ich nach Hause, da fiel plötzlich das Radio aus. Gleichzeitig sah ich blitzende Lichter am Himmel. Ich fuhr einen Umweg, um ihnen auszuweichen, doch fünf Kilometer weiter erschienen sie wieder.« Dutzende von Fernsehern und Radios in der Gegend fielen zeitgleich mit Frau Bassetts Radio aus. Frau Bassetts Hund befand sich mit ihr im Auto. »Seit dieser Nacht war er nicht mehr derselbe«, bedauerte sie.

Der Künstler John Petts, zweiundsechzig Jahre alt, arbeitete in seinem Studio in der Nähe von Carmarthen, als er auf einmal ein helles Licht am Himmel entdeckte. »Es war ein zigarrenförmiges Objekt. Einen Augenblick war es zu sehen, im nächsten war es verschwunden«, berichtete er. Die vielleicht allerbesten Zeugen sind die Schüler der Grundschule Broadhaven. Fünfzehn von ihnen – vierzehn Jungen und ein Mädchen – hatten gerade Fußball gespielt, bevor sie ins Haus rannten, um dem Direktor zu sagen, daß sie am Himmel ein Raumschiff gesehen hatten. Der Direktor, Herr Ralph Llewellyn, trennte sie und bat sie, von dem, was sie gesehen hatten, ein Bild zu malen. Er verglich die Resultate und war von ihrer Ähnlichkeit überrascht. Es konnte kein Scherz gewesen sein. Herr Llewellyn sagte: »Ich kann mir nicht vorstellen, daß Kinder dieses Alters fähig sind, einen Streich dieser Art durchzuziehen.«

Die Beobachtung, die Forscher der *British UFO Research Association* in Aufruhr versetzte und die als die bisher authentischste angesehen wird, wurde von zwei Geschäftsführern gemacht, als sie im hellsten Tageslicht von Carmarthen nach Newcastle Emlyn fuhren – direkt durch das Zentrum des Dreiecks.

Einer der Männer, Elvet Dyer, beschrieb ihr Erlebnis: »Eine riesige, zigarrenförmige Maschine, mindestens sieben Meter lang, kreuzte vielleicht hundert Meter vor uns unseren Weg. Sie flog so tief, daß sie das Dach eines Doppeldeckerbusses abrasiert hätte. Das Ding machte kein Geräusch, und wir glaubten, es würde gleich abstürzen.

Wir machten uns auf eine Explosion gefaßt, als es in einem Feld verschwand, doch als wir dann das Feld untersuchten, war überhaupt nichts zu sehen.«

Die beiden Männer, die nicht an UFOs glaubten, zitterten stark und waren mit ihren Nerven am Ende.

Randall Pugh, der für diese Region zuständige Forscher des UFO-Verbandes, meinte: »Wir wissen, daß in dieser Gegend etwas extrem Ungewöhnliches abläuft. Viele der Berichte stammen von intelligenten, gebildeten Leuten, die das, was sie gesehen haben, nicht ausschmücken oder verdrehen.«

Dutzende weiterer Berichte überfluteten den UFO-Verband. Randall Pugh hat bei all diesen Beobachtungen eine Gemeinsamkeit feststellen können. Er konstatierte: »Menschen, die mit solchen Dingen zusammentreffen, leiden später unter starken Kopfschmerzen, sie zittern und schlafen schlecht.«

Kein Wunder, daß die Menschen, die im Dreieck von Broadhaven leben, nervös werden. Sie glauben, daß Wesen, die von anderen Planeten stammen, sie zur Beobachtung auserkoren haben.

Ein Polizeiinspektor des Ortes meinte: »Nach dem, was ich hier in den letzten Jahren so gesehen habe, kann mich nichts mehr überraschen.«

SIEBEN

Die große Mehrheit der Menschen, die UFOs beobachten, überleben und können ihre Geschichte erzählen, und es geht ihnen nach der Begegnung nicht anders als vorher. Andere haben kein so großes Glück. Einige haben von den Begegnungen Verletzungen und Krankheiten davongetragen, die mit unserem medizinischen Wissen nicht zu behandeln sind. Und es gibt noch andere Beweise, daß UFOs die furchterregende Möglichkeit haben, auf verschiedene Art und Weise in die Schicksale der Menschen einzugreifen ...

Verbrennungen verursachende Lichtstrahlen

Die große Mehrheit der UFO-Sichtungen ist für die beteiligten Menschen harmlos. Ja, die meisten Menschen, die behaupten, ein UFO und seine Besatzungsmitglieder gesehen zu haben, betonen, daß sie uns nichts antun, sondern uns nur helfen wollen. Doch manchmal werden die Personen verletzt. Ein Vorfall im Jahre 1968 in Amerika gab einen Hinweis, was passieren kann, falls die UFOs sich entschließen sollten, aggressiv zu werden.

Gregory Wells ging am 19. März um ungefähr halb neun Uhr abends die kurze Strecke von seiner Großmutter bis zu sich nach Hause in Beallsville, Ohio, da sah er über

Bäumen in der Nähe ein großes, ovales Objekt schweben. Es war rot und hell erleuchtet. Plötzlich kam ein Rohr aus seiner Unterseite und bewegte sich auf den Jungen zu. Ein Lichtstrahl schoß daraus hervor, und Gregory wurde zu Boden geschleudert. Er schrie vor Angst, als sein Jackenärmel Feuer fing.

Er wurde mit Verbrennungen zweiten Grades im Krankenhaus eingeliefert, drei Monate später waren die Narben immer noch zu sehen. Sheriff F. L. Suisberger von Monroe County befragte eine Reihe weiterer Personen, die das UFO gesehen hatten, auch Gregorys Mutter und Großmutter waren unter ihnen, doch es gab keine andere Erklärung für die Verbrennungen. Die Jacke und die Straße wurden auf Radioaktivität hin überprüft, der Befund war jedoch negativ.

Derartige Attacken ohne Provokation sind glücklicherweise selten. Andere fühlten die Kräfte der UFOs, doch entkamen sie unversehrt. Und ein paar mußten Qualen erdulden, die wahrscheinlich nicht beabsichtigt waren.

Eine zu nahe Begegnung mit einem flammenden, diamantförmigen UFO hinterließ bei zwei amerikanischen Frauen und einem Kind unerträgliche Schmerzen, die zu heilen die Ärzte nicht in der Lage waren. Experten, die die Opfer unter Hypnose befragten, waren überzeugt, daß sie sich radioaktive Verbrennungen zugezogen hatten, nachdem sie mit intelligenten Außerirdischen in Kontakt gekommen waren.

Vicky Landrum, siebenundfünfzig Jahre alt, und ihr Enkel Colby, sieben, kamen am 29. Dezember 1980 nach Dayton, Texas, nach Hause zurück, nachdem sie mit ihrer Freundin Betty Cash, zweiundfünfzig Jahre alt, im etwa siebzig Kilometer entfernten Cleveland an einem Bingo-Spiel teilgenommen hatten. Auf einer einsamen Allee, ungefähr vierzig Kilometer westlich von Dayton, bemerkten sie ein leuchtendes Objekt, das den Himmel erhellte. »Plötzlich kam es herunter, flog über die Bäume und schwebte direkt vor uns über die Straße«, sagte Mrs. Landrum.

»Es sah aus, als ob der ganze Himmel in Stücke gesprungen wäre. Wir sahen ein massives blaues, diamantförmiges Gebilde, das auf der Höhe der Baumkronen schwebte und riesige rote Flammen auf die Straße schickte. Colby begann zu schreien, und ich sagte: ›Schatz, wenn du Jesus vom Himmel kommen siehst, wird er uns an einen schöneren Ort bringen.‹ Ich dachte wirklich, das Ende der Welt sei gekommen.

Betty trat die Bremsen durch. Sie stieg aus und ging auf das Ding zu. Es war so groß wie ein Wassertank.

Ich kurbelte das Fenster herunter – wegen der Flammen war es ziemlich heiß geworden – und streckte meinen Kopf hinaus, um mir das Ding mal genauer anzusehen. Es gab ein piependes Geräusch von sich.

Ich fühlte, wie meine Augen zu brennen begannen, und rief Betty zu, sie solle zurückkommen, doch sie stand dort wie in Trance. Colby drehte völlig durch und versuchte, auszusteigen und in die Wälder zu rennen, doch ich griff nach ihm, drückte ihn an mich und meinte: ›Weine nicht, mein Kleiner, versuche zu beten.‹«

Der Diamant hielt sie eine Viertelstunde lang gefangen. Im Minutenabstand hörten sie ein brausendes Donnern, und größere Flammen schwärzten die Straße. Jedesmal erhob sich das UFO ein Stückchen, bis es seine ursprüngliche Höhe erreicht hatte. Schließlich stieg es langsam noch höher und verschwand dann mit hoher Geschwindigkeit nach Westen, Richtung Houston.

Das maßlos verblüffte Trio fuhr weiter nach Hause, und Mrs. Landrum schärfte Colby ein: »Erzähle niemandem davon – man würde denken, daß wir verrückt geworden sind.« Doch bald wurde ihr klar, daß das Geheimnis gelüftet werden mußte.

Eine Stunde, nachdem sie in Dayton angekommen waren, wurden sie alle krank. Die Haut der beiden Frauen nahm eine intensive rote Farbe an. Ihre Augen begannen, zu brennen und zu tränen, und sie hatten den Eindruck, durch einen Nebel oder Dunstschleier zu schauen. Am nächsten Morgen entdeckte Mrs. Cash, daß sich überall an ihrem Körper große Blasen bildeten. Sie litt unter starken Kopfschmerzen und verlor ihre Haare büschelweise. Sie war so schwach, daß sie das Bett nicht verlassen konnte, um Hilfe zu rufen. Da die Schmerzen nicht nachließen, wurde sie ins Parkway-Krankenhaus in Houston eingewiesen.

Während vier Wochen ununterbrochener Tests versuchten Experten herauszufinden, was mit ihr los war. »Die Ärzte und Krankenschwestern fragten beständig, ob ich das Opfer eines Brandes sei«, berichtete sie. »Die Haut schälte sich in meinem Gesicht und an Armen und Beinen. Überall hatte ich Blasen. Meine Augen und Ohren waren so angeschwollen, daß meine eigene Familie mich nicht erkannte.«

Auch Frau Landrum verlor eine Menge Haare, und Spezialisten, die ihre Augen untersucht hatten, stellten fest, daß sie »brannten, geschwollen und extrem gereizt waren«. Man wies sie darauf hin, daß sich ein Film bildete, der sie blind machen konnte. Ihr Enkel litt unter Verdauungsstörungen und wurde wochenlang von den schrecklichsten Alpträumen geplagt, die ihn jede Nacht schreiend aufwachen ließen.

Noch Monate nach diesem schrecklichen Erlebnis lebten die Frauen in einem einzigen Alptraum aus Angst und

Pein. »Ich weiß nicht, was ich tun soll«, sagte Mrs. Cash einem Zeitungsreporter. »Ich bin mit meinen Nerven fertig. Ich brauche Hilfe, Vicky ebenfalls. Ich sehe furchtbar aus und fühle mich zu krank, um arbeiten zu gehen. Irgendwie muß man uns doch helfen können. Wir wissen nicht, wohin wir uns wenden sollen.«

UFO-Experten, die den Fall untersuchten, erfuhren, daß dasselbe Objekt eine halbe Stunde früher von drei Leuten gesehen worden war, die dreißig Kilometer weiter östlich unterwegs waren. Doch keiner von ihnen hatte das Auto verlassen, und keiner fühlte sich in irgendeiner Weise krank.

Frau Landrum war einverstanden, sich von Forschern, welche die Echtheit ihrer Geschichte überprüfen wollten, hypnotisieren zu lassen.

Während der Befragung verkrampfte sich ihre Hand in ihrer Bluse, sie zerknüllte den Stoff richtiggehend in ihrer Faust. Sie schwitzte stark, als sie ausstieß: »Wir können nicht durch, es blockiert die Straße ... das ganze Ding geht in Flammen auf ... o mein Gott, es kommt näher, auch wir werden verbrennen ...«

Nach den Sitzungen sagte Dr. Leo Sprinkle, Professor an der Universität von Wyoming: »Zweifellos hat sie diese Begegnung wirklich erlebt. Ich glaube, daß das Raumschiff von intelligenten Wesen gesteuert wurde.« John Schussler, ein Raumfahrtingenieur bei der NASA, der während der Sitzungen anwesend war, weil er den Fall für eine unabhängige UFO-Organisation VISIT untersuchte, meinte: »Dieser Fall ist extrem wichtig, da er handfestes Beweismaterial für die Existenz von UFOs liefert. Ein Physiker, der die Berichte der Frauen durchgesehen hatte, sagte, daß sie offensichtlich unter den Symptomen radioaktiver Bestrahlung litten.« Bill English von der

Arizona Aerial Phenomena Research Organisation fügte hinzu: »Es ist der unglaublichste Bericht von einer UFO-Beobachtung, der seit Jahren in den USA gemeldet worden ist.«

Der junge Farmarbeiter Mark Henshall behauptet, von einem UFO verbrannt worden zu sein, als er mit seinem Motorrad unterwegs war. Mark, damals sechzehn Jahre alt, sagte, er habe noch tagelang nach dem Zwischenfall im Juni 1976 in seinem Gesicht und an seinen Armen eine prickelnde Hitze gefühlt.

Er fuhr auf seinem Motorrad eine einsame Landstraße in der Nähe seines Zuhauses in Barnard Castle, Durham County, England, entlang. Auf einmal fühlte er sich beobachtet. Er sah auf und bemerkte links hinter sich ein helles Licht am Nachthimmel.

»Ich fuhr mit einer Geschwindigkeit von ungefähr fünfzig Stundenkilometern dahin, doch der Motor fiel plötzlich aus«, berichtete er Forschern von *UFO Investigators Network*. »Ich hatte große Angst. Ich konnte im Gesicht und durch meine Jacke die Hitze spüren. Der Benzintank dampfte. Es war, als ob mein Motorrad von irgend etwas gezogen würde.«

Auch ein Jaguar kam in der Nähe stotternd zum Stehen, während Mark versuchte, sich eine Zigarette anzuzünden. »Ich zitterte stark«, erinnerte er sich. »Ich lehnte mich gegen das Auto, um mein Gleichgewicht wiederzufinden, und es war ziemlich heiß.

Am nächsten Morgen hatte ich an Händen und Armen eine Art Hautausschlag, der tagelang nicht verschwand. Meine Kumpels haben mich ausgelacht, aber ich bin sicher, daß das, was ich gesehen habe, eine fliegende Untertasse war.«

In Missouri erblindete ein amerikanischer Lastwagenfahrer am 3. Oktober 1973 kurzzeitig, als er seinen Kopf aus dem Autofenster streckte, um ein UFO besser erkennen zu können. Seine Frau, die mit ihm unterwegs war, sagte, ein »großer Feuerball« habe ihn ins Gesicht geschlagen und seine Brille zu Boden geschleudert. Sie übernahm das Steuer und fuhr ihn ins Krankenhaus, wo er gegen Brandwunden behandelt wurde, doch vergingen einige Stunden, bis er das Augenlicht zurückgewann.

Ein Physiker, der die Brille des Mannes nach dem Zwischenfall untersucht hatte, sagte, daß sich der Rahmen wegen der großen Hitze verformt hatte, daher sei ein Glas herausgefallen.

Zwei Menschen, die behaupteten, am 26. Oktober 1958 in der Nähe von Baltimore, Maryland, ein ungefähr fünfunddreißig Meter langes, riesiges, leuchtendes Ei gesehen zu haben, benötigten später ebenfalls ärztliche Behandlung. Das Paar berichtete, ihr Auto habe gestreikt, als sie gerade um eine Ecke biegen wollten und das Ding dann über einer Brücke schweben sahen. Sie stiegen aus und duckten sich hinter ihr Auto, während ein blendendes Licht und eine Hitzewelle von dem UFO ausströmte. Dann schoß es mit einem donnernden Geräusch in die Höhe und war innerhalb von zehn Sekunden außer Sicht. Ärzte stellten radioaktive Verbrennungen in den Gesichtern der beiden Zeugen fest.

Betäubung aus dem Weltall

Eine Fahrt durch die schneebedeckte Landschaft endete für William Wallace und seine Frau neben einem einsamen Friedhof in einem Horrortrip. Es war ein Uhr morgens, als sie nach einem eineinhalbstündigen Ausflug am 8. März 1967 in ihrer Heimatstadt Leominster ankamen. In der Nähe des Friedhofes St. Leo gerieten sie in dichten Nebel. Mr. Wallace fuhr langsamer, drehte dann um, um einem eigenartigen Leuchten, das von der Kirche herstrahlte, nachzugehen. Er fürchtete, daß das Gebäude brennen könnte.

Als er auf Höhe des Friedhofes war, parkte er das Auto, und das Paar war starr vor Verwunderung. Das Leuchten ging von einem großen Objekt aus, das wie ein abgeflachtes Ei geformt war und vielleicht hundert Meter über dem Erdboden schwebte. Wallace überhörte die Warnungen seiner Frau, stieg aus dem Wagen aus und zeigte aufgeregt auf das Ding, dessen Beleuchtung ähnlich aussah wie das Licht einer Halogenlampe.

Als er seinen Arm erhob, starb der in Leerlauf geschaltete Motor seines Wagens ab, auch die Scheinwerfer und das Radio gingen aus. Wallace fühlte sich benommen und gelähmt. Sein ausgestreckter Arm wurde von einer unheimlichen Kraft gezogen und wiederholt auf das Autodach geschlagen. »Mein Gehirn blieb unbeeinflußt«, sagte er später. »Ich konnte meine Frau rufen hören, ich solle in das Auto zurückkommen, doch ich konnte mich nicht selbständig bewegen. Für etwa dreißig Sekunden war ich gelähmt. Das Objekt hatte sich zuerst ruckartig vor und zurück bewegt, doch auf einmal entfernte es sich langsam und schoß schließlich aus dem Nebel davon. Auf einen Schlag funktionierten die Autolichter und das Radio wieder; auch ich konnte mich wieder rühren, wenn auch langsam und ungeschickt.«

Vorsichtig fuhr das Paar nach Hause und rief dann bei seinen Eltern und der Polizei an. Die Beamten des Ortes kannten sie als verläßliche Bürger, die nicht leicht zu verängstigen waren. Doch diesmal waren sie völlig durcheinander, als sie von ihrer sonderbaren Begegnung berichteten.

Kurzzeitige Lähmungen von Beobachtern wurden in mehreren weiteren Berichten von UFO-Sichtungen festgestellt.

Am 14. Juni 1964 saß der achtzehnjährige Charles Englebrecht allein zu Hause in Dale, Indiana, vor dem Fernseher, da sauste ein blitzendes Licht an seinem Fenster vorbei, und der Strom fiel aus. Als er sich im Dunkeln zur Haustür getastet hatte, sah er ein prächtig erleuchtetes, rundes Objekt, das knapp zwanzig Meter entfernt von ihm in der Luft stand. Doch als er darauf zuging, fühlte er am ganzen Körper ein seltsames Prickeln, und er stellte fest, daß er sich nicht mehr bewegen konnte. Das Gefühl verflog, als das Objekt verschwand, doch ließ es einen starken Geruch nach verbranntem Gummi und Schwefel zurück. Auch die örtliche Polizei, die den Fall untersuchte, roch den Schwefel und entdeckte eine Stelle, an der die Erde verbrannt war. Sie hatte ungefähr die Größe eines großen Tellers. Außerdem fanden sich drei kleine Löcher im Boden, die von drei Standbeinen herrühren könnten.

Auch William Angelos aus Lynn, Massachusetts, sah einen Tag später allein zu Hause fern, da störte ihn ein lautes Dröhnen. Er rannte aus seinem Appartement nach draußen und bemerkte ein Ding mit einer Kuppel, das an der Unterseite einen rotleuchtenden Kegel hatte, das von dem zu den Hochhäusern gehörenden Parkplatz aufstieg.

Als er darauf zuging, spürte auch er ein eigenartiges Prickeln, das sich von den Füßen her über seinen ganzen Körper ausbreitete, bis er gelähmt war. Erst als das Objekt außer Sicht war, konnte er sich wieder rühren.

Keiner der Männer stimmte Vermutungen zu, daß die Angst sie gelähmt haben könnte; Herr Wallace schwor, daß sein Arm sich anfühlte, als ob irgendeine Kraft ihn bewege, während er auf das Autodach geschlagen wurde. Könnte es sein, daß UFOs über richtende Kräfte verfügen, ähnlich den Kräften, die in Science-fiction-Geschichten die lenkbaren Waffen steuern? Die Auswirkungen waren alle nur kurzzeitig, was darauf schließen läßt, daß die UFO-Intelligenz eine gute Kenntnis der menschlichen Belastungsgrenzen besitzt.

Captain Thomas Mandtells Flugzeugabsturz, der später noch beschrieben wird, zeigt, daß UFOs die Macht zu töten haben, wenn sie ernsthaft bedroht werden. Doch gab es auch mit UFOs im Zusammenhang stehende Todesfälle, für die es kein offensichtliches Motiv gibt ...

Tod auf Bestellung

Es war der seltsamste Fall, den Inspektor José Bittencourt von der Mordkommission in Rio de Janeiro je zu lösen hatte. Im August 1966 fanden zwei kleine Jungen die Körper von Manuel Cruz und Miguel Viana auf der Spitze des Hügels Vitem, einem dreihundert Meter hohen Aussichtspunkt, von dem man einen schönen Blick auf die kleine Stadt Niteroi hat. Neben ihnen lagen: schlecht gearbeitete Bleimasken, nur wenige Zentimeter von ihren Gesichtern entfernt; blaue und grüne Papierfetzen, auf

Schlag aus heiterem Himmel

Zerstörte im Jahre 1980 der Laserstrahl eines UFOs zwei Häuser in Kuala Lumpur, Malaysia? Drei Zeugen berichteten den Polizisten, die die Einschläge an den beschädigten Häusern untersuchten, daß ein roter Lichtball kurz vor dem Brand über den Häusern im Stadtteil Port Klang geschwebt sei. Plötzlich schoß aus ungefähr dreißig Metern Höhe ein blauer Lichtstrahl zur Erde hinunter, und die Häuser gingen in Flammen auf.

einem stand eine Formel, die niemand entziffern konnte, außerdem zwei Notizen, die nicht viel Sinn ergaben.

Die erste Notiz lautete: »Sonntag: Eine Tablette nach dem Mittagessen. Montag: Eine Tablette nach dem Frühstück. Dienstag: Eine Tablette nach dem Mittagessen. Mittwoch: Eine Tablette beim Zubettgehen.«

Die andere besagte: »Um 16.30 Uhr am Treffpunkt sein. Um 18.30 Uhr die Tablette schlucken. Dann Gesicht mit Metall schützen und auf ein Signal warten.«

Beide Männer trugen Regenmäntel über ihrer Kleidung. Eine Obduktion ergab, daß sich ihre jeweilige Todeszeit nur um Sekunden unterschied. Zwei Ärzte berichteten: »Sämtliche Organe haben normal funktioniert. Auch nach einer genauen Untersuchung ist es unmöglich, die Todesursache festzustellen.«

Bittencourt vermutete zuerst, man habe die Männer wegen des Geldes, das sie bei sich trugen, umgebracht. Er erkundigte sich in ihrer Heimatstadt Campos und erfuhr, daß sie mit Cruzeiros im Wert von tausend Pfund in ihren Taschen einen Bus nach Rio genommen hatten, weil sie wohl ein Auto kaufen wollten. Als man ihre Körper fand, hatten die Männer nur Geld im Wert von dreißig Pfund bei sich und waren nirgendwo in der Nähe eines Autohauses gewesen.

Statt dessen hatten sie den Bus in Niteroi verlassen, im Laden von Jaime Alves zwei Regenmäntel gekauft – obwohl es an diesem Tage brütend heiß war – und den Hügel Vintem bestiegen.

Bittencourt verknüpfte zwei Aussagen und wartete mit einer erstaunlichen neuen Theorie auf. In der Nacht, in der die beiden brasilianischen Ingenieure auf den Hügel gestiegen waren, hatte Gracinda Souza, die Frau eines Börsenmaklers, ein grüngelbes, rundes Objekt, das an der Kante rötlich war, am Himmel blinken und auf den Hügel zufliegen sehen.

Und in Campos enthüllten Miguels Vater und ein Freund, daß die beiden besessen von Kommunikation mit dem Weltraum waren und daß sie Experimente durchgeführt hatten, wovon eines mit einer Explosion und dem Aufleuchten von eigenartigen Lichtern geendet hatte. »Ich glaube, sie sind irgendwie in Kontakt mit einer fliegenden Untertasse gekommen«, sagte Miguels Vater. »Sie wurden getötet, da sie zuviel wußten.«

Irgendwoanders auf der Erde hätte man eine solche Theorie als kompletten Unsinn abgetan. Doch Bittencourt kannte sich mit UFOs aus. Er arbeitete in dem hundertsechzigtausend Quadratkilometer großen brasilianischen Gebiet, das wegen der häufigen Sichtungen als »Allee der fliegenden Untertassen« bekannt war.

Man fand keine andere Erklärung für den Tod der Männer,

274

und schließlich wurde die Akte geschlossen. Die Polizei war überzeugt, daß die Männer nicht am Fundort getötet worden waren. Sind sie wirklich mit an Bord eines Raumschiffes genommen worden, und wurden ihre Körper von der Scheibe zurückgebracht, die Frau Souza gesehen hatte? Wurden sie wirklich getötet, weil sie ein Geheimnis gelüftet hatten oder weil sie zuviel wußten?

Ein weiterer seltsamer Umstand kam noch zu diesem Rätsel hinzu. Die sonderbare Formel, die neben den Körpern gefunden worden ist, wurde in ein Schließfach bei der Polizei eingeschlossen. Doch als man den Safe das nächste Mal öffnete, war das Papier verschwunden.

Auf der anderen Seite der Erde trauerten die Einwohner der Stadt Martinsicuro in der Nähe von Pescara in Süditalien, als man die Brüder Gianfranco und Vittorio De Fulgentiis am 12. Oktober 1978 tot aus dem Mittelmeer zog. Doch die Polizei, welche die Todesursache festzustellen versuchte, war verblüfft. Ihr Fischerboot wurde unbeschadet auf dem Meeresgrund gefunden. Und niemand konnte die eigenartigen Punkte in den Gesichtern der beiden Männer erklären.

Dann berichteten weitere Fischer von roten Lichtbällen, die am Himmel zu sehen gewesen waren und die ihren Booten gefolgt waren. Und der Inspektor Piero Gallerano von der Polizei in Pescara begann über frühere Geschichten nachzudenken, über die er bisher nur gelacht hatte.

»Ich habe schon früher von Seglern Meldungen von seltsamen Lichtern am Himmel erhalten, doch habe ich kein Wort geglaubt«, sagte er. »Nun habe ich gemerkt, daß diese Lichter oft den Booten folgen.

Ein Kontrollschiff der Marine bemerkte ein rotes Licht auf Meereshöhe. Dieses Licht schoß ungefähr dreihundert Meter in die Höhe und verschwand. Der Radar und das

Radio auf dem Schiff versagten. Die rote Scheibe war innerhalb von vier Sekunden verschwunden. Wir sind sicher, daß es keine Signalrakete war. Es war ein sehr schnelles, nichtidentifizierbares Flugobjekt.«

Plötzlich waren UFOs in Martinsicuro nicht mehr nur ein Witz.

Tiere in Gefahr

Tötete eine fliegende Untertasse fünfzehn Dartmoorponys? Die Mitglieder des *Devon Unidentified Flying Object Centre* glauben, daß es so war. Die toten Ponys wurden dicht nebeneinander in einem kleinen Tal, meilenweit von einer durch das Moor führenden Straße entfernt aufgefunden. Ihre Knochen waren gebrochen, die Rippen eingedrückt, und ihr Fleisch war innerhalb von nur achtundvierzig Stunden, also viel schneller als gewöhnlich, verwest. Nur die Skelette waren noch übrig.

Vier UFO-Forscher übernahmen den Fall im Juni 1975, nachdem Tierforscher ihre Ratlosigkeit eingestanden hatten. Sie durchsuchten die Gegend mit Geigerzählern und Metalldetektoren, doch obwohl sie nichts fanden, sagte John Wyse, der Führer der Gruppe und Mitglied der Armeekapelle: »Ich glaube, die Ponys wurden von einem Antischwerkraftfeld einer fliegenden Untertasse zerdrückt, als diese gerade abhob.«

Ein UFO war ebenfalls der Hauptverdächtige, als Tiere im Zoo von Newquay, Cornwall, auf mysteriöse Art ums Leben kamen. Drei Enten, eine Gans, ein Schwan und zwei junge Wallabys wurden morgens tot aufgefunden. Am Abend vorher waren eigenartige Lichter über der Stadt gemeldet worden. Einer der Vögel war enthauptet. Man sprach davon, daß die Polizei an den toten Körpern Radioaktivität festgestellt hätte.

In Minnesota wurde der führende amerikanische UFO-Forscher Dr. J. Allen Hynek auf eine Farm gerufen, deren Tiere schrecklich verstümmelt worden waren. Neben den Körpern fanden sich keine menschlichen Fußspuren und keine Anzeichen eines Raubtierangriffs. Die inneren Organe waren von chirurgischen Instrumenten entfernt worden, und das Blut vieler Kühe war ausgesaugt.

Dr. Hynek sagte, daß in den späten sechziger Jahren zweiundzwanzig Rinder getötet worden seien und daß im Jahre 1973 sonderbare Todesfälle dieser Art in der Umgebung der Städte Canby, Viking, Warroad und Kimball verstärkt wieder auftraten. Er appellierte an die Farmer, ihn in seinem UFO-Zentrum in Evanston, Illinois, zu benachrichtigen, wenn sie tote Tiere finden sollten.

Außer den Menschen Schmerzen zufügen zu können – und möglicherweise die Macht über Leben und Tod von Mensch und Tier zu besitzen –, können UFOs eventuell sogar einige der weitestentwickelten elektronischen Geräte der Erde kontrollieren …

Unerklärliche Stromausfälle
Können UFOs die Stromversorgung ganzer Städte lahmlegen?

Der Leiter der Generatorenanlage in Consolidated Edison war zufrieden, daß alles in Ordnung war, und doch lag New York am 9. November 1965 plötzlich im Dunkeln. Das System hatte noch reichlich Reservestrom, um dem Spitzenverbrauch bei Einbruch der Dämmerung zu begegnen.

Doch kurz nachdem sich die Straßenlaternen eingeschaltet hatten, lieferten sie kurzfristig nur gedämpftes Licht. Eine Routineuntersuchung zeigte, daß sämtliche Maschinen normal arbeiteten, doch Kontrollgeräte stellten einen starken und ungewöhnlichen Stromfluß Richtung Norden fest. Ein Telefonanruf in der Nähe von Syracuse, wo sich die nächste Anlage befand, bestätigte, daß sogar noch weiter nördlich etwas Sonderbares geschehen war. Dann, um 17.27 Uhr, fiel der Strom in ganz New York aus.

Das Stromchaos weitete sich aus, die gesamte Ostküste der Vereinigten Staaten sowie der Süden Kanadas wurden in Dunkelheit getaucht. Am nächsten Morgen ordnete Präsident Johnson sofort eine umfassende Untersuchung an.

Consolidated Edison machte die Leitungen nördlich der Niagarafälle verantwortlich. Doch die Electric Power Commission der kanadischen Regierung gab einer Hochspannungsleitung südlich der Wasserfälle die Schuld. Sie sagten, die Relaisstation Queenstown in Ontario sei von »einem gewaltigen Stromanstieg heimgesucht worden … der Strom floß in die entgegengesetzte Richtung, als zu dieser Zeit normalerweise üblich«. In weiten Teilen von Toronto und Umgebung mußte um 17.15 Uhr der Strom abgeschaltet werden, um größere Schäden an teuren Geräten zu vermeiden.

Später gaben die USA und Kanada in einer gemeinsam verfaßten Erklärung zu, daß die Untersuchungskommissionen »noch immer nicht über die Quelle des Stromflusses im Bilde sind, die das Relais ausgeschaltet hat«. Und im April 1966 sagte Oscar Bakke, der für die östliche Region zuständige Direktor des Bureau of Power in der *US Federal Power Commission*, dem Kongreß, daß Stromtechniker immer noch darauf bestünden, daß der Stromausfall nicht hätte stattfinden müssen – ja, nicht einmal hätte stattfinden können.

Warum hatten dann sechsunddreißig Millionen Menschen in einem Gebiet von etwa zwanzigtausend Quadratkilometern keinen Strom mehr? Wenn mit den Generatoren alles in Ordnung gewesen war, mußte der Störfaktor von außerhalb gekommen sein. Die *Aerial Research Organization* schickte aus ihrer Zentrale in Tucson, Arizona, Forscher nach New York. Und ihre Ergebnisse waren verblüffend.

Um 17.14 Uhr, nur sechzig Sekunden vor dem kanadischen Stromausfall, flog der Pilot Weldon Ross einen Passagier zum Hancock Field. Als sie die beiden Hochspannungsleitungen überflogen, die Strom von Niagara an die Nebenstation der Mohawk Power Corporation in Clay, kurz vor Syracuse im Bundesstaat New York, lieferten, bemerkte Ross etwas Erstaunliches. Er beschrieb es als einen großen Feuerball mit ungefähr dreißig Metern Durchmesser, der von den Stromleitungen aufstieg.

Zehn Minuten später richtete Robert Walsh, der stellvertretende Beauftragte für Luftfahrt, auf der stromlosen Landebahn des Hancock Field die Notbeleuchtung für das heranfliegende Flugzeug aus, da entdeckte er einen ähnlichen Feuerball ein paar Kilometer in Richtung Süden – und er schwebte ebenfalls über Stromleitungen. Zwei Minuten später versank New York in Dunkelheit.

Könnten UFOs den berühmtesten Stromausfall der Geschichte verursacht haben? Dr. James E. McDonald, ein erfahrener Wissenschaftler im Institut für atmosphärische Physik an der Universität von Arizona, ist sicher, daß das möglich ist. Am 29. Juli 1968 legte er seine Beweise vor einem UFO-Symposium dar, da er vom Kommittee für Wissenschaft und Raumfahrt, das dem Repräsentantenhaus angehört, darum gebeten worden war.

Nachdem er erklärt hatte, daß UFOs Schmerzen in Zahnfüllungen bewirken könnten und im Jahre 1957 verantwortlich für das Versagen von Zündanlagen von zehn Autos in Levelland, Texas, wären, überraschte er die Politiker mit folgender Behauptung: »UFOs wurden oft über Generatorenanlagen beobachtet, und es gibt eine kleine Anzahl – jedoch nicht so klein, daß es einfach nur reiner Zufall ist – von Systemzusammenbrüchen, die mit einer UFO-Beobachtung zusammenfallen.

Nach dem Stromausfall in New York befragte ich eine Frau in Seacliff, New York. Sie sah eine schwebende Scheibe, die beständig auf und ab flog und dann, kurz nach dem Stromausfall, davonschoß. Ich wandte mich an die *Federal Power Commission*, um mich nach weiteren Daten zu erkundigen.

Sie nahmen die Berichte über UFOs nicht ernst, obwohl am fraglichen Abend Dutzende von Sichtungen gemeldet worden waren. Während des Stromausfalles kamen Meldungen aus ganz Neuengland, und fünf Zeugen aus der Nähe von Syracuse sahen knapp eine Minute vor dem Stromausfall ein leuchtendes Objekt aufsteigen.

Es ist schon sehr eigenartig, daß die Ursache des Stromschubes, der das Relais von Ontario ausgeschaltet hat, nie entdeckt worden ist … es gibt hier eine ganze Reihe von erstaunlichen und ein wenig beunruhigenden Zusammentreffen, denen man meiner Meinung nach wesentlich mehr Beachtung schenken sollte als bisher.«

Wenn auch die Behörden zögerten, den Zusammenhängen nachzugehen, so stürzten sich die UFO-Begeisterten um so eifriger in die Arbeit. Die Akten des *National Investigations Committee on Aerial Phenomena* zeigen, daß

UFOs während Stromausfällen im Jahre 1957 in Mogi Mirim, Brasilien, und Tamaroa, Illinois, gesichtet worden sind. Rom wurde im August 1958 in Finsternis getaucht; auch da beobachtete man über der italienischen Hauptstadt ein leuchtendes Flugobjekt, und ein ähnlicher Vorfall wurde elf Monate später aus Salta in Argentinien gemeldet.

Am 17. August 1959 kam folgende Nachrichtenmeldung aus Umberlandia, Minais Gerais, Brasilien: Die automatischen Schlüssel einer Generatorenanlage hätten sich ausgeschaltet, als ein rundes UFO die Stromleitungen entlangflog, dann, als das UFO verschwand, hätten sie sich von selbst wieder angeschaltet und die Anlage hätte normal weitergearbeitet.

Beobachter hielten auch gegen Ende 1965 und bis ins Jahr 1966 hinein eine Serie von Stromausfällen fest, also zu einer Zeit, in der die weltweite UFO-Aktivität auf dem Höhepunkt angekommen war. Am 9. November hatte San Salvador aus unerklärlichen Gründen eine Stunde lang keinen Strom. Zwei Tage später versank Toledo, Ohio, auf mysteriöse Weise im Dunkeln. Mehrere Relais fielen am 19. November in Lima, Peru, am 2. Dezember in Texas und New Mexico und am 26. Dezember in Buenos Aires, Argentinien, aus. Zu hoher Verbrauch wurde verantwortlich gemacht, als London am 15. November in Finsternis versank, und im Osten von Texas gingen die Lichter aus unerfindlichen Gründen am 4. Dezember aus – genau zu der Zeit, als Joseph C. Swidler, der Vorsitzende der *Federal Power Commission*, Präsident Johnson im texanischen Weißen Haus von seinen Untersuchungen in den Neuenglandstaaten berichtete.

In Cuernavaca, Mexiko, sahen der Gouverneur, der Bürgermeister sowie ein Oberbefehlshaber des Militärs eine leuchtende Scheibe, die, kurz bevor der Strom ausfiel, ziemlich niedrig über der Stadt schwebte. Und in St. Paul, Minnesota, sahen Regierungsbeauftragte, Polizisten und Einwohner am 26. November genau zu der Zeit ein UFO, als die Stadt von plötzlichen, grundlosen Stromausfällen heimgesucht wurde. Auch Autoscheinwerfer und Radios gingen aus, als das UFO, das als riesiges, hellblau leuchtendes Objekt beschrieben wurde, »als ob man am Himmel etwas schmieden würde«, die Gegend kreuzte.

Bis zu zwei Stunden war in ganz Süditalien am 8. Januar 1966 der Strom weg, ein Grund wurde nie bekanntgegeben. Fünf Tage später versanken fast dreihundert Quadratkilometer von Franklin County, Maine, im Dunkeln, und das Elektrizitätswerk des Ortes beschuldigte »einen Fehler in den Geräten, der sich irgendwie selber wieder behoben hat«.

Diese Serie mysteriöser Stromausfälle, die mit einer ungewöhnlich hohen UFO-Aktivität zusammenfiel, überzeugte die Vertreter der UFO-Theorie, daß die Außerirdischen großes Interesse für die irdische Stromproduktion hegen. Doch selbst sie konnten keine Antwort auf die folgende Frage geben: Waren die Interventionen zufällig oder beabsichtigt?

Und wenn sie nur zufällig waren, was für Kräfte nutzen dann die UFOs?

Die Leitung der amerikanischen Verteidigung befürchtet, daß ihre elektromagnetischen Kraftfelder die hochentwickelten elektrischen Systeme zur Kontrolle der nuklearen Sprengköpfe zerstören könnten. Experten des Pentagon waren beunruhigt, nachdem einige nichtidentifizierte Raumschiffe in den Jahren 1966 und 1967 über den *Minuteman Intercontinental Ballistic Missile Sites,* und im Jahre 1975 über empfindlichen Atomzentren und Bombenlagern in Maine, Michigan und Montana beobachtet worden waren.

Ein Vorfall lieferte besonderen Anlaß zur Sorge. Am 25. August 1966 wurde die Funkübertragung in einem zwanzig Meter tief unter der Erde liegenden Zementbunker eines Raketenlagers in North Dakota unterbrochen, gleichzeitig beobachtete man in dreißigtausend Meter Höhe mehrere UFOs. Jeder der Zeugen unterlag der Schweigepflicht, daher konnte man keine Interviews durchführen. Und 1975 wurde vom Verteidigungsministerium eine Anweisung herausgegeben, nach der das für die Öffentlichkeitsarbeit zuständige Personal Meldungen von über Kernwaffenzentren schwebenden UFOs nach Möglichkeit nicht erwähnen sollte.

Raub am Himmel
Das Geheimnis der verschwundenen Satelliten

Haben UFOs von der Erde in den Weltraum gesandte Satelliten geklaut, um unser Wissen über das Universum zu studieren? Robert Barry glaubt, daß es so ist.

Barry, der Leiter des *Twentieth Century UFO Bureau* in Yoe, Pennsylvania, stellte seine Theorie vor, nachdem Experten bekanntgegeben hatten, daß sie über das Verschwinden des zwanzig Millionen Dollar teuren Kommunikationssatelliten Satcom 3 sehr erstaunt und erschüttert waren.

Das auf einer eigenen Umlaufbahn fliegende Gerät war dazu hergestellt worden, die Telefon- und Fernsehverbindungen zu verbessern. Plötzlich verschwand es, obwohl es eben noch tadellos gearbeitet hatte. Jim Kukowski, einer der NASA-Mitarbeiter, der geholfen hatte, den Satelliten auf seine Umlaufbahn zu schicken, sagte: »Wir können uns nicht vorstellen, was mit ihm geschehen sein mag.«

Und John Williamson, ein Sprecher der RCA, welcher der Satellit gehörte, gab zu: »Wir haben ihn verloren, und wir wissen nicht, warum.«

Er fügte hinzu: »Wenn der Satellit explodiert wäre, hätte sich wenigstens eines der Bruchstücke auf dem Radar zeigen müssen. Das nordamerikanische Verteidigungszentrum kann ein Objekt in sechsunddreißigtausend Kilometer Entfernung orten, selbst wenn es nicht größer als ein Basketball ist, daher hätte man Spuren erkennen müssen. Wenn der Satellit durch einen Fehler im Motor in eine andere Umlaufbahn geraten wäre, hätte NORAD ihn geortet, wenn er der Erde am nächsten gewesen wäre. Doch auch dies ist nicht geschehen.«

Robert Barry glaubt, daß die Außerirdischen den Satelliten gestohlen haben, um sich zu informieren. Er sagte: »Ich denke, daß sie von ihm genau dasselbe wollten, was wir von einem ihrer Raumschiffe gewollt hätten.

Jemand da draußen zeigt großes Interesse an unserem Treiben hier unten. UFOs werden in Cape Canaveral gewöhnlich in Mengen gemeldet, wenn eine Rakete gestartet werden soll.

Es wäre nicht das erste Mal, daß ein Satellit auf seltsame Art und Weise verschwindet. Der sowjetische Satellit Molniya ist auf die gleiche Art abhanden gekommen, und unsere Gemini-Missionen und die sowjetische Saljut wurden von UFOs eskortiert.«

Barry fügte hinzu: »Stellen Sie sich nur vor, was passiert wäre, wenn die Außerirdischen ein bemanntes Raumschiff aus seiner Umlaufbahn geholt hätten! Die Probleme wären unvorstellbar.«

Die schottischen Untertassen

Die British UFO Research Association *setzte im Mai 1981 in der schottischen Grenzregion eine großangelegte Untersuchung an, nachdem zwei Frauen eine Reihe eigentümlicher Sichtungen gemeldet hatten.*

Mary Watson und Joyce Byers, beide aus Moffat, Dumfries, sagten, sie hätten in einem Tagebuch, das sie vom Observatorium Eskdalemuir erhalten hatten, mehr als hundert voneinander unabhängige Sichtungen chronologisch aufgezeichnet. »*Wir haben von schwirrenden, untertassenförmigen Objekten bis zu orangefarbenen und roten Dreiecken so ziemlich alles festgehalten, was es nur geben kann*«*, sagte Frau Byers.*

Die Frauen sagten, sie glaubten, daß der Hügel von Moffat den UFOs als Basis dienen könnte und daß möglicherweise die vielen mysteriösen Flugzeugabstürze im Grenzgebiet, bei denen schon zwölf Menschen ums Leben gekommen sind, damit zusammenhängen. Sie hoben außerdem hervor, daß zwei Atomkraftwerke, Chapelcross und Windscale, nicht weit entfernt sind.

Stuart Campbell von der UFO Research Association *sagte:* »*Nachforschungen werden schon betrieben. Die beiden Frauen gehören sicherlich nicht zu denjenigen, die gerne Geschichten erfinden.*«

A C H T

Die Menschheit fürchtete sich schon immer vor allem, was sie nicht verstehen oder kontrollieren kann – und UFOs sind keine Ausnahme. Jahrhundertelang konnten wir nur den Himmel betrachten und uns wundern. Doch nun haben auch wir die Möglichkeit zu fliegen. Von Flugzeugen und Raumschiffen aus können wir andere Flugobjekte aus geringer Distanz beobachten. Wir können sogar versuchen, sie zu attackieren … auf eigene Gefahr.

Rätselhafte Geschehnisse am Himmel
Tote Piloten und verschwundene Flugzeuge

Die besten Flugzeuge und Piloten, die es auf der Erde gibt, haben versucht, die UFOs am Himmel herauszufordern – doch blieb es beim Versuch. In den späten vierziger und zu Beginn der fünfziger Jahre wurden die Besten der Luftwaffe damit beauftragt, die Eindringlinge abzuschießen, jedoch waren sie erfolglos. Nur unter den Jägern gab es Tote.

Am 7. Januar 1984 führte Thomas Mantell, ein Pilot der US Air Force, drei F-51 Mustang Fighters in den Kampf, nachdem die Polizei von Kentucky mit Berichten über ein »gigantisches Luftfahrzeug«, das einen Durchmesser von hundert Metern haben sollte, geradezu überschwemmt wurde. Die im Kontrollturm arbeitenden Angestellten des

Luftwaffenstützpunktes Godman Field hatten es ebenfalls gesehen.

Mantell war ein erfahrener Pilot, ein Veteran vieler Luftkämpfe im Zweiten Weltkrieg. Über Fort Knox näherte er sich dem silbernen Ding. »Es ist eine Scheibe«, funkte er an Godman. »Es sieht aus, als wäre es aus Metall, und es ist enorm groß … es hat einen Ring und eine Kuppel, und ich kann eine Reihe Fenster ausmachen … das Ding ist gigantisch, es fliegt unglaublich schnell. Es steigt auf … ich steige auf siebentausend Meter …«

Dann hörte man nichts mehr, und der Funkkontakt war unterbrochen. Zwei Stunden später wurde das Flugzeugwrack über ein riesiges Gebiet verstreut gefunden. Mantells Körper lag in der Nähe. Die Behörden verhinderten, daß man ihn zu sehen bekam.

Intensivste Untersuchungen wurden durchgeführt, doch die Ergebnisse, die achtzehn Monate später bekanntgegeben wurden, waren unglaublich. Die Air Force erklärte, daß Captain Mantell wahrscheinlich wegen Sauerstoffmangels ohnmächtig geworden war, als er auf siebentausend Meter Höhe gestiegen war – und das, was er gesehen hatte, war wohl der Planet Venus gewesen. Ein Planet mit Fenstern? Ein Planet, der von einem erfahrenen Piloten gejagt wird? Spätere Aussagen änderten die Geschichte. Das Objekt sei einfach ein Forschungsballon gewesen.

Im Juni 1953 hob ein Abfangjäger des Typs F-94C vom Air Force Flugplatz Otis auf Cape Cod ab, nachdem ein UFO gemeldet worden war. In fünfhundert Meter Höhe fielen der Motor sowie sämtliche elektronischen Geräte aus. Als sich die Nase des Flugzeuges nach unten richtete, rief Pilot Captain Suggs seinem Funker, Leutnant Robert Barkoff, zu, er solle mit dem Fallschirm abspringen.

Für den Funker war es ein tausendfach geübter Handgriff,

einen Hebel zu bewegen, der kleine Sprengkörper zünde-
te, die wiederum die Kappe des Fallschirmes entfernten.
Dann zog er einen anderen Hebel, der ihn und seinen Sitz
aus dem Flugzeug schleuderte, und als der Pilot die zweite Explosion hörte, betätigte er den Hebel seines eigenen
Schleudersitzes. Captain Suggs sprang bereits ab, bevor
er die zweite Explosion seiner Fallschirmkappe hörte, da
er sich in nur noch zweihundert Metern Höhe befand; bis
zum Aufprall dauerte es nur noch Sekunden.

Suggs landete, kurz nachdem sich sein Fallschirm geöffnet hatte, im Hinterhof eines Wohnhauses. Der Bewohner, der am offenen Fenster saß, war sehr erstaunt. Suggs
war ebenso verwundert.

Warum hatte der Mann den Flugzeugabsturz nicht gehört? Und wo war der Funkoffizier?

Eine großangelegte Suchaktion wurde gestartet. Cape
Cod wurde zu Fuß und aus der Luft abgesucht, und
Taucher kämmten das Wasser um Buzzard's Bay durch.
Als die Suche nach drei Monaten aufgegeben wurde, hatte
man von dem Flugzeug oder Leutnant Barkoff keine Spur
gefunden. Sie waren einfach verschwunden.

Am 23. November 1953 hoben Leutnant Felix Moncla und
der Funker Leutnant R. R. Wilson vom Air-Force-Stützpunkt Kinross ab, um ein UFO zu jagen, das über dem
Oberen See von Befehlshabern der militärischen Verteidigung auf Radarschirmen entdeckt worden war. Die F-
89C wurde vom Boden aus zu dem Objekt gelotst, und das
Kontrollpersonal beobachtete auf dem Radarschirm, wie
sich das Flugzeug auf das UFO zubewegte. Dann, zweihundert Kilometer vom Stützpunkt entfernt, in knapp dreitausend Metern Höhe und hundertzwanzig Kilometer von
Keeweenaw Point, Michigan, entfernt, verschmolzen die
Signale zu einem und verschwanden dann vom Bild-

schirm. Das Flugzeug und seine Besatzung wurden niemals wieder gesehen.

Zuerst behauptete die Luftwaffe, die F-89C habe das UFO als C-47 der Royal Canadian Air Force identifiziert. Doch die RCAF erklärte, daß keines ihrer Flugzeuge zur fraglichen Zeit in dieser Gegend gewesen sei. Die offizielle Bekanntgabe lautete: »Der Pilot erlitt wahrscheinlich einen Schwindelanfall und stürzte in den See.«

Pilot und Copilot überlebten beide einen anderen, verheerenden Versuch, ein UFO abzufangen, doch vier Zivilisten mußten ihr Leben lassen. Am 2. Juli 1954 wurde eine F-94C während eines Routinefluges vom Luftwaffenstützpunkt Rome umgeleitet, nachdem über dem Dorf Walesville, New York, ein ballonartiges Objekt gesichtet worden war. Radargeräte hatten zwei nichtidentifizierte Flugkörper gezeigt. Das erste entpuppte sich als kanadische C-47, das zweite jedoch konnte auch nach näheren Untersuchungen nicht identifiziert werden.

Was als nächstes passierte, wurde von Forschungsteams der Luftwaffe in einem offiziellen Bericht über den Vorfall bekanntgegeben. »Als der Pilot an Höhe verlor«, heißt es, »bemerkte er einen starken Temperaturanstieg im Cockpit. Diese Erhitzung veranlaßte den Piloten die Instrumente zu überprüfen. Die Feuerwarnleuchte brannte … der Motor fiel aus, doch beide Piloten betätigten den Schleudersitz erfolgreich.«

Das Flugzeug stürzte in Walesville ab, dabei traf es zwei Gebäude und ein Auto.

Vier Menschen wurden getötet, davon zwei Kinder. Die Air Force tat das zweite Objekt auf den Radarschirmen als »wahrscheinlich ein Ballon« ab.

Warum verschleierte die Air Force bei allen vier Vorfällen das, was wirklich geschehen war? Dokumente, die seit

Doppeluntertasse über der Themse

Das britische Ministerium für Luftfahrt wurde im Jahre 1955 gezwungen, sich mit UFOs zu beschäftigen, da Leutnant James Salandin einen Bericht von einer seltsamen Begegnung über der Themse einreichte. Er flog sein Kampfflugzeug Meteor in gut fünftausend Metern Höhe am wolkenlosen Himmel, als er plötzlich ein metallisches silbernes Objekt bemerkte, das auf ihn zukam. Er beschrieb es als zwei aneinander befestigte Untertassen, auf deren Oberseite sich eine Kuppel oder Blase befand. Er konnte keine sichtbaren Fenster oder Düsen ausmachen und schätzte, daß das etwa dreizehn Meter breite Raumschiff mit einer Geschwindigkeit von neunhundert Stundenkilometern flog.

1954 herausgegeben wurden, zeigen, daß man, entgegen den damaligen Behauptungen, im Grunde daran glaubte, daß die von den Kampfflugzeugen gejagten Objekte mit intelligenten Wesen bemannt waren.

Schon am 23. September 1947 schickte Oberleutnant N. F. Twining vom *Air Material Command* ein Memorandum an den Brigadegeneral George Schulgen, den Kommandierenden General der Air Force, das besagte: »Die Meinung (dieses Kommandos) ist, daß das sogenannte Phänomen der fliegenden Scheiben etwas Reales und nichts Eingebildetes oder Ausgedachtes ist ... Die gemeldeten Eigenschaften, wie extrem steile Steigungswinkel,

Ein Raumschiff von der Venus, aufgenommen im Sommer des Jahres 1956.

Ein UFO aus der Konstellation Coma Berenices, das neun Personen beherbergt, die mit dem Fotografen länger als neunzig Minuten gesprochen haben.

Eine Teleaufnahme eines UFOs über Barra da Tijuca, Brasilien, aufgenommen am 7. Mai 1952.

*Ein kreiseln-
des UFO, das bei
Joshua Tree, Kalifornien,
USA, gesehen wurde.*

*Ein
UFO, das am
16. Oktober 1957
in der Nähe des Holloman
Air Development Center
in New Mexico
gesehen wurde.*

Manövrierfähigkeit und Ausweichaktionen, wenn sie gesichtet oder von freundlich gesinnten Flugzeugen oder Radargeräten kontaktiert werden, machen die Möglichkeit wahrscheinlich, daß einige dieser Objekte per Hand, automatisch oder über eine Fernsteuerung gelenkt werden.«

Der erste Verdacht der Amerikaner war, daß die Scheiben hochentwickelte technische Geräte seien, die die Russen den Deutschen im Zweiten Weltkrieg abgenommen hatten. Nach dem Absturz von Mantell wurde schnellstmöglich eine Untersuchung über die Bedrohung der nationalen Sicherheit der Amerikaner in die Wege geleitet. Im August 1948 setzte das *Air Technical Intelligence Centre* (ATIC) einen geheimen Bericht auf, der enthielt, daß die UFOs nicht russischen Ursprungs waren, sondern aus dem interplanetarischen Raum stammten. Der Kommandeur der Air Force, General Hoyt S. Vandenburg, ordnete an: »Verbrennt diesen Bericht!« Und am 27. Dezember 1948 wurde die UFO-Studie der ATIC, die den Codenamen *Project Sign* trug, zum Abschluß gebracht. Man informierte die Öffentlichkeit: »Berichte von fliegenden Untertassen sind das Ergebnis von Fehlinterpretationen verschiedener gewöhnlicher Objekte, leichter Massenhysterie und dummen Scherzen. Die Fortführung des Projektes wäre nicht zu rechtfertigen.«

Doch wurde das Projekt nicht eingestellt. Im Februar wurden die Nachforschungen unter einem neuen Codenamen – Projekt Grudge[*] – wiederaufgenommen. UFO-Beobachtungen hielten an, und eine im Jahre 1952 erneut anwachsende Anzahl von Meldungen zwang die Regierung, wieder zu handeln.

[*] grudge: Zorn (A.d.Ü.)

Wissenschaftler, die zuviel wußten?

Von zwei führenden Wissenschaftlern wurde gemeldet, sie hätten Selbstmord begangen, nachdem sie UFOs studiert und festgestellt hatten, daß außerirdische Raumschiffe das Leben auf der Erde untersuchen. James McDonald, Atmosphärenphysiker und Professor an der Universität von Arizona, wurde im Jahre 1971 mit einer Kugel im Kopf aufgefunden, und der Professor und Astronom Robert Jessup wurde im Jahre 1959 in einem mit Abgasen gefüllten Auto entdeckt. Ein Freund Jessups behauptete: »Er wußte zuviel, sie wollten ihn aus dem Weg haben.« Doch Kollegen, ebenfalls bekannte Wissenschaftler, sagten, beide Männer hätten unter schweren Depressionen gelitten, nachdem sie jahrelang gegen den Spott von skeptischen Kollegen und Ausflüchten und Verleugnungen, welche die Regierung für UFOs übrig hatte, angekämpft hatten.

Am 26. Juli dieses Jahres stiegen drei Kampfflugzeuge des Typs F-94 auf, um eine Anhäufung eigenartiger Lichter, die über dem Weißen Haus in Washington standen, zu überprüfen. Die Lichter waren auch schon eine Woche früher gesehen worden, doch diesmal waren es mehr, fast ein Dutzend, und sie flogen mit hoher Geschwindigkeit in hektischem Zickzack herum.

Zwei der eingreifenden Piloten konnten sie nicht entdecken. Doch der dritte sagte, er habe das Flugzeug direkt in eine Gruppe weißblauer Lichter hineingelenkt, die dann etwa fünfzehn Sekunden neben ihm hergeflogen seien, bevor sie verschwanden. Alle drei Flugzeuge kehrten wohlbehalten zurück, und die Lichter – von der Presse als »Überfall auf Washington« bezeichnet – wurden niemals wieder gesehen.

Im selben Monat erhielt das UFO-Forschungsteam – es arbeitete nun unter dem diplomatischen Namen *Project Bluebook* – täglich Meldungen von zwanzig bis dreißig Sichtungen; bei zwanzig Prozent von ihnen handelte es sich um Objekte, die niemand identifizieren oder anderweitig erklären konnte. Peinlicherweise – für empfindliche Kommandeure der Luftwaffe – war einer der Zeugen Dan Kimball, der für die Navy verantwortliche Staatssekretär. Er sah zwei scheibenförmige UFOs, die um das Flugzeug, in dem er nach Hawaii flog, herumsummten, sie umkreisten es zweimal, bevor sie mit einer Geschwindigkeit von mindestens zweitausendfünfhundert Stundenkilometern davonschossen, dann wiederholten sie das Manöver bei einem achtzig Kilometer entfernten Flugzeug der Navy.

Als Kimball sich erkundigte, was *Project Blueball* für Fortschritte mit seinen Berichten machte, wurde ihm gesagt, daß keine Untersuchungen durchgeführt worden seien und daß es den Offizieren verboten sei, mit irgend jemandem über den Fall zu diskutieren. Außerdem dürften keine Kopien der Berichte herausgegeben werden.

Im Jahre 1953 wurde die *Central Intelligence Agency* (CIA) durch Druck der Öffentlichkeit, die nach Informationen über UFOs fragte, gezwungen zu reagieren. Das Expertengremium Robertson trat unter der Leitung von H. P. Robertson, einem bekannten Wissenschaftler aus Kalifornien, zusammen, und wurde von der CIA gebeten, das Phänomen der UFOs einzuschätzen. Es gab drei verschiedene Möglichkeiten; daß sogenannte UFOs erklärliche Objekte oder Naturerscheinungen sind, daß zuwenig Daten mit den Berichten geliefert wurden, um endgültige Schlußfolgerungen zu ziehen, oder daß UFOs doch aus dem interplanetarischen Raum stammen.

Edward Ruppelt, ein ehemaliger Befehlshaber des UFO-Projekts der Air Force, sagte, das Gremium tendiere zur zweiten Lösung, es drängte darauf, das Personal von Bluebook zu vervierfachen und erfahrene Wissenschaftler und Beobachter einzustellen, die versuchen sollten herauszufinden, was UFOs wirklich sind. Es empfehle des weiteren, daß die Öffentlichkeit »jedes Detail von jeder Phase« der UFO-Forschungen erfahren sollte. Ruppelt sagte, insgeheim sei praktisch jedes Mitglied des Gremiums davon überzeugt, daß UFOs außerirdischer Herkunft seien.

Die CIA behielt den Bericht zurück und veröffentlichte schließlich im Jahre 1966 eine zensierte Version. Und sie ignorierte die Empfehlungen, die Öffentlichkeit zu informieren, und initiierte statt dessen ein »Entlarvungsprogramm«.

Ein geheimes Dokument, das später verfaßt wurde, lautete: »Das ›Entlarvungsprogramm‹ zielte darauf ab, das öffentliche Interesse an fliegenden Untertassen zu vermindern, das zur Zeit eine heftige psychologische Reaktion hervorrief. Diese Unterweisung könnte durch die Massenmedien wie Fernsehen, Kino und Berichte in Zeitungen vervollständigt werden. Die Grundlage der Unterweisungen würden die Geschichten aktueller Begebenheiten sein, die zuerst verwirrend waren, sich aber später geklärt hatten. Wie bei Zaubertricks ist die Spannung wesentlich geringer, wenn des Rätsels Lösung bekannt ist.« Während man der Öffentlichkeit weismachte, daß UFOs nicht existierten, erhielt das Militär den Auftrag, sie abzu-schießen. Menschen, die meldeten, eine fliegende Unter-tasse beobachtet zu haben, wurden lächerlich gemacht. Den Angestellten der Luftwaffe drohte man mit Gefängnis- und Geldstrafe, falls sie etwas von dem, was sie sahen, nach außen dringen ließen. »Nur falsche Aussagen und erfundene Berichte dürfen veröffentlicht werden«, besag-te eine Richtschnur der Luftwaffe. »Alle wahren Berichte müssen geheimgehalten und den verantwortlichen Be-hörden zugestellt werden.«

Als die Amerikaner erkannten, daß die UFOs keine Ge-heimwaffe der Sowjets waren, war ihr größtes Ziel, eines zu fangen, bevor dies den Russen gelang. Der Einblick in derart ausgereifte und fortgeschrittene Technik wäre für jede Macht von unschätzbarem Wert. In der Zwischenzeit würde die öffentliche »Entlarvung« der UFOs als gewöhn-liche Objekte das sowjetische Interesse, so schnell wie möglich eines zu fangen, dämpfen.

Doch das Spiel funktionierte nicht. Moskau hatte diesel-ben Schlußfolgerungen wie Washington gezogen. Im Jah-re 1957 eröffneten Flugabwehrkanonen, die um die sowje-tische Hauptstadt aufgestellt waren, das Feuer auf ein Objekt am Himmel – bis die empfindlichen Stromkreise der elektronischen Waffen auf mysteriöse Art und Weise plötzlich ausfielen.

Im Jahre 1967 empfingen Agenten der amerikanischen Air Force einen Funkspruch von einem der beiden kubani-schen Kampfflugzeuge, die in die Luft geschickt worden waren, um ein seltsames UFO abzufangen. Der Pilot sagte, gerade als er versucht habe, das Objekt abzuschießen, habe er gesehen, wie die Maschine seines Partners sich, ohne Rauch oder Flammen zu erzeugen, in Luft aufgelöst habe. Stanton Friedman veröffentlichte die Geschichte, nachdem er seinen Job als Kerntechniker mit Arbeitsgebiet Weltraum bei der amerikanischen Regierung gekündigt hatte. Er behauptete, daß die Bänder, auf denen die Unterhaltung aufgenommen worden war, an die *National Security Agency* geschickt worden seien, die anordnete, den Verlust als Folge technischen Versagens einzustufen.

Nicht alle UFOs erwiesen sich als tödliche Bedrohung. Eines, das im Jahre 1956 über den englischen Grafschaften Norfolk, Suffolk und Cambridgeshire gesehen wurde, gebärdete sich sogar ziemlich verspielt, als ein Flugzeug näher kam. Die Aufregung begann am 13. August um 21.30 Uhr, als Radarschirme von Bentwaters, einem Stützpunkt der US Air Force, ein Objekt zeigten, das sich mit einer Geschwindigkeit von etwa achttausend Stundenkilometern aus dem Empfangsbereich bewegte. Dann verfolgte man die Spur einiger sich langsam bewegender Objekte, die Richtung Meer flogen. Allem Anschein nach fügten sie sich zu einer einzigen Form zusammen, bevor sie mit ruckartigen Bewegungen verschwanden. Um 22.00 Uhr und um 22.55 Uhr folgten Meldungen weiterer Sichtungen, diesmal sahen die Beobachter ein verschwommenes weißes Licht, das über sie hinwegzog. Die Crew einer C-47 funkte, daß dieses Licht mit unerhörter Geschwindigkeit unter ihnen hindurchgeflogen sei.

Bentwaters alarmierte Radarstationen weiter nördlich in Lakenheath, auch sie sahen das Objekt auf dem Radarschirm und sogar mit bloßem Auge. Seine Kunststücke waren außergewöhnlich; es wechselte auf verrückteste Art und Weise die Richtung, flog rechte Winkel, ohne das Tempo auch nur zu verringern, und erreichte aus dem Stand enorme Geschwindigkeiten.

Zwei Kampfflugzeuge, die ausgesandt worden waren, um das Objekt abzufangen, konnten keine Spur von ihm entdecken. Dann hob ein Einmann-Kampfflugzeug der Serie Venom, das mit einem eingebauten Radar ausgestattet war, vom Stützpunkt Waterbeach ab und wurde vom Boden auf das UFO zugelotst, das gerade bewegungslos und deutlich sichtbar in einer Höhe von etwa sechstausend Metern über Lakenheath verharrte.

Der Pilot funkte, daß er Radarkontakt hatte und sich das Objekt in Schußweite befand – dann verlor er sein Ziel aus den Augen. »Wo ist es hingeflogen?« erkundigte er sich bei der Bodenstation.

»Roger, es hat sich anscheinend hinter dich manövriert, jedenfalls ist es immer noch da«, kam die Antwort. Das UFO war mit einem unglaublichen rechtwinkligen Flug in diese Position abgedreht, es hatte sich schneller bewegt, als die meisten Radargeräte anzeigen konnten. Als es sich hinter der Venom befand, hatte es sich in zwei separate Teile aufgespalten, eines hinter dem anderen, und seine Position hinter dem Flugzeug beibehalten.

Ein eigenartiges Versteckspiel begann. Zehn Minuten lang tauchte, stieg und kreiste der Pilot der Venom und versuchte, seinen Verfolger abzuschütteln. Doch das UFO behauptete seinen Platz etwa ein- bis zweihundert Meter hinter dem Flugzeug. Schließlich gab die Venom auf und steuerte den Heimatflughafen an, da das Benzin knapp wurde. Das UFO flog hinterher, hielt dann an und verharrte eine Weile triumphierend in der Luft, bevor es verschwand.

Zyniker hoben hervor, daß das ostenglische Gebiet dafür bekannt sei, falsche Radarspuren, die als »Engel« bekannt sind, zu verfolgen. Dieser Vorfall habe während des Höhepunktes eines Meteoritenschauers stattgefunden, der jährlich auftritt und als Anhäufung weißer Lichtpunkte auf dem Radar erscheint.

Die feindlichen Kämpfer im Zweiten Weltkrieg

Am 13. Dezember 1944 wurde der Welt eine neue Ge-
heimwaffe der Deutschen vorgestellt. Ein Pressebericht
aus Paris besagte, daß »eigenartige silberne Bälle, die
anscheinend in der Luft gleiten konnten« über der westli-
chen Front gesehen worden waren. Es hieß außerdem:
»Möglicherweise handelt es sich hierbei um ein neues
Fliegerabfanggerät.«
Kurz nach dem Krieg stellte sich heraus, daß die Bälle
nicht von den Deutschen gesandt worden waren. Ihre
Streitkräfte hatten sie auch gesehen – und geglaubt, daß
sie britischer oder amerikanischer Herkunft seien. Piloten
von beiden Seiten hatten sowohl in Europa als auch im
pazifischen Kampfgebiet ähnliche Objekte die Fronten
entlangfliegen sehen, manchmal hatten sie sogar eine
Formation gebildet. Die Alliierten hatten sie »Feindliche
Kämpfer« getauft, nach einem bekannten Comic-Slogan,
in dem es hieß: »Wo es Feinde gibt, wird gefeuert.« Die
offizielle Erklärung lautete, daß die Bälle ein elektrisches
Phänomen seien, das Elmsfeuer genannt wird, doch viele
der Piloten glaubten, es besser zu wissen.

Doch der offizielle Bericht des Vorfalls, der am 31. August von Captain Edward Holt von der 81. Division in Bentwaters abgefaßt wurde, lautete: »Das Objekt ... folgte allen Manövern des Kampfflugzeuges.«

Fast ein Jahr später meldete die sechs Mann zählende Besatzung eines RB-47-Kampfflugzeuges der US Air Force ein weiteres verspieltes UFO. Es jagte sie am frühen Morgen des 17. Juni 1957 länger als eineinhalb Stunden über eine tausendsechshundert Kilometer lange Strecke durch Mississippi, Louisiana, Texas und Oklahoma. Sie fügten hinzu, daß das Objekt seltsamerweise manchmal für kurze Zeit außer Sicht geraten sei – gleichzeitig sei es auch vom Radarschirm verschwunden, nur um nach wenigen Sekunden an der gleichen Stelle wiederaufzutauchen.

Das »Entlarven« der UFOs funktionierte eine Weile recht gut. *Project Bluebook* gelang es, eine Reihe von Beobachtungen erfolgreich zu »untersuchen« und unbefriedigende Lösungen zu finden. Dann, im Jahre 1964 und nochmals im Jahre 1967, gab es eine neue Welle der UFO-Aktivität. In Reaktion auf den erneuten öffentlichen Druck kündigte die Air Force an, daß unter der Leitung des namhaften Physikers Dr. Edward Condon an der Universität von Colorado eine neue Untersuchungskommission zusammengestellt werden sollte, die parallel zu Bluebook arbeiten werde.

Im Januar 1969 lautete Condons Bericht: »Genaue Prüfungen der Berichte, die uns zugänglich sind, führten zu der Schlußfolgerung, daß weitere eingehende UFO-Studien wahrscheinlich nicht durch die Erwartung gerechtfertigt sind, daß die Wissenschaft daraus einen Vorteil ziehen könnte.« Trotzdem wurde zugegeben, daß dreißig Prozent der untersuchten Fälle ungeklärt blieben.

Der tausend Seiten umfassende Bericht wurde als Schönfärberei und schlimmer betitelt. Eine UFO-Forschungs-gruppe stieg aufgrund Condons negativer und subjektiver Kommentare aus den Untersuchungen aus, und zwei weitere Mitglieder des Forschungsteams, Dr. Norman LeVine und Dr. David Saunders, wurden entlassen, da sie Informationen über ein Dokument durchsickern ließen, das folgenden Inhalt hatte: »Der Trick besteht meiner Meinung nach darin, das Projekt in der Öffentlichkeit so hinzustellen, als handele es sich um eine gänzlich objektive Untersuchung. In wissenschaftlichen Kreisen müßte es den Eindruck machen, daß eine Gruppe Ungläubiger ihr Bestes versucht, objektiv zu bleiben, sie jedoch keine großen Erwartungen hegt, eine fliegende Untertasse zu entdecken.«

Die Notiz war von Dr. Robert Low, dem stellvertretenden Leiter des Projekts, verfaßt worden; seine Aufgabe war es, die Untersuchung zu organisieren. Die beiden Doktoren waren nicht die einzigen, die ihm nicht vertrauten. Condons Verwaltungsassistent kündigte mit der Begründung: »Bobs Einstellung war von Anfang an negativ.«

Die Kritik an Condons Bericht war laut und langanhaltend. J. Edward Roush, ein Mitglied des Kongresses, berichtete dem Repräsentantenhaus, daß er »starke Zweifel an der wissenschaftlichen Gründlichkeit und Objektivität des Projektes« hege. Er fügte hinzu: »Wir sind jetzt fünfhunderttausend Dollar ärmer, und unsere Informationen über UFOs sind nicht gewachsen ... Ich bin nicht zufrieden, und die amerikanische Öffentlichkeit wird genauso unzufrieden sein.« Flugpionier John Northrop, der achtzigjährige Begründer der *Northrop Aircraft Company* und Mitbegründer von Lockheed sagte: »Die Menschen des 21. Jahrhunderts werden sich über Condons Bericht totlachen.«

Einen Dienst leistete Condons Untersuchung den UFOs aber trotz allem. Die Tatsache, daß ein so erfahrener Wissenschaftler bereit war, dies zu untersuchen, erlaubte anderen hochgestellten Persönlichkeiten, UFOs ebenfalls ernstzunehmen. Selbst nachdem er sie entlarvt hatte, gingen andere ihren Untersuchungen weiterhin nach, ohne Angst, verspottet zu werden. Und obwohl die Air Force am 17. Dezember 1969 ankündigte, daß sie das Projekt Bluebook beenden werde, da UFOs »nicht existierten«, fuhren sie doch fort, Berichte über das *Aerospace Defence Command* aufzuzeichnen und zu analysieren.

Und in den siebziger Jahren erlaubten neue Gesetze über freie Meinungsäußerung und die offenere Einstellung der Regierungen, insbesondere der französischen, der italienischen und sogar der sowjetischen, einen breiteren Zugang zu Berichten über UFOs. Auch wurden die Berichte von Konfrontationen zwischen nichtidentifizierten Flugobjekten und menschlichen Flugzeugen häufiger.

Eine Schwadron von Kampfflugzeugen des Typs F-106 stieg im Jahre 1975 auf, nachdem fünftausend Meter über Montana eine Ansammlung von eigenartigen Objekten aufgetaucht war. Als sie sich den blendenden Lichtern näherten, verschwanden die Objekte einfach.

Eine noch seltsamere Begegnung sickerte nur ein paar Jahre, nachdem sie stattgefunden hatte, durch. Captain Lawrence Coyne und drei weitere Männer hoben am 18. Oktober 1973 um 22.30 Uhr in einem Hubschrauber der Luftwaffe vom Stützpunkt in Columbus, Ohio, ab und flogen Richtung Cleveland. Vierzig Minuten später befanden sie sich in achthundert Meter Höhe über Mansfield, da bemerkte einer der Männer ein rotes Licht, das sich mit hoher Geschwindigkeit aus östlicher Richtung näherte. Coyne ließ den Hubschrauber bis auf knapp sechshundert Meter Höhe sinken, doch erschien eine Kollision unvermeidlich. Er bereitete sich auf den Zusammenprall vor, der jedoch nie stattfand.

Ungefähr zweihundert Meter von dem Hubschrauber entfernt hielt das UFO plötzlich an. Coyne bemerkte einen riesigen, graumetallischen Rumpf, etwa zwanzig Meter lang und in der Form einer stromlinienförmigen, dicken Zigarette. Die Spitze glühte rot, grüne Lichter flackerten am Heck, und im Zentrum befand sich eine Kuppel. Plötzlich leuchtete ein kreiselndes grünes Licht auf und durchflutete das Cockpit des Hubschraubers. Coyne versuchte SOS zu funken, doch sein Funkgerät war weder bereit zu senden noch zu empfangen. Dann blickte er auf seine Instrumententafel und erstarrte vor Staunen.

Der Hubschrauber wurde emporgehoben.

»Ich konnte es kaum glauben«, sagte er. »Das Höhenmeter zeigte tausendzweihundert Meter an und stieg bis tausenddreihundert. Ich hatte nichts getan, um aufzusteigen. Sämtliche Einstellungen befanden sich noch auf der Position für einen zwanzig Grad steilen Abstieg. Trotzdem waren wir innerhalb von ein paar Sekunden, ohne Energie aufzuwenden, von sechshundert auf tausenddreihundert Meter gestiegen; es gab jedoch keine Magnetfelder oder andere bemerkbare Spannungen. Auch Lärm oder Turbulenzen waren nicht festzustellen.«

Schließlich fühlte die Besatzung einen leichten Stoß, und das UFO zischte Richtung Nordwesten davon. Sieben Minuten später arbeitete das Funkgerät des Hubschraubers wieder normal, und Coyne funkte den Vorfall an das ungläubige Bodenpersonal.

Phantom-Jäger gegen UFOs

Eines Morgens im September 1976 erhob sich ein Kampf-flugzeug des Typs Phantom vom Luftwaffenstützpunkt Shahrokhi aus in den iranischen Himmel. Es hatte den Befehl erhalten, ein blendendweißes Licht, das von Hunderten von Menschen südlich von Teheran gesichtet worden war, zu untersuchen. Das Flugzeug näherte sich dem Objekt, und als es sich in etwa vierzig Kilometer Entfernung befand, brachen sämtliche Funkkontakte ab.

Als der Pilot wendete, um nach Shahrokhi zurückzukehren, erwachte sein Radio knackend wieder zum Leben, und er konnte die Nachricht durchgeben, daß alle Instrumente sowie das Funkgerät plötzlich und aus unerfindlichen Gründen ausgefallen waren.

Eine zweite Phantom befand sich bereits in der Luft und verfolgte das UFO mit einer enormen Geschwindigkeit; doch das Raumschiff konnte mühelos beschleunigen und den Abstand zwischen sich und dem Flugzeug vergrößern. Leutnant Fafari, der Pilot, funkte, daß es ungefähr die Größe eines Passagierflugzeuges des Typs 707 habe. Auf einmal stieß das UFO ein kleineres, scheibenförmiges Objekt ab, das ebenfalls strahlend hell leuchtete. Es flog direkt auf das Kampfflugzeug zu.

Fafari streckte seinen Arm nach der Waffenkonsole aus und drückte einen Knopf, um eine Rakete der Serie AIM-9 zu zünden. Nichts passierte. Alle seine Stromkreise waren unterbrochen. Er ließ sein wehrloses Flugzeug abtauchen, um der herannahenden Scheibe auszuweichen, die ihre Richtung änderte, um ihn auf einer sechs Kilometer langen Strecke zu verfolgen. Schließlich kehrte sie zu dem größeren UFO zurück.

Als Fafaris Instrumente wieder einsetzten, verfolgte er das »Mutterschiff« abermals, doch flog es rasch davon. Dann stieß es eine zweite Scheibe ab, die mit großer Geschwindigkeit auf die Erde herabstürzte. Fafari beobachtete ihren Fall und erwartete eine Explosion, doch sie hielt direkt über ein paar Hügeln an und warf einen Lichtschein über eine drei Kilometer große Gegend.

Fafari sah wieder auf und bemerkte, daß das größere UFO die Scheibe dazu benutzt hatte, ihn abzulenken, damit es unbeobachtet verschwinden konnte. Er kehrte wohlbehalten zu dem iranischen Luftwaffenstützpunkt zurück. Die iranische Regierung schickte später einen Bericht über den Vorfall nach Washington ins Pentagon. Ein Jahr später gab die italienische Regierung zu, daß auch ihren Flugzeugen UFOs begegnet seien. Sie führten sechs verschiedene Begegnungen in den Jahren 1977 und 1978 an, zweimal war Personal der Luftwaffe beteiligt, einmal ein Zivilflugzeug. Am 23. Februar 1977 beobachtete der Pilot eines Kampfflugzeuges einen blendendhellen Lichtball über Mailand. »Als ich über Funk die Erlaubnis bekam, das Ding abzuschießen, stieg es auf viertausend Meter Höhe und hielt diesen Abstand«, sagte er. »Ich hatte es dreiundzwanzig Minuten lang in Sichtweite.«

Am 27. Oktober desselben Jahres umsurrte ein football-förmiges UFO während NATO-Übungen beim Luftwaffenstützpunkt Elmas in der Nähe von Cagliari auf Sardinien einen Hubschrauber. Das Verteidigungsministerium zitierte einen Kontrolleur: »Ich sah ein UFO, das so schnell flog wie ein Jet, ungefähr neunhundert Stundenkilometer. Es umschwirrte einen Helikopter, der an einem militärischen Manöver teilnahm.« Drei weitere Hubschrauber-

und Kampfflugzeugpiloten behaupteten, das UFO gesehen zu haben, sie sagten, es sei neben ihnen hergeflogen. Später wurde ein Düsenjäger losgeschickt, der das zigarrenförmige Flugobjekt abfangen sollte, doch erwies es sich als zu schnell.

Drei weitere Sichtungen des italienischen Berichtes wurden von Kontrolleuren gemeldet, die Ferngläser benutzt hatten. Am 4. August 1977 beobachteten Beamte in Neapel ein sternförmiges, pulsierendes Objekt länger als neunzig Minuten. Am 5. November wurde ein UFO in Elmas acht Minuten lang beobachtet, währenddessen stieg es innerhalb von dreißig Sekunden von tausendachthundert auf zehntausend Meter Höhe an. Und am 23. November sahen Beamte in Pisa ein seltsames, leuchtendes Ding, das seine Farbe zwei Stunden lang in fünftausend Meter Höhe von Rot über Violett nach Grün wechselte.

Das letzte der Objekte, die alle als »echte UFOs« bezeichnet wurden, wurde am 9. März 1978 gesehen. Der Pilot der International Airlines, der sich gerade auf dem Linienflug 1H-662 befand, funkte an den Kontrollturm von Mailand, er habe »eine grüne Rakete etwa eine Meile entfernt über und unter uns herumfliegen sehen«. Er fragte, ob es sich um ein anderes Flugzeug handeln könne, doch es wurde ihm mitgeteilt, daß sich keine weiteren Luftfahrzeuge in der Gegend aufhielten.

»Ich dachte, ich werde verrückt«, erzählte der Pilot den Reportern, die ihn interviewten, später. »Ich gab meine Beobachtung nur durch, um die Bodenstation zu informieren. Doch als andere Piloten auch meldeten, das Ding gesehen zu haben, wußte ich, daß ich mir nichts einbildete.«

Drei österreichische Kampfflieger hoben am 7. Mai 1980

ab, nachdem der Pilot eines Linienfluges der KLM an den Kontrollturm in Wien durchgegeben hatte, daß ein graues, kugelförmiges Objekt über ihm den Dachstein überquerte. Zwei der Kampfflugzeuge wurden beauftragt, das UFO abzuschießen, während der dritte die Begegnung filmen sollte. Doch beide Vorhaben erwiesen sich als unmöglich. Alle drei konnten das Objekt zwar deutlich sehen, aber nicht nahe genug herankommen, da es sich zu hektisch und unkontrolliert bewegte. Schon bald verschwand es.

Manöver
über der Arktis

Auch russische Piloten haben UFO-Sichtungen gemeldet, einer mußte sogar einen Nahkampf mit einem durchstehen. Professor Felix Zigel vom Moskauer Institut für Luftfahrt sagte: »Der Pilot hieß Arkady Apraksin. Er flog einen Düsenjäger, als er diesem zigarrenförmigen UFO begegnete. Auch auf dem Radarschirm war es bemerkt worden, und er erhielt den Auftrag, es zum Landen zu zwingen oder das Feuer zu eröffnen.

Apraksin steuerte auf das Ding zu, doch das mysteriöse Raumschiff feuerte einen fächerförmigen Strahl auf ihn ab, der ihn kurzfristig blendete und seine Kontrollinstrumente und den Motor ausschaltete. Er mußte notlanden.«

Am 14. Juni 1980 meldete ein anderer sowjetischer Flieger ein UFO über Moskau, das mit ihm Katz und Maus gespielt hatte. »Seine Manöver waren zu verrückt, als daß unser Flieger ihm hätte folgen können«, sagte Professor Zigel. »Plötzlich sauste es mit unglaublicher Geschwindigkeit davon.« Der Pilot sagte, das Raumschiff sei ungefähr dreihundert Meter breit und rund gewesen.

Vier Monate später, am 22. Oktober, bemerkte Flugkapitän Vladimir Dubstov eine fliegende Untertasse ähnlicher Größe, die unter ihm schwebte, während er sein Kampfflugzeug über den arktischen Ozean steuerte. Er wechselte den Kurs, um es zu umfliegen.

»Er berichtete mir, daß es wirklich unwahrscheinlich groß war«, sagte Professor Zigel. »Ein Lichtkegel, der senkrecht aus seinem Boden nach unten strahlte, gab ihm ein unheimliches Aussehen, doch zeigte es keine Anzeichen von Leben. Dann spielten Dubstovs Instrumente verrückt, und er verlor an Höhe. Das UFO schoß senkrecht davon und flog dröhnend an ihm vorbei, wobei es eine grünlichblaue Wolke zurückließ. Dubstov brachte seinen lädierten Flieger unter Mühen nach Hause und meldete den Vorfall.«

Verschleierung von Kämpfen
der Phantom-Jäger

Amerikanische Linienflugpiloten waren im Jahre 1954 verärgert, da die CIA und die US Air Force sie in bezug auf UFO-Berichte ähnlich an die Kandare nehmen wollten wie die Militärpiloten. Nach einer Konferenz im Februar, auf der Offiziere der *Military Air Transport Service Intelligence* (MATS) mit den Managern der größeren zivilen Fluggesellschaften zusammentrafen, um zu versuchen, den Prozeß der Meldung von bei Linienflügen gesichteten UFOs zu beschleunigen, wurden die Kontrollen erheblich verstärkt.

Bis dahin hatten die Piloten nach ihrer Landung von den eigenartigen Objekten berichtet. Nun erhielten sie von der Air Force den Befehl, die Beobachtung sofort, noch während des Fluges, an das Hauptquartier der MATS in Washington oder den nächstgelegenen Luftwaffenstützpunkt zu funken. Außerdem wurde ihnen nahegelegt, nicht über die Beobachtungen zu sprechen oder gar die Zeitungen zu informieren.

Einen Monat später wurden die Gesetze, die Piloten der Luftwaffe mit zehn Jahren Gefängnis und einer Geldstrafe von zehntausend Dollar für »Übertretung des absoluten Schweigegebotes« bedrohten, auf die zivilen Fluggesellschaften ausgedehnt. Verständlicherweise reagierten die Angestellten der zivilen Luftfahrt verärgert. Eine von vierhundertfünfzig Männern unterschriebene Petition wurde eingereicht. Fünfzig der Männer, die alle auf eine mindestens fünfzehnjährige Dienstzeit zurückblicken konnten, sagten auf einer Versammlung, daß diese Zensurvorschriften »an Lächerlichkeit grenzten«. Sie seien, meinten sie, »eine Lektion im Lügen, Intrigenschmieden und eine

Kostprobe der ›Big-Brother-Haltung‹, die auf die Spitze getrieben werde«.

Die Piloten wußten, daß diese Auflagen ein Teil der Verschleierungen waren, da jeder von ihnen bereits mit eigenen Augen ein UFO gesehen hatte. Viele hatten sogar schon mehrere beobachtet. Sie sagten, daß allein in Amerika jede Nacht fünf bis zehn Beobachtungen von Piloten auf Linienflügen gemeldet wurden, für die es schon fast zur Routine geworden sei, die Passagiere zu bitten, ihre Sicherheitsgurte anzulegen, sobald sich ein UFO in der Nähe aufhielt.

Einige der Beobachtungen durch Zivilpiloten waren mindestens ebenso spektakulär wie jene, die von der Luftwaffe gemeldet wurden.

Früh morgens am 23. Juli 1948 sahen Flugkapitän Clarence Chiles und sein Copilot John Whitted von ihrer DC-3 der Eastern Airlines ein Raumschiff über Montgomery, Alabama. Ein zigarrenförmiges Projektil kam von Nordosten und hielt auf die Dakota zu.

Chiles steuerte das Flugzeug nach links, und als das UFO in zweihundert Meter Entfernung vorüberflog, erkannte er zwei Reihen von Bullaugen, aus denen ein geheimnisvolles Licht auf die Seite des metallischen, flügellosen Objektes fiel. »Die Unterseite des Raumschiffes leuchtete in einem tiefen Blau, und es zog eine fünfzehn Meter lange orangerote Flamme hinter sich her«, berichtete der Pilot. Das Ding verlangsamte, als es sich auf gleicher Höhe mit dem Flugzeug befand, dann schoß es mit großer Geschwindigkeit nach oben. Die Dakota schwankte, als sei sie in die Druckwellen einer Explosion geraten. Chiles erfuhr später, daß ein Passagier, der nicht geschlafen hatte, einen »langen hellen Lichtstrahl« gesehen hatte.

Sechs Jahre später beobachtete die Mannschaft des

Stratosphärenflugzeuges *Centaurius* von der BOAC eine sogar noch bessere Flugschau. Als sich das Flugzeug am 29. Juni 1954 auf dem Weg von New York über Shannon nach London der Goose Bay, Labrador, näherte, bemerkte Flugkapitän James Howard ein großes dunkles Objekt, das sechs Kilometer weiter rechts aus den Wolken auftauchte und offensichtlich parallel zu ihm flog. Es war von sechs kleineren Objekten umgeben.

Howard funkte an Goose Bay, und zwei Kampfflieger des Typs F-80 Sabre stiegen auf. Für das, was als nächstes passierte, gibt es dreißig Zeugen – elf Mitglieder der Crew und neunzehn Passagiere des Stratosphärenflugzeuges. Der Untersuchungsbeauftragte John Carnell hielt die Geschehnisse später schriftlich fest:

»Einer der beiden Düsenjägerpiloten funkte, daß er die unbekannten Objekte und das Linienflugzeug auf seinem Radarschirm hatte, als er sich in zwanzig Kilometer Entfernung befand. In diesem Augenblick reihten sich die sechs kleinen Objekte, die wie Scheiben aussahen, auf und verschwanden in dem größeren Raumschiff, das langsam verblaßte, und, als die Kampfflieger über ihm auftauchten, schließlich gänzlich verschwand.«

Carnell, der das Mutterschiff als »großes, seine Form veränderndes Objekt« beschrieb, »das eher wie ein Bienenschwarm als wie ein fester Körper aussah«, sagte, dieselbe Formation wurde in diesem Jahr noch mehrfach in Amerika wie auch in Europa gesehen.

Die Concorde unter strenger Beobachtung

Leute, die neben dem Londoner Flughafen Heathrow leben, behaupten, UFOs gesehen zu haben, die das englisch-französische Überschallflugzeug Concorde beobachteten. Mrs. Dee Godden, fünfundsechzig Jahre, aus Chiswick, West London, sagte, im August 1979 habe sie das erste gesehen.

»Ein riesiger rötlicher Ball aus Licht erschien direkt in der Flugbahn der Concorde am Himmel«, sagte sie. »Ich dachte, gleich gibt es einen entsetzlichen Zusammenstoß, doch als die Concorde die Stelle erreichte, flog sie einfach hindurch. Das Ding sah aus, als beobachte es das Flugzeug.«

Ihr Mann Ernest, vierundsechzig Jahre, sah das Licht, das seine Frau gesehen hatte, ebenfalls. »Ich war ein wenig skeptisch, als meine Frau mir berichtete, was sie gesehen hatte«, erinnert er sich. »Ich blickte aus dem Fenster unserer Wohnung und entdeckte ein schimmerndes Objekt. Es stand siebzehn Minuten lang an derselben Stelle in der Luft.«

In Heathrow sagten die Beamten: »Auf dem Radarschirm erschien nichts, daher können wir diese Beobachtung nicht erklären.«

Doch der UFO-Forscher Barry Gooding meint: »Es ist durchaus möglich, daß UFOs von anderen Planeten unsere technischen Fortschritte, wie zum Beispiel die Concorde, beobachten.«

Nicht im Charterflugpreis inbegriffen

Im November 1979 wurde eine Traumreise auf eine Sonneninsel für hundertneun deutsche und österreichische Touristen zu einem Horrortrip, da UFOs an ihrem Charterflugzeug großes Interesse zeigten. Pilot Javier Lerdo-Tejeda, vieranddreißig Jahre, mit fünfzehnjähriger Flugerfahrung, steuerte die Caravelle, als sie um 9.30 Uhr von der Mittelmeerinsel Mallorca abhob und die Kanarischen Inseln ansteuerte. Schon bald, nachdem sie abgehoben hatte, entdeckte der Pilot zwei sehr helle rote Lichter am Himmel.

»Ich war fasziniert, da sie offensichtlich in Formation flogen«, sagte Lerdo-Tejeda. »Sie flogen Seite an Seite fast parallel zu mir, aber langsam kamen sie immer näher. Als wir uns in knapp achttausend Meter Höhe befanden, waren sie noch zwanzig Kilometer entfernt, doch als ich mich auf einer Höhe von neuneinhalbtausend Metern befand, belief sich ihr Abstand auf nur noch etwa einen Kilometer. Bald wurde mir klar, daß sie sich mehr oder weniger auf Kollisionskurs befanden – sie schwebten genau über meinem Flugzeug.«

Der Pilot empfahl den Passagieren und dem Flugpersonal, die Sicherheitsgurte anzulegen, und funkte an den Kontrollturm von Barcelona. Man sagte ihm, in seiner Flugbahn befänden sich keine anderen Flugzeuge und auf den Radarschirmen sei nichts zu erkennen.

»Ich entschied mich, die spanische Luftwaffe und die Radarstation in Madrid um Hilfe zu rufen«, sagte Flugkapitän Lerdo-Tejeda. »Ihre Ausrüstung ist empfindlicher als diejenige, die für die zivile Luftfahrt verwendet wird, und sie hatten zwei Objekte bemerkt, die sich sehr dicht bei meinem Flugzeug befanden.

Chichester und das UFO

Die vermutlich erste, in der Luft stattfindende Sichtung eines UFOs stammt von Francis Chichester, der später als Weltumsegler berühmt wurde. Im Jahre 1931 flog er ein kleines Flugzeug von Australien nach Neuseeland, da erschien ein eigenartiges Luftschiff, das eine schmutziggraue Farbe und helle, pulsierende Lichter hatte. Die Scheibe folgte ihm einige Kilometer über das Tasmanische Meer und verschwand gelegentlich hinter ein paar Wolken, bevor es mit hoher Geschwindigkeit außer Sicht geriet.

Ich zog die Caravelle scharf zur Seite und weg von den roten Lichtern und ließ sie bis auf fünftausend Meter sinken – mit einer Geschwindigkeit von fast zweitausend Meter pro Minute, was für die Passagiere einen extremen Höhenunterschied bedeutete. Madrid verfolgte die UFOs immer noch auf dem Bildschirm und sagte, die Objekte seien in nur dreißig Sekunden um viertausend Meter gefallen und verfolgten mich weiterhin. Ich kannte kein Flugzeug, dem so etwas möglich war.«

Er wich den Lichtern weiterhin so gut wie möglich aus und versuchte erfolglos, sie abzuschütteln. Über der offenen See, fünfzig Kilometer von Valencia, das an Spaniens südwestlicher Küste liegt, entfernt, näherte sich ein Kampfflieger vom Typ Mirage. Sein Pilot entdeckte die beiden leuchtend roten Objekte, die das Linienflugzeug offensichtlich jagten, sofort. Doch nur Sekunden, nachdem die Mirage aufgetaucht war, verschwanden die Lichter plötzlich.

Der verstörte Pilot Lerdo-Tejeda steuerte auf Valencia zu, um, wenn auch nicht planmäßig, zu landen, und erstattete von seiner dramatischen Begegnung Bericht. »Ich habe noch nie in solcher Gefahr geschwebt, dabei fliege ich schon fast mein halbes Leben lang«, erzählte er den erstaunten Reportern. Seine Crew bestätigte seine Aussage in getrennt geführten Interviews.

Spaniens zuständiger Minister Sanchez Teran hielt sich zu dieser Zeit in Valencia auf und sprach mit Flugkapitän Lerdo-Tejeda. Er sagte später: »Nun kann ich mir gut vorstellen, daß unbekannte Flugobjekte wirklich existieren.«

Sie kamen nie zurück

Haben UFOs Passagierflugzeuge zum Abstürzen gebracht? Im Jahre 1953 meldete der Pilot einer DC-6, die von der Insel Wake im Pazifik nach Los Angeles flog, daß sich ein UFO näherte, dann wurde der Funkkontakt unterbrochen. Suchtrupps stießen später auf das Wrack und zwanzig Leichen. Und über Michigan sahen Zeugen in der Nacht, in der eine DC-4 abstürzte und achtundfünfzig Menschen ums Leben kamen, einen eigenartigen Lichtball am Himmel, wie an anderer Stelle in diesem Buch berichtet wird.

An einem Samstag abend Ende Oktober 1978 verschwand Frederick Valentich, während er seine Einmann-Cessna 182 von Melbourne, Australien, nach King Island flog. Er befand sich in der Nähe von Cape Otway, fünfundfünfzig Kilometer südlich von Melbourne, über der Bass Strait, als er dem Kontrollpersonal berichtete, er werde von einem Luftfahrzeug mit vier hellen Lichtern verfolgt. Als er gefragt wurde, ob er das Flugzeug identifizieren könne, funkte er: »Es ist kein Flugzeug, es ist …« Die Funkverbindung war abgebrochen. Zwei Minuten später konnte sie für kurze Zeit wiederhergestellt werden, und Valentich sagte: »Ich fliege Kreise, und das Ding tut über mir dasselbe … es hat ein grünes Licht und auf der mir abgewandten Seite so eine Art metallisches Licht.« Er fügte hinzu, daß sein Motor unregelmäßig arbeitete und stotterte, dann war jeglicher Kontakt unterbrochen.

Rettungsflugzeuge und Schiffe suchten die Gegend ab, doch fanden sie nichts, außer einer Ölspur, die für das kleine Flugzeug zu groß war. Valentichs Freundin, die sechzehnjährige Rhonda Rushton, meinte: »Ich weiß, daß er lebt, und ich bin sicher, daß wir ihn bald wiedersehen.«

Sie fügte hinzu, daß sie der Regierung eine streng geheime Information zugeschickt hatte. Ein Sprecher sagte: »Wir versprachen, die Einzelheiten des Interviews für uns zu behalten.«

Die Autoren Kevin Killey und Gary Lester benutzten das Verschwinden als Beweis für ihre 1981 aufgestellte Behauptung, daß die Bass Strait ein weiteres Bermudadreieck sei. Sie sagten, im Jahre 1932 sei ein neues, viermotoriges Flugzeug mit zwei Piloten und zehn Passagieren spurlos verschwunden, und im Jahre 1979 sei ein Segelschiff mit fünf Mann an Bord für immer verschollen. Die Meerenge zwischen Melbourne und Tasmanien erhielt den Namen »Meridian des Teufels«.

Fliegende Untertassen groß wie Kriegsschiffe

Hundert Passagiere und die Crew einer Trident der British Airways beobachteten drei UFOs über der iberischen Halbinsel. Pilot Denis Wood sah sie, als er nach Faro in Portugal flog – und noch mal, als er sich später am Tag auf dem Rückflug nach London befand.

Es passierte am 30. Juli 1976 über der portugiesischen Westküste. Flugkapitän Wood, zweiundvierzig Jahre, aus Haslemere, Surrey, erhielt vom Kontrollpersonal die Auskunft, daß aus seiner Gegend ein nichtidentifiziertes Flugobjekt gemeldet worden war. Er suchte den Himmel ab und sah ein hell leuchtendes Objekt, wie er es noch nie zuvor in seiner zwanzigjährigen Flugkarriere gesehen hatte. »Es war weder ein Satellit, noch ein Wetterballon oder ein Stern«, berichtete er später.

Als er die Passagiere aufforderte, das UFO zu betrachten,

erschienen zwei weitere Objekte am Nachthimmel. »Sie waren zigarrenförmig, und es sah so aus, als kämen sie aus dem Nirgendwo«, sagte der Erste Offizier Colin Thomas, achtunddreißig Jahre, aus Camberley, Surrey. »Sie bezogen rechts und unter dem zuerst aufgetauchten Objekt Position. Es war kurz nach acht Uhr abends, und ich konnte sie acht Minuten lang deutlich erkennen. Sie bewegten sich nicht.« Thomas hatte zwölf Jahre lang bei der Royal Air Force als Pilot eines Kampffliegers gedient und war sieben Jahre mit der British Airways geflogen, doch auch er hatte noch nie zuvor etwas wie diese UFOs gesehen.

Nachdem die hundert Urlauber in Faro ausgestiegen waren, flogen der Pilot Wood, Flugoffizier Thomas und ein drittes Crewmitglied, Stephen Sowerby aus Richmond on Thames, sofort nach Hause zurück. Als sie wieder in die Gegend kamen, in der sie die UFOs gesehen hatten, schaltete Wood das Radargerät ein und richtete es nach der Position aus, auf der die UFOs sich befunden hatten. Sie waren immer noch da.

»Die beiden zigarrenförmigen Gebilde standen exakt am selben Platz«, sagte Wood. »Wir näherten uns bis auf zehn Kilometer an, dann verschwanden sie plötzlich vom Bildschirm.«

Die Crew beschrieb die UFOs später als »fliegende Untertassen, die so groß wie Schlachtschiffe waren«. Doch vergingen zehn Monate, bevor sie der Öffentlichkeit von ihnen berichteten. »Wir befürchteten, ausgelacht zu werden«, sagte einer von ihnen.

Einige Menschen taten genau dies, nachdem die Beobachtungen gemeldet wurden. *Science Research Council* in London behauptete, das größte UFO sei wahrscheinlich ein riesiger Wetterballon gewesen, der von Sizilien nach

Amerika unterwegs war. Die Strahlen der untergehenden Sonne seien von der Plastikoberfläche reflektiert worden, was ihr den Anschein gegeben hätte zu leuchten. Und die anderen beiden UFOs seien wahrscheinlich entweder Ballast gewesen, der über Bord geworfen wurde, als sich das Gas des Ballons abgekühlt hatte, oder Büschel aus Stahlwolle, die zur Windmessung verwendet werden.

Beobachter auf dem Mond?

Ein führender amerikanischer Weltraumforscher behauptet, daß zwei UFOs Neil Armstrong beobachtet hatten, als er damit, daß er den Mond betrat, am 20. Juli 1969 »einen kleinen Schritt für einen Menschen, jedoch einen großen Schritt für die Menschheit« gemacht hatte.

Nach Maurice Chatelain, der das Team der *National Aeronautics and Space Administration* nach dieser Behauptung im September 1979 verließ, bemerkte der Astronaut sie auf dem Rand eines in der Nähe befindlichen Kraters, als er aus dem Raumschiff Apollo 11 trat. Während Armstrong seine Beobachtung an die Kontrollstation Houston durchgab, filmte Copilot Buzz Aldrin das außerirdische Raumschiff vom Inneren der Apollo aus, sagte Chatelain. Chatelain gab jedoch zu, daß die NASA anordnete, den Vorfall zu verschweigen.

Funkkontrolleure blendeten Armstrongs Bericht über die UFOs aus »Sicherheitsgründen« bei der weltweiten Übertragung des historischen Momentes aus.

Die NASA tat diese Geschichte als »absolut lächerlich« ab. Ihr Sprecher John McLeaish sagte: »Die einzigen Unterbrechungen in der Übertragung traten auf, als Apollo 11 sich hinter dem Mond befand. Die einzigen Gespräche,

*Buzz Aldrin steht auf dem Mond, Neil Armstrong und die
Mondlandefähre Eagle werden im Visier reflektiert.*

die wir nicht weltweit ausgestrahlt haben, waren Privatgespräche zwischen den Astronauten und ihren Ärzten.

Chatelains Geschichte erhielt unerwarteten Rückhalt – aus Moskau. Der Physiker Dr. Vladimir Azhazha sagte: »Vor zwei Jahren hörten wir von dieser Episode. Ich bin sicher, daß sie stattgefunden hat, von der NASA jedoch zensiert wurde.«

Der sowjetische Weltraumexperte Professor Sergej Boschich fügte hinzu: »Meiner Meinung nach empfingen Wesen aus anderen Zivilisationen Funksignale von der Erde und beobachteten die Landung der Apollo, um den Umfang unseres Wissens zu erfahren. Dann hoben sie ab, ohne Kontakt aufzunehmen.«

Andere amerikanische Astronauten hatten direkten Kontakt zu außerirdischen Raumfähren. Im Jahre 1953 sah Gordon Cooper, der später am NASA-Programm teilnahm, ein UFO, während er mit einem Flugzeug über Deutschland unterwegs war. Er sagte: »Jetzt glaube ich fest an außerirdische Raumschiffe.«

Im Jahre 1965 umkreisten James McDivitt und Ed White in hundertsechzig Kilometer Höhe die Erde in der Raumkapsel Gemini 4, da bemerkten sie einen silbernen Zylinder, aus dem eine Antenne ragte. McDivitt begann sofort, ihn zu fotografieren, doch bald mußten sich die beiden Männer für eine Ausweichaktion bereit machen, da das UFO näher herankam. In dem Moment, als eine Kollision unvermeidbar erschien, verschwand das Raumschiff.

Die Bodenstation Houston behauptete, das Ding sei eine von Geminis Antriebsraketen gewesen, die sich in einer Umlaufbahn neben dem Schiff befand. Doch McDivitt sagte: »Dafür war es die falsche Zeit und der falsche Ort.«

Acht Jahre später sahen die Astronauten Jack Lousma, Owen Garriot und Alan Bean von Skylab 2 aus eine rotierende rote Scheibe. Sie verbrachten zehn Minuten damit, diese zu fotografieren, dabei befanden sie sich vierhundertfünfzig Kilometer über der Erdoberfläche. Wieder stritt die NASA ab, daß die leuchtende Kapsel ein außerirdisches Raumschiff gewesen sei.

Gordon Cooper sagte: »Die NASA und die Regierung wissen sehr genau, daß intelligente Wesen von anderen Planeten die Erde regelmäßig besuchen, um mit uns in direkten Kontakt zu treten und uns zu beobachten.

Es gibt eine ungeheure Anzahl von Beweisen, doch wurden sie zurückgehalten, um die Bevölkerung nicht zu beunruhigen.«

NEUN

WAS SIND SIE, WER SIND SIE, UND WARUM SIND SIE HIER?

Die überwältigende Menge an Informationen über UFOs, die über die Jahre hinweg gesammelt wurden, kann nicht einfach als Hirngespinste abgetan werden. Doch sobald wir uns eingestehen, daß Raumschiffe, die von nichtmenschlichen, intelligenten Wesen gesteuert werden, in unseren Luftraum eindringen, müssen wir uns unangenehmen Fragen stellen. Wo kommen sie her? Wer hat das Kommando über sie? Und warum sind sie hier?

Existieren UFOs wirklich, oder sind sie nur ein Produkt der menschlichen Phantasie? Wenn es sie wirklich gibt, wo kommen sie her? Und warum schweben sie über der Erde und landen sogar manchmal?

UFOs wurden von zu vielen ehrlichen, vernünftigen Menschen gemeldet, um von Skeptikern einfach als Halluzinationen und Massenhysterie, als unbewußtes Verlangen der menschlichen Psyche oder eine Rebellion gegen die unpersönliche Wissenschaft abgetan zu werden. Millionen Menschen auf der ganzen Welt behaupten, UFOs gesehen zu haben – im Jahre 1973 allein fünfzehn Millionen in den Vereinigten Staaten. In Dr. Allen Hyneks *Center For UFO Studies* in Illinois sind mehr als fünfzigtausend Beobachtungen im Computer in einer Datenbank registriert, und keine lassen sich erklären.

UFO-Forscher geben zu, daß etwa neunzig Prozent der gemeldeten UFOs mit Naturerscheinungen, Wetterballons und ähnlichem verwechselt wurden. Der Planet Venus, Werbeflugzeuge, Militär- und Zivilflugzeuge, Kometen, Meteore und Sternschnuppen, riesige Ballons, untertassenförmige Wolkenformationen, Kugelblitze, sogar Leuchtraketen der Armee und fliegende Entenschwärme wurden schon für UFOs gehalten. Doch verbleiben immer noch zehn bis zwanzig Prozent der Fälle, für die niemand eine vernünftige Erklärung finden kann.

Die Verschleierungen durch die Regierung haben die UFOlogen wahrscheinlich dazu getrieben, bei entsprechender Gelegenheit übertriebene Behauptungen aufzustellen. Da sie unbedingt beweisen wollten, daß UFOs existieren, haben sie die Tatsachen oft ausgeschmückt oder die Indizien, die gegen ihre Version der vorgefallenen Ereignisse sprachen, einfach ignoriert.

Doch heutzutage geben mehr und mehr Regierungen zu, daß es Objekte am Himmel gibt, die aus Gebieten stammen, die nicht unter menschlicher Kontrolle stehen. Entgegen der amerikanischen Politik, die Existenz von UFOs zu verleugnen, hat sich die Armee des Landes darauf vorbereitet, gegen sie zu kämpfen. Im Jahre 1957 gab ein Sprecher der CIA zu: »Eines ist sicher, wir werden aus dem Weltall beobachtet.« Rußland, Italien, Brasilien und Argentinien haben offizielle Berichte von Sichtungen herausgegeben und geben die Existenz von UFOs ohne Vorbehalte zu. Im Jahre 1974 sagte der französische Verteidigungsminister Robert Galley: »Die Beobachtungen von leuchtenden Erscheinungen, die manchmal kugelförmig und manchmal oval sind und durch hohe Geschwindigkeiten charakterisiert werden können, häufen sich mehr und mehr.

Die griechische Verschleierung

Der bekannte griechische Wissenschaftler Paul Santorini versetzte Mitglieder der astronautischen Vereinigung seines Landes im Februar 1967 in Erstaunen, als er behauptete, über die Aktivitäten der UFOs werde »weltweit der Mantel des Schweigens« gebreitet – da die Behörden die Existenz von Kräften, gegen welche die Erde »keine Verteidigungsmöglichkeit« besitzt, nicht zugeben wollen.

Professor Santorini, der damals schon über siebzig Jahre alt und einer der erfahrensten Wissenschaftler Griechenlands war, enthüllte, daß ihn die griechische Armee im Jahre 1947 gerufen hatte, damit er mit einem Forscherteam sogenannte russische Raketen untersuche, die seit einiger Zeit das Land überflogen.

»Schon bald stellte sich heraus, daß es keine Raketen waren«, sagte er. »Doch bevor wir mehr herausfinden konnten, ließ die Armee, nachdem sie mit ausländischen Offiziellen Rücksprache gehalten hatte, die Untersuchungen abblasen. Ausländische Wissenschaftler flogen nach Griechenland, um geheime Gespräche mit mir zu führen.«

Professor Santorini fügte hinzu, daß er keine Zweifel daran habe, daß »Außerirdische die Erde besuchen, um Pflanzen- und Tierarten zu sammeln«, doch konnte er sich nicht vorstellen, weshalb.

Die Berichte von Polizisten, Piloten, von Leitern der Fluggesellschaften und einer Menge anderer Leute sind sehr beeindruckend … und beunruhigend. Mit Sicherheit gibt es Dinge, die wir nicht verstehen und die im Moment noch unerklärlich für uns sind.«

Selbst Großbritannien leugnet die Möglichkeit der Existenz von Raumschiffen, die mit nichtmenschlichen Wesen bemannt sind, nicht ab, obwohl man sich immer eng an die amerikanischen Zyniker angelehnt hatte. Ein Sprecher der Royal Air Force sagte: »Das Verteidigungsministerium streitet nicht ab, daß möglicherweise in anderen Bereichen dieser Galaxie intelligentes Leben existiert. Doch trotzdem müssen wir erst handfeste Beweise haben, daß es diese Art von Leben wirklich gibt. Bis jetzt hat noch niemand hundertprozentig hieb- und stichfeste Beweise geliefert.«

Im Jahre 1977, als die Flut der UFO-Berichte im Dreieck von Broadhaven in Wales ihren Höhepunkt erreichte, sagte ein Sprecher des Verteidigungsministeriums: »Wir sind der Meinung, daß die Berichte von gesunden, vernünftigen Menschen stammen und daß sich nicht hundert Leute gleichzeitig einbilden, etwas gesehen zu haben, was nicht da war. Doch gibt es keine eindeutigen Beweise, daß etwas geschehen ist.

Wir untersuchen die UFO-Berichte nur, um herauszufinden, ob unsere Verteidigung bedroht ist. Falls es keine Bedrohung gibt, kümmern wir uns nicht weiter darum. Wir gehen der Sache nicht auf den Grund, ob UFOs existieren oder was sie bedingt.« Als man ihn fragte, wer zu entscheiden hat, ob die Verteidigung des Landes bedroht ist, antwortete der Sprecher: »Wir sind nicht bereit, darüber Auskunft zu geben, wie unsere Untersuchungen durchgeführt werden.«

Ein juristischer Durchbruch

Im September 1977 reichte eine UFO-Gruppe aus Phoenix, Arizona, Klage gegen die CIA ein, da sie dem Recht auf Information zuwiderhandle. William Spaulding, der Direktor der Ground Saucer Watch Incorporated, *behauptete, daß der Geheimdienst Tausende von Dokumenten über Zwischenfälle mit UFOs besäße und darum bemüht sei, sie von der Öffentlichkeit fernzuhalten, indem er schlichtweg ihre Existenz verleugne.*

Der Fall wurde von der nationalen Vereinigung Citizens Against UFO Secrecy* *unterstützt, und die CIA verlor. Ein Richter in Washington ordnete an, daß alle Geheimdokumente auf UFO-Material hin zu untersuchen seien. Insgesamt fand man zehntausend Seiten, von denen jedoch nur neunhundert veröffentlicht wurden, der Rest wurde aus Gründen »nationaler Sicherheit« zurückgehalten. Trotzdem feierte die Vereinigung* Citizens Against UFO Secrecy *den Fall als einen Sieg. Selbst die Tatsache, daß die CIA zugab, daß Akten über UFOs existierten, war ein Durchbruch in der Mauer des Schweigens, die die Regierung bezüglich der UFOs aufrechterhielt.*

---

* Bürger gegen die Geheimhaltung von UFO-Phänomenen (A.d.Ü.)

Private UFO-Forschungsunternehmen erzählen bereitwilliger, auf welche Art und Weise sie vorgehen. Dr. Hynek, Stanton Friedman und Raymond E. Fowler in Amerika und Norman Oliver, Jenny Randles und Stewart Campbell in Großbritannien lassen sich von den Zeugen detaillierte Berichte geben und überprüfen mit Hilfe von Freunden, Verwandten und Arbeitgebern sorgfältig die Vergangenheit der Leute, um sicherzugehen, daß sie nicht auf Halluzinationen oder Streiche hereingefallen sind. Anschließend prüfen sie, ob es für die Beobachtungen möglicherweise natürliche Erklärungen gibt, was auch oft der Fall ist.

In all den Jahren haben sich bei den Sichtungen, die auch genauesten Prüfungen standgehalten haben, gewisse Übereinstimmungen ergeben. UFOs sind normalerweise untertassen-, zigarren- oder eierförmig, haben oft leuchtende Kuppeln und fast immer Navigations- oder Warnlichter, die anders angeordnet sind als die von menschlichen Flugzeugen.

Es scheint so, als kämen sie periodisch auf der Erde an – 1947, 1952, 1954, 1966/67, 1973 und 1975 hatte Amerika Höhepunkte in UFO-Beobachtungen zu verzeichnen; 1962 und 1977/78 war dies in Rußland der Fall; 1954, 1968, 1973 und 1977–79 in Großbritannien; 1952–54, 1968 und 1973 in Westeuropa; 1957, 1962 und 1965 in Südamerika, besonders in Brasilien; 1959, 1965, 1978/79 in Australien und dem Fernen Osten; und 1946 in Skandinavien, als Tausende mysteriöser Raketen über Norwegen und Schweden gesehen wurden.

Anscheinend sind UFOs fähig, sämtliche Naturgesetze, wie wir sie kennen, außer Kraft zu setzen – das ist wahrscheinlich der Grund, warum so viele Wissenschaftler ihre Existenz abstreiten, da sie eine Welt vorziehen, in der

»Sie sind bereits hier«

Viele Menschen in Spanien glauben, daß aus dem All kommende Außerirdische bereits auf der Erde leben. Länger als dreißig Jahre haben die Mitglieder einer Vereinigung, die sich Ummo nennt, Briefe mit der Post verschickt und bis spät in die Nacht lange Telefonate mit Personen im ganzen Land geführt, in denen sie behaupteten, sie seien im Jahre 1950 mit einem Raumschiff in Frankreich gelandet, um der Menschheit dabei behilflich zu sein, ihre Reife zu erlangen. Sie behaupten weiterhin, von dem Planeten Ummo zu stammen, der, wie sie sagen, den Stern, der auf unseren Karten des Universums als Wolf 424 bekannt ist, umkreist.

Sämtliche Botschaften, die vom Planeten Ummo kommen, tragen einen Daumenabdruck mit einem seltsamen Symbol als Siegel; es sind drei horizontale Linien, die von einer vertikalen gekreuzt werden. Im Mai 1967 erhielt eine spanische Weltraumfahrten-Diskussionsgruppe eine Einladung, die dieses Symbol trug. Sie sollten am 1. Juni in einem Café in Santa Monica zusammenkommen, um Beweise für Ummos Existenz zu erhalten.

Sie waren zur gewünschten Zeit dort, ein Ding, das wie eine fliegende Untertasse aussah, kam ebenfalls an, auf seiner Unterseite trug es das Symbol von Ummo. Es vollführte über San José de Valderas, einem Vorort von Madrid, fliegerische Kunststücke, bevor es kurz in Sichtweite des Cafés landete. Zahlreiche Menschen fotografierten das seltsame Raumschiff, bevor es wieder davonflog. Seitdem ist allerdings niemand in der Lage gewesen, Mitglieder der Gruppe Ummo aufzuspüren, um herauszufinden, ob sie wirklich Außerirdische oder nur gewitzte Scherzbolde sind.

alles rational und erklärbar ist. Sie bewegen sich mit Geschwindigkeiten, die Menschen in Stücke reißen würden, und fliegen mit Überschallgeschwindigkeit, ohne ein Geräusch zu verursachen. Sie wechseln die Richtung und die Flughöhe in einer Weise, die der Schwerkraft hohnspricht, und sie stellen elektrische Hochspannung her, die sie nicht nur zum Leuchten bringt, sondern auch die Stromquellen der Erde stört.

Die meisten von ihnen sind mit Wesen bemannt, die sich grob in drei Kategorien einteilen lassen – kleine Kreaturen, die nicht größer als einen Meter sind, übergroße Köpfe haben und einteilige silberne oder grüne Uniformen tragen; mannshohe Außerirdische mit großen Augen und dünnen Lippen; und über zwei Meter große Giganten. Außerdem gibt es noch eine kleine Gruppe fellbedeckter, oder haariger Wesen, die ungefähr einen Meter groß sind. Wo kommen sie her? Die weitestverbreitete Theorie ist, daß sie Besucher von anderen Planeten sind. UFOlogen stellten fest, daß die Häufungen der Sichtungen in den Jahren 1967 und 1973 zeitlich mit der größten Annäherung des Mars an die Erde zusammenfielen; sie überlegten, ob die Marsbewohner auf günstige Reisebedingungen gewartet hatten, wie auch Rußland und Amerika die genau richtige Zeit abwarten mußten, um Raketen zur Venus zu schicken.

Die Dogonen in Mali wußten aus unbegreiflichen Gründen über den Stern Sirius Bescheid, obwohl Astronomen ihn erst Jahrhunderte später entdeckten. Andere Zeugen, die UFOs gesehen hatten, haben auch davon gesprochen, daß sie sich mit Wesen getroffen hätten, die von bisher unentdeckten Planeten gekommen sind – Planeten, die nicht mehr in der Milchstraße liegen. Nach den uns bekannten wissenschaftlichen Fakten ist das unmöglich.

»Diese Dinge sind böse«

Die Kirche sieht das steigende Interesse an nichtiden-
tifizierten Flugobjekten mit Sorge. Der Bischof von
Norwich, einer von zwei alten Geistlichen, die an der
im Jahre 1979 im englischen Oberhaus geführten De-
batte zu diesem Thema teilgenommen hatten, sagte:
»Ich mache mir große Sorgen. Die Mysterien, die sich
heutzutage um UFOs ranken, sind maßgeblich daran
beteiligt, eine Atmosphäre der Leichtgläubigkeit und
in manchen Fällen sogar des Aberglaubens zu schaf-
fen, was sich schnell zu einer Ersatzreligion auswach-
sen kann.«
Ein Geistlicher, der UFOs seit über dreißig Jahren
studiert und ein Buch über sie geschrieben hat, glaubt,
daß sie ein Machwerk des Teufels sind und einen
schlechten Einfluß auf die Menschheit haben. Pfarrer
Eric Inglesby sagte: »Die Menschen erwarten, daß die
Besatzungsmitglieder der UFOs hilfsbereite Wesen
sind. Doch gibt es hierfür nicht den geringsten Beweis.
Ganz im Gegenteil.
Ich kenne viele Fälle, in denen die Menschen sehr
beunruhigt waren, teilweise ging es bis zu einer Art
der Besessenheit, die in fast allen Fällen zweifellos
böser Natur ist. Einige der UFOs sind erschreckend
gefährlich. Mir sind sogar Fälle bekannt, in denen die
Menschen von den UFOs so beeindruckt und beein-
flußt waren, daß ein Priester ihnen die bösen Gedan-
ken wieder austreiben mußte.«

»Sie wollen uns helfen«

Die Psychiaterin Greta Woodrew aus Connecticut be-
hauptete, Außerirdische hätten sie kontaktiert, und es
sei ihr gesagt worden, sie warteten darauf, den Erdbe-
wohnern bei den bevorstehenden Katastrophen beizu-
stehen.

Sie sagte, sie habe Wesen vom viele Lichtjahre entfern-
ten Planeten Ogatta getroffen, die mit ihr im Labor des
Parapsychologen Dr. Andrija Puharich in New York
experimentiert hätten.

Der erste Kontakt habe im Dezember 1976 stattgefun-
den. Frau Woodrew sei in eine tiefe, hypnotische Tran-
ce versetzt worden. Sie behauptete, sie habe sich in
einem langen dunklen Tunnel wiedergefunden und sie
sei von einer Kreatur, die wie ein Mann aussah und
sich Hshames nannte, sowie von zwei vogelähnli-
chen Wesen bewacht worden. Hshames sei etwa ei-
nen Meter sechzig groß, und seine Haut sei mit winzi-
gen Federn bedeckt gewesen. Er habe große,
leuchtende, lidlose Augen gehabt, in denen goldene
Flecken schimmerten, und seine Oberlippe habe an
einen Schnabel erinnert. Sie wollte sich mit ihm per
Telepathie unterhalten haben, und er hätte ihr von
Ogatta erzählt.

Frau Woodrew behauptete, während des zweiten Ex-
perimentes habe ihre Seele ihren Körper verlassen,
dann sei sie selbst nach Ogatta gebracht worden. Alles

habe geschimmert und geleuchtet, und die Oberfläche sei von glänzenden Halbkugeln bedeckt, die Murmelhälften ähnelten. Sie hätten eine wunderbare, wasserähnliche Substanz enthalten.

Während der nächsten Begegnung sprach angeblich ein »Ogatta« genanntes Wesen zu ihr. »Er sagte, auf dem kleinen Planeten Vesta in unserem Sonnensystem hätten Angehörige seiner Art eine Zwischenstation eingerichtet, von wo aus sie der Erde helfen wollten. Eine Armada von Raumschiffen, die Gattae genannt wurde, käme auf die Erde, sobald dort drastische Veränderungen einträten. Ihre Vorbereitungen schritten schnell voran.«

Frau Woodrew behauptet, anschließend habe man ihr Szenen von Verwüstungen gezeigt, die möglicherweise innerhalb der nächsten Jahrzehnte auch auf der Erde eintreten könnten. Sie sah Überflutungen, Hurrikane, Magnetstürme, Dürren, Erdbeben, Vulkanausbrüche, Sturmfluten, die ganze Städte überschwemmten, und Menschen, die vor Durst und Hunger starben.

»Die Außerirdischen erzählten mir, daß sie Überlebende des Kommenden seien«, meinte Frau Woodrew. »Dann sagten sie: ›Trotz dem, was die Menschheit sich selber und der Natur angetan hat, gibt es Zivilisationen im Kosmos, die glauben, es sei sinnvoll, der Erde zu helfen.‹«

Danach gibt es nichts Schnelleres als die Lichtgeschwindigkeit, und die Wissenschaftler argumentieren dahingehend, daß es für die Außerirdischen zu lange dauern würde, uns zu erreichen, selbst wenn sie sich von dieser Reise sehr viel versprächen.

Neue Erkenntnisse über Telepathie öffnen die Tür zu einer anderen Denkweise über die Möglichkeiten der Teleportation. Es geht nicht über die menschliche Vorstellungskraft hinaus anzunehmen, daß Wesen, die intelligenter sind als wir, eine Möglichkeit des Ortswechsel durch Hypnose oder ähnliches entdeckt haben, wenn sie auch fähig waren, fliegende Untertassen zu entwickeln, die wesentlich manövrierfähiger sind, als irgend etwas in unserem Besitz.

Drei andere Thesen besagen, daß UFOs von der Erde selbst stammen. Einstein entwickelte die Theorie zuerst, daß zwei Welten in verschiedenen Dimensionen nebeneinander existieren und ineinander übergehen können, wobei sie die meiste Zeit unsichtbar für die jeweils andere Welt sind. Viele UFOlogen glauben, daß es sich mit den UFOs so verhält und daß sie sich für uns nur dann sichtbar machen, wenn sie wollen oder können.

Andere behaupten, daß sich zwischen den Planeten reisende Außerirdische vor langer Zeit auf der Erde angesiedelt und nach der Landung die Sprache und Gewohnheiten des jeweiligen Landes angenommen haben. Ralph Blum, dreimaliger Gewinner des Preises der *American Science Foundation*, sagt, Experten hätten noch nie befriedigend erklären können, warum manche Menschen intelligenter als andere sind oder warum es geborene Führerpersönlichkeiten gibt, und er glaubt, daß uns überlegene Wesen durchaus mit den Menschen Experimente durchführen könnten. »Ich meine es nicht als Witz, wenn ich sage, daß die Person, mit der Sie verheiratet sind, gut und gerne der Nachkomme eines Außerirdischen sein kann«, sagt er.

Kenneth Huer, ein ehemaliger Lehrbeauftragter am Hayden-Planetarium in New York, meint: »Es ist möglich, daß unsere Vorfahren vor endlos langer Zeit in Raumschiffen aus dem All gekommen sind. Vielleicht sind sie auch immer noch in großer Anzahl vertreten, nur sind wir uns ihrer Gegenwart nicht bewußt. Sie haben vielleicht ein andersartiges, nicht auszumachendes Aussehen angenommen.«

Diese Theorie würde die verwirrenden »schwarzen Männer« erklären, die einige UFO-Beobachter gemeldet haben. Die Frau, die behauptete, in Somerset, England, von einem Außerirdischen vergewaltigt worden zu sein, was in diesem Buch bereits berichtet wurde, erzählte dem UFO-Forscher Barry King später, daß sie Briefe und Telefonanrufe erhielt, die ihr einschärften, nicht darüber zu sprechen; und zwei mysteriöse Männer besuchten sie und ihren Mann mehrere Male, um zu betonen, wie wichtig es sei, dieses Geheimnis zu wahren.

Die dritte Theorie lautet, daß UFOs aus dem Erdinneren stammen. Jahrhundertelang gab es Wissenschaftler, die behaupteten, die Erde sei kein massiver Körper, sondern eine Hohlkugel. Plato sprach von »schmalen und breiten Tunnels, die in das Erdinnere führen«; und eine buddhistische Sekte berichtet von der unterirdischen Welt Aghartha, wo Millionen in einem subtropischen Paradies leben, das vom Herrscher der Welt regiert wird. Seine Botschaften läßt er durch die Mönche auf der Erde verkünden, die geheime Torwege, die wahrscheinlich in den Himalaya führen, beschreiten.

Andere Akademiker ziehen ernsthaft in Betracht, daß die

Überlebenden von Atlantis, selbst die Feen und Kobolde aus den Märchen, die auf der ganzen Welt erzählt werden, unter der Erde leben und über eine wesentlich fortschrittlichere Technik verfügen als wir.

Im späten neunzehnten Jahrhundert behauptete der norwegische Segler Olaf Jansen, er und sein Vater seien in diese wunderbare Unterwelt gesegelt und hätten zwei Jahre bei den dort heimischen Giganten verlebt. Er sagte, die Bewohner dort leben fünfhundert Jahre lang und hätten die Kraft, Maschinen anzutreiben, indem sie die dazu nötige Energie aus der Luft holen, und sie seien sich dessen, was den Menschen auf der Erde passierte, wohl bewußt. Jansen wurde mit seiner Geschichte ausgelacht, so daß er sie nicht mehr erzählte – doch auf seinem Totenbett wiederholte er für einen amerikanischen Journalisten noch einmal sämtliche Einzelheiten.

Im zwanzigsten Jahrhundert veranlaßte Adolf Hitler großangelegte Untersuchungen nach Tunnels, die in das Erdinnere führen sollten. Doch der Glaube an eine unterirdische Wunderwelt verfestigte sich erst richtig, als Konteradmiral Richard Byrd im Jahre 1947 zweieinhalbtausend Kilometer über den Nordpol und im Jahre 1956 dreitausend Kilometer über den Südpol hinausflog. Auf beiden Flügen behauptete er, über eisfreies Bergland mit Seen und üppiger Vegetation, das auf keiner Karte eingezeichnet sei, hinweggeflogen zu sein.

Am 23. November 1968 zeigten Fotos, die vom amerikanischen Satelliten ESSA-7 gemacht worden waren, den Nordpol ohne seine übliche Wolkenschicht – und man entdeckte einen kreisrunden dunklen Fleck. Verteidiger der »Hohlwelt«-Theorie behaupteten sofort, daß es sich hierbei um den Eingang zu dieser Unterwelt handele. Sie sagten, die Erde sei nicht rund, sondern an den Polen abgeflacht, so daß sich die wirklichen Pole der Erde in der Luft befänden. Das sei der Grund, warum Kompasse jeweils zweihundert Kilometer vom Nord- und Südpol entfernt verrückt spielen; und diese Löcher, die sowohl in der Arktis als auch in der Antarktis vorhanden sind, seien höchstwahrscheinlich die Austrittsstellen der UFOs.

Wo auch immer sie herkommen, was haben die UFOs vor? Warum interessieren sie sich für die Erde? Sind sie, wie Douglas Adams in seinem Buch »Per Anhalter durch die Galaxis« behauptet, einfach reiche Jugendliche von irgendwo aus der Galaxie, die in interstellaren Sportwagen herumfahren und es genießen, mit der Erde ihre Scherze zu treiben? Oder sind ihre Vorhaben ernsthafter Natur? Was hat es mit der Zahl 42 auf sich?

Viele glauben, daß sie ursprünglich von einem Planeten stammen, der unbewohnbar geworden ist, und daß sie auf der Suche nach einem neuen Lebensraum sind. Andere meinen, daß sie sich Sorgen machen, daß die Menschheit sich mit Hilfe der Kernkraft, die sie weder verstehen noch verantwortungsbewußt anwenden kann, möglicherweise selbst zerstören könnte.

Wieder andere sind der Meinung, die Menschen befänden sich in einer Art Zoo, wo ihnen gelegentlich Medikamente verabreicht würden, um ihre Entwicklung zu überprüfen und zu steuern. Manchmal würden sie sogar entführt, um das Blut ihrer »Halter« einzukreuzen, um sicherzugehen, daß sie sich im Laufe der Zeit veredeln.

Das Hauptproblem ist, daß wir das Verhalten der UFOs nur nach unseren eigenen Maßstäben beurteilen können. Wir nehmen vielleicht an, daß die UFOnauten hier landen wollen, sie jedoch darauf warten, bis wir reif dazu oder ihnen weniger feindlich gesinnt sind; vielleicht warten sie auch ab, weil sie befürchten, auf der Erde Panik zu verur-

»Nur wenn wir daran glauben«

Die Außerirdischen werden den Gegenstand ihrer Mission so lange nicht preisgeben, bis sich genug Menschen finden, die an die Existenz von UFOs glauben, und bis die Menschheit sie wissenschaftlich und technisch verstehen kann. Dies ist Dr. Harley Rutledges Ansicht, die er gewann, nachdem er sich sieben Jahre lang mit dem Thema befaßt hatte.

Er behauptet, UFOs würden ständig die Erde umkreisen, unsere Gedanken lesen und unsere Unterhaltungen abhören. Doch für gewöhnlich fliegen sie so schnell, daß wir sie nicht sehen können. Sie erscheinen nur, wenn sie unsere Aufmerksamkeit auf sich ziehen wollen.

Dr. Rutledge, der Vorsitzende der Physikabteilung an der South-Western Missouri State University, sagte, als er im Jahre 1973 mit seinen Studien begann, er sei eher skeptisch gewesen. Er und fast fünfhundert Helfer hätten zweitausend Stunden damit verbracht, den Himmel über den drei im Bundesstaat Missouri liegenden Städten Cape Giradeau, Piedmont und Farmington zu beobachten, insgesamt hätten sie hundertsiebenundfünfzig Sichtungen von hundertachtundsiebzig UFOs

gemeldet. In sechzehn Fällen hätten die Beobachter-
teams Reaktionen der UFOs auf Bewegungen, Stim-
men, Funksignale und Gedanken festgestellt.
»Wir hatten das Gefühl, es mit einer Form von Intelli-
genz zu tun zu haben«, sagte Dr. Rutledge. »Es war,
als ob etwas mit uns spielen würde. Bei einer Gelegen-
heit wechselten wir absichtlich unseren Beobach-
tungsposten und bewegten uns sechzehn Kilometer
weiter nach Westen, um direkt in die Flugschneise der
UFOs, die wir beobachtet hatten, zu gelangen. Doch
auch die UFOs wechselten die Richtung, um uns zu
umkreisen, genau wie sie es vorher getan hatten.«
Er fügte hinzu: »Ich vermute, daß ihre Spielchen und
ihr wiederholtes Auftauchen dazu dienen, von den
Menschen langsam akzeptiert zu werden. Je öfter sie
überall erscheinen, desto mehr Leute werden an ihre
Existenz glauben.
Wenn wir sie verstehen und wenn die meisten Be-
wohner der Erde akzeptieren, daß es UFOs wirklich
gibt, dann werden wir ihnen von Angesicht zu Ange-
sicht gegenüberstehen und erfahren, warum sie hier
sind.«

sachen oder den Zusammenbruch der Gesellschaft einzu-
leiten, wenn den Menschen bewußt wird, daß die Erde
keine Möglichkeit der Verteidigung gegen Mächte besitzt,
denen es offensichtlich möglich ist, wann immer sie wollen, in den Luftraum der Erde einzudringen.

Lord Clancarty, der das britische Oberhaus dazu überre-
det hatte, eine Diskussion über UFOs zu führen, meint:
»Ich glaube, daß sich Außerirdische große Sorgen um
unsere Schwierigkeiten mit der Kernkraft und unsere
Umweltprobleme machen. Meiner Meinung nach befinden wir uns kurz vor einer offiziellen UFO-Landung auf der
Erde.« Andere behaupten, die UFO-Sichtungen seien bloß
Erinnerungsflüge, die die zweite Ankunft im Jahre 1999
verkündeten.

Eine vielleicht etwas realistischere Ansicht stammt von
Dr. Stanton Friedman, der ein bei der amerikanischen
Regierung angestellter Physiker war, bevor er sich aus-
schließlich den UFOs widmete. Er sagt: »Sie sind nicht
daran interessiert, sich hier niederzulassen, sie machen
sich bloß darüber Sorgen, was wir anstellen könnten,
wenn wir die Erde verlassen.«

Dr. Friedman, der behauptet, mit mehr als neunzig ehemaligen Offizieren der Armee über Botschaften, die von
UFOs kommen und die von Radargeräten aufgefangen
wurden, gesprochen zu haben, fügte hinzu: »Sie wissen,
daß es bloß eine Frage der Zeit ist – sagen wir hundert
Jahre, ein Nichts nach den Maßstäben des Weltraums –,
bis wir unsere Raumschiffe aussenden und versuchen
werden, in die galaktische Vereinigung aufgenommen zu
werden. Bevor dies geschieht, wollen sie sicher sein, alles
über uns zu wissen.

Sie sehen eine primitive Gesellschaft, die hauptsächlich
damit beschäftigt ist, untereinander Krieg zu führen; ist

es da nicht völlig verständlich, daß sie noch eine ganze Menge mehr über uns in Erfahrung bringen wollen?«

Jim Lorenzen, der Direktor der *Aerial Phenomena Research Association*, sagt: »Für sie entspricht der Versuch, hier zu landen, ungefähr der Vorstellung, daß wir in eine uralte Zivilisation im Dschungel eindringen und ihr unsere Lebensgewohnheiten aufzwingen. Das Ergebnis wäre verheerend.

Letztendlich kommt es nur auf uns an. Wir halten einen Schlüssel zum Universum in der Hand, an dessen Existenz wir nie geglaubt hätten. Es liegt an uns, ob wir diesen Schlüssel benutzen – oder in einem sinnlosen Krieg untergehen.«

WAS TUN, WENN MAN EIN UFO ENTDECKT?

Forscher haben folgende
fünf Richtlinien erarbeitet:

1. Versuchen Sie, die Beobachtung durch weitere Zeugen bestätigen zu lassen.
2. Falls Sie einen Fotoapparat dabeihaben, lichten Sie das Objekt ab.
3. Vergleichen Sie das UFO mit den umliegenden Örtlichkeiten. Das kann über seine Größe und Geschwindigkeit Auskunft geben.
4. Zeichnen Sie das UFO sofort, wenn Sie nach Hause kommen, und schreiben Sie Ihre Beobachtungen auf.
5. Benachrichtigen Sie die Polizei, das Militär oder eine UFO-Forschungsgruppe.

BILDNACHWEIS

Den folgenden Organisationen und Einzelpersonen möchten wir für ihre freundliche Genehmigung, die in diesem Buch abgedruckten Fotografien zu verwenden, unseren Dank aussprechen:

Robert Estall 169
Mary Evans Picture Library 91, 148/149, 294/295
(G. Lebat/Geos) 32/33
Fortean Picture Library 25, 51, 133, 209, 255, 294/295, 303
Keystone Press Agency 21, 61, 139, 316/317
London Express News and Feature Service 107
NASA, Woodmansterne Ltd. 155, 325
Rex Features 44/45
Topham 61, 64, 167, 239, 319